林业产业发展理论文库

林产品国际竞争力评价技术研究与应用

宋维明　庞新生　程宝栋　著

中国林業出版社

图书在版编目(CIP)数据

林产品国际竞争力评价技术研究与应用/宋维明,庞新生,程宝栋著. —北京:中国林业出版社,2016.6

(林业产业发展理论文库)

ISBN 978-7-5038-8602-7

Ⅰ.①林… Ⅱ.①宋… ②庞… ③程… Ⅲ.①林产品-国际竞争力-评价-中国 Ⅳ.①F752.652.4

中国版本图书馆 CIP 数据核字(2016)第 148090 号

出版 中国林业出版社(100009 北京西城区刘海胡同 7 号)
http://lycb.forestry.gov.cn
E-mail forestbook@163.com 电话 010-83143515

印刷 北京中科印刷有限公司

版次 2016 年 6 月第 1 版

印次 2016 年 6 月第 1 次

开本 787mm×960mm 1/16

印张 13

字数 240 千字

定价 55.00 元

前　言

伴随着中国经济快速发展，在基本建设和居民消费等方面，林产品需求不断扩大，对木材资源的需求巨大。面对不断高涨的木材需求，国内现有的木材资源难以满足林产品加工业的需求，加之，1998 年以来，国家实施了天然林保护工程，国家、居民对于环境保护的要求持续高涨，国内木材资源供给十分有限。尽管如此，依赖于充足和低廉的劳动力资源优势，中国林产品加工业仍具有很强的竞争优势。由于金融危机的影响，全球经济长期不振，国际市场持续萎缩，国际贸易保护主义加剧，林产品遭遇贸易摩擦日益增多，中国林产品国际贸易中面临诸多挑战：一是一些先前的原木出口国纷纷限制甚至禁止原木出口，如 2014 年 4 月 1 日缅甸开始实施原木出口禁令；二是国际上对于木材合法性的要求在不断地增强，如澳大利亚 2012 年 11 月通过的非法木材禁止法案；三是非政府的民间组织发起的森林认证。同时，随着世界环保呼声越来越高，资源约束将威胁中国林产品加工业的产业安全，在当前形势下，评价分析中国林产品的国际竞争力，有利于更好地应对挑战，寻找合理途径提升或保持我国木质林产品国际竞争力，尽可能确保我国林产品在国际贸易格局中处于更加有利的位置。同时，也能比较客观地认识国内林产品加工业的优势和劣势，认清差距，明确国内林产品加工业的发展趋势，在资源劣势的背景下，努力提高林木资源的利用率，大力提升林产品的品质，巩固和提高中国在林产品国际贸易中的地位。

目前关于林产品国际竞争力研究的成果多以关键指标评价方法为主，较少使用多指标综合评价方法。关键指标评价法是基于单项指标对比而采用的方法，用于评价国际竞争力的指标大多以进出口数据为基础，如国际市场占有率、贸易竞争力指数、出口增长优势指数、显示性比较优势指数和显示性竞争优势指数等。关键指标评价方法通俗易懂，操作简便，容易实现，但难以全面反映国际竞争力的状况。多指标综合评价方法能实现对国际竞争力全方位、多层次、多角度的分析，但工作量较大，数据分析困难，并且需要构建复杂的指标体系。加之，不同的方法有不同的使用条件，考虑到研究对象自身特点，在实际研究过程中，都会面临综合评价模型（或方法）的比较、选取以及权重的确定。本书在构建指标和指标体系时，主要借鉴了波特理论和国内研究成果。考虑到主观赋权受主观因素影响较大，在对各类林产品国际竞争力研究过程中主要采用客观赋权方法，如统计定权、基于主成分分析的定权、熵权法以及基于灰色关联分析的定权等，这些方法确权更为客观。综合评价模型或方法是通过一定的数学模型(或算法)将多个评价指标合成一个整体性的综合评价值。常用评价模型有综合指数法、主成分评价方法、距离综合评价方法、灰色关联度评价法、数据包络方法、模糊综合评价以及多维标度法。基于此，在后续林产品国际竞争力评价过程中主要讨论基于客观定权的竞争力综合评价技术，特别是基于统计定权的林产品国际竞争力综合评价、基于主成分分析的林产品国际竞争力综合评价、基于熵权法的林产品国际竞争力综合评价和基于灰色系统理论的林产品国际竞争力综合评价，这些方法的评价结果较为客观，有助于增强评价结果的说服力和可信度。

本书共分为12章，第1章对国内外关于产业国际竞争力理论与应用研究，以及林产品国际竞争力领域国内外研究成果进行了梳理，并进行了较为客观地评述与总结。第2章是对林产品国际竞争力评价技术与方法的讨论与研究，其间涉及很多公式和数学模型、方法。3~10章是对木质林产品国际竞争力的讨论，对原木、人造板(包括胶合板、纤维板、刨花板和单板)、木质家具、纸和纸制品等主要木质林产品国际竞争力进行了分析。在此基础上，第11章分析了整体木质林产品的国际竞争力问题。由于非木质林产品的相关国际数据难以获得，第12章仅就主要非木质林产品松香的国际竞争力问题进行了研究。

书中涉及大量国内外统计数据采集和分析，北京林业大学经济管理学院统计系祁冠文、刘蕊、廖宏蕾、王玮和何为等研究生为此付出很多辛勤劳动，确保本项研究得以按期进行。本研究得到国家林业局重点项目“林产品国际竞争力评价技术研究与应用”(2014-01)的资助，在此表示感谢。感谢中国林业出版社徐小英编审，在书稿的结构安排等方面提出很多宝贵意见，使得本书增色不少。

著 者

2016年3月30日

目　　录

1 研究概述

国际竞争力研究和实践最早源于美国,1980 年美国劳动部下属专门研究国外经济的研究组正式提交了首份国家竞争力的报告——关于美国竞争力的总统报告。日本是从 1983 年开始进行关于国际竞争力的研究,标志性开端是日本通产省设立课题组——比较研究日美产业竞争力。差不多同一时期,欧洲国家也开始对国际竞争力进行研究。如英国是在 1983 年设立专门课题进行研究,德国是在 1985 年。1992 年,法国计划署提出《法国——在世界竞争中业绩表现的报告》。1993 年,欧洲联盟[简称欧盟(EU)]公布了关于其竞争力的总结性报告,指出欧盟企业缺乏竞争力的原因以及通过进一步开放欧盟内部市场,加强内部合作来增强欧盟竞争力。世界经济论坛(WEF)在 1980 年着手对国际竞争力进行研究,并在 1986 年提出一个相对完整的评价指标体系,发表了轰动世界的研究报告。1987 年世界经济论坛和瑞士洛桑国际管理学院(IMD)共同研究国际竞争力,并对国际竞争力的概念和评价体系给予不断修正和改进。1996 年,两个机构由于在研究方法上各执己见,致使分裂,各自独立门户。2001 年,瑞士洛桑国际管理学院结合世界各国经济发展的新情况,提出了一个全新评价国际竞争力的结构体系——四要素结构。世界经济论坛设计"企业竞争力指标"(BCI)来辅助"全球竞争力指标"(GCI),二者共同构成世界经济论坛评价国际竞争力指标体系,并沿用至今。瑞士洛桑国际管理学院注重考察一国为该国企业所提供的良好环境的能力,世界经济论坛注重从经济中增长方面来研究国际竞争力。总的来说,国际竞争力的发展历程大致可以归为三个阶段:第一个阶段是在 20 世纪 80 年代,以工业化国家或地区的经济竞争实力作为主要比较内容,指标评价体系庞大松散,且全为单一硬性指标。第二个阶段是在 20 世纪 90 年代,国际竞争力理论和评价研究方法基本成形,其含义、评价设计原则、软指标设计等在逐步完善。第三个阶段是进入 21 世纪以来,伴随着经济全球化、信息技术以及高新技术产业的飞速发展,国际竞争力理论获得新发展。

1.1 国际竞争力理论与实践的国外相关研究

美国哈佛大学教授迈克尔·波特(Michael Porter),在 20 世纪 80 年代中期之后发表了关于国际竞争力的三部曲，同时其创立的“钻石模型”体系成为当今国际竞争力研究的基本理论。“钻石模型”从四个关键因素（生产要素；需求条件；相关产业及支持性产业；企业战略、结构和同业竞争）和两个辅助因素（机遇和政府）分析一国为什么可以在某种产业竞争中崭露头角，并获得持续繁荣的源泉。韩国首尔大学赵东成（Chou，1994）依据“钻石模型”理论，并结合本国经济发展实际，构建了“九要素模型”。基于波特钻石模型的适用性，Rugman 等人把跨国经营纳入进行分析，构建双重钻石模型来阐述加拿大的国际竞争力来源。英国经济学家 Dunning 在“钻石模型”的基础上进行了修改，认为波特忽略了跨国公司与“钻石模型”的关系，他将“跨国经营”作为第三个辅助因素，即与“机遇”和“政府”并列，形成“波特—邓宁模型”。Erna van Duren，Larry Martin，Randall Westgren（1991）把利润和市场份额作为体现竞争能力的两个基本指标，认为影响竞争力的因素分别是：①被企业所掌控的因素——战略（企业的目标）、产品、技术、培训、内部研发和成本；②被政府所掌控的因素——（通过财政政策和货币政策影响）经营环境、研发政策、市场结构、教育、培训、劳动政策和行业特别政策等；③不可控的因素——自然资源以及其他在新古典经济学中提出的因素。Newman，Porter，Roessner，Kongthong and Jin（2005）列出了一些影响国家竞争力的其他因素，并表示竞争力囊括一切，包括从国家政府政策、居民态度到基础设施投资和制造能力。G. Tomas M. Hult（2012）提到关于跨国企业国际竞争力的问题，他认为当前国际市场在某些领域市场细分趋同，而有些领域市场细分却划分明显，基于此状况，国际营销将是提高国际竞争力的关键手段。Rugman（2012）以跨国企业的国际竞争力和区域竞争力进行研究，认为其国际竞争力最终取决于公司独特的能力 FSAs（Firm-Specific Advantages）和国内资产优势 CSAs（Country-Specific Advantages）之间的联系。

1.2 国际竞争力理论与实践的国内研究动态

1989 年，原国家体改委初次与世界经济论坛和瑞士洛桑管理学院的合作揭开了我国对于国际竞争力研究的序幕。从 1993～1995 年，历时三年，我国完全参与到《世界竞争力报告》的全部项目评价中去，并进行世界排名。由此开始推动了我国关于竞争力的研究，研究成果可以分为以下几个方面。

（1）关于我国整体国际竞争力状况的分析和评价。狄昂照（1991）等人承担国家科委支持的“国际竞争力研究”项目，着重研究了国际竞争力的定义和测评方法，并提出影响一国竞争力的八项因素，如自然要素、人力资源、经济活力等，同时对这些因素设立具体评价指标。1997 年,中国首次公开出版《中国国际竞争力发展报告(1996)》。该报告主要是借鉴世界经济论坛的评价研究方法对我国国际竞争力进行研究评价。

(2)关于我国产业国际竞争力评价方法的探索和研究。1993 年,任若恩教授与荷兰 ICOP 课题组研究员进行合作,从生产率、相对价格水平等方面探讨我国制造业的比较优势和国际竞争力。1995 年,以金碚为首的专家组深入研究中国工业品国际竞争力的理论、方法,并进行了实证分析。裴长洪(1998)出版《利用外资和产业竞争力》一书。该书对国际竞争力的来源进行了解释,阐述了产业竞争力分析方法,并针对外资和产业竞争力关系进行了深入分析。张金昌(2001)从竞争的三大要素分析出发,阐释了国际竞争力的定义,对竞争力评价方法进行了系统阐述,并以钢铁产业为例进行实证分析。芮明杰、陶志刚(2004)对我国计算机硬件、汽车、交通运输、旅游等行业的竞争做了研究。朱小娟(2004)归纳总结了产业竞争力评价的五种基本方法,即从分析竞争结果出发的综合评价法、竞争结果评价法,从分析决定和影响竞争力的原因入手的影响因素剖析法、全要素生产率模型法和标杆法。刘丹(2007)对两种国际竞争力研究思路所对应的方法分别进行了总结,将从国际竞争力成因出发的评价国际竞争力的方法归纳为单因素评价法和综合评价方法两大类。对于从国际竞争力的结果出发的方法,归纳为基于 GDP 数据、基于进出口数据和基于产出与成本数据的几类方法。杜栋、庞庆华、吴炎(2008)等在《现代综合评价方法与案例精选》中,详细介绍了层次分析法、模糊综合评价法、数据包络分析法、人工神经网络评价法、灰色综合评价法等综合评价方法。吴娇娇(2011)利用熵权法对我国的服务外包业的国际竞争力进行了分析。

(3)关于产品国际竞争力的评价和分析研究。产品竞争力是产业竞争力的最终表现形式,因此,一个行业内关键产品的竞争力对于整个产业的竞争力有着重要影响。乔娟(2002)运用国际竞争力竞争结果显示指标对我国苹果汁竞争力进行测度;李创等(2005)系统总结了我国纺织业国际贸易竞争力的研究现状,指出了相关研究的不足之处,并提出研究纺织业国际贸易竞争力的重要性;帅传敏等(2003)用等市场份额 (CMS)模型对中国农产品整体国际竞争力的长期变化趋势进行了研究;冯学钢等(2003)运用德尔菲法和层次分析法对中国旅游业发展环境竞争力进行量化评价。白宏(2003)对中国主要农产品国际竞争力进行分析,在要素和需求条件方面给予实证分析。李作稳(2004)研究发现对产品国际竞争力的研究思路大致遵循两条路线:一是从产品国际竞争力形成的原因即影响因素入手,二是从产品国际竞争力的结果也就是市场表现来进行分析。王春玲(2005)结合我国果林现状,构建果林产品国际竞争力金字塔模型,并对竞争力影响因素进行研究。张玫(2007)对我国水产品竞争力业绩进行了评价,并寻求在国际相关协议和国内水产品需求、生产规模等方面与日本、美国、韩国等国家存在差距的原因。

1.3 林产品国际竞争力研究

国外关于林产品的国际竞争力研究不多,Matthias Dieter、Hermann Englert (2006)基于世界林业市场贸易背景下,运用显示性比较优势指数和固定市场份额分析了德国林业的竞争力。Robert L. Smith(2008)在写给美国农业部关于提高林产品行业国际竞争力一文时,针对美国第三大出口硬木产品林区——阿巴拉契亚地区指出,改善当地交通运输状况,降低运输成本,同时提高在处理海运方面的经验进而以较好的价格优势提高拉美等地区的竞争力。Vladimir Stojanovski(2010)运用竞争理论波特的“钻石模型”,从生产要素、需求、企业战略、结构和相关产业的发展等方面对马来西亚林产品的竞争力进行分析,认为马来西亚的竞争优势在于廉价的劳动力和能源成本比较优势,劣势表现在基础设施投资、资本、管理策略、生产设备等方面。Gabriela Valeria Villavicencio Valdez (2012)认为影响墨西哥林产品市场竞争力的因素在于林产品生产的人力成本、不恰当的监管、过分集中的林业政策以及关于木材生产的税收体系等。Leon Benoit (2008)在写给加拿大下议院关于林业发展报告中指出,依赖于国外市场的新闻纸的生产,正面临激烈的竞争,尤其是来自亚洲和南美洲冲击。鉴于此,他指出调整生产结构,加大科研力度,提高新闻纸产品附加值,才能实现纸和纸浆产品的可持续发展。Gopinath Pradhan、Kaustuva Barik (1999) 基于环境污染行为对于行业竞争力呈负相关关系假设,以造纸产业为例,运用 Probit 模型,验证行业环保行为与其竞争力的关系。文中将技术、经济规模、政府环境政策、印度目前实施的自由开放政策作为影响该行业竞争力的主要因素,把污染环境行为作为因变量。研究发现,印度造纸产业的技术、生产设备落后以及小规模生产对环境污染影响很大,这也是该产业竞争力不高的主要原因。政府环境政策的制定对于改善造纸产业清洁生产有很大作用,而经济自由开放政策的实施对于环境污染行为并无影响。Eva Henriksson 和 Robert Lundmark (2013)分析1974~1990 年和 1990~2005 年这两个时间段,瑞典纸浆和造纸业要素需求模式是否发生转变,基于 1990 年以来瑞典实施各种提高能源使用效率政策,对该国纸浆和造纸行业的用电结构情况进行分析。实证分析结果显示,短期内瑞典造纸业对于能源要素投入的价格变化是不敏感的,而长期来看,受其影响显著。

关于中国林产品国际竞争力研究开始于21世纪初,从CNKI检索到的371642条与国际竞争力相关的记录中关于林产品国际竞争力的研究仅有795条,仅占0.21%。在国内现有的林产品国际竞争力研究中,宋维明(2001)首先对中国木材产业国际化与竞争力进行了研究,其后,程宝栋(2003)、刘园园(2005)等对木材市场竞争力进行了研究,杨红强(2005)运用显示性比较优势指数和贸易竞争指数分析了劳动密集为代表的木质加工业(如单板、胶合板等初级加工产品)和深加工产品(如家具)的国际竞争力。孔凡斌(2006)基于Porter产业国际竞争力理论定量评价中国主要林产工业品国际竞争能力。李富(2007)、张寒、聂影(2007、2008)等对木质家具国际竞争力进行了研究。顾晓燕(2009)对木质林产品竞争力进行了实证分析,并进行了国际间的比较研究。齐雁(2009)结合国际市场占有率指数、可比净出口指数、显示性比较优势指数比较了我国的资源密集型和技术密集型木材产品的竞争态势。田园(2009)从胶合板的生产与进出口贸易现状入手,运用贸易竞争力指数,显示性比较优势指数和显示性竞争优势指数测算我国竞争力指数。张吉国(2010)考察了我国木质林产品2002~2007年对外贸易的主要特征和国际竞争力变动。范悦、程宝栋(2011)运用国际市场占有率MS、显示性比较优势指数RCA、贸易竞争力指数等指标测定中国主要木质林产品出口竞争力。严谨(2010)对我国刨花板产业国际竞争力进行了实证分析和研究。王凡非(2012)结合中国纤维板工业发展历程,对纤维板生产、进出口贸易现状进行了分析,指出中国纤维板产业用材资源短缺,产品结构性过剩,产品质量低以及贸易环境恶化等。戴永务、刘燕娜、余建辉(2007)利用FAO在线统计数据对1961~2004年期间中国的纤维板数据进行了统计,并以美国等10个人造板强国作为比较对象,对中国纤维板的生产和贸易状况进行了国际比较。陈志强(2008)利用国际市场占有率指标,定性评价了中国纤维板的国际竞争力,并从产品、原材料、企业规模等角度提出增强纤维板国际竞争力的对策。陈建铃、郑义、刘燕娜(2013)基于波特的钻石模型,选取中国、德国、波兰等11个国家的1994~2011年的面板数据,运用面板数据模型对中国纤维板产业国际竞争力的影响因素进行分析。我国关于人造板国际竞争力的研究也开展较早,王国超(2000)、钱小瑜(2009)、郭清俊(2011)和洪流浩(2013)从不同侧面研究了中国人造板国际竞争力问题。许世伟(2004)选取2002年人造板国际贸易前五位的国家进行了实证研究。刘园园(2005)选取了2003年人造板进出口量居世界前五位的国家进行了实证研究。洪流浩(2013)选取了2011年人造板出口总值前十位国家数据进行进行了实证研究。戴永务、余建辉、刘燕娜(2012)选取2010年中国人造板进出口贸易总额排名前61位的贸易伙伴国(地区)中的60个作为样本国家(地区)范围,扣除了排名第21位的亚洲其他地区。还有一些国内学者对人造板国际竞争力评价体系和方法进行了研究。许世伟、宋维明(2003)运用国际市场占有率、贸易竞争力指数和显示性比较优势指数,定量分析了我国人造板产业和人造板产品国际贸易竞争力状况。许世伟(2004)分别纵向、横向、综合分析中国人造板的国际竞争力,其中采用贸易竞争力指数和显示性比较优势指数相结合的方法进行自身纵向比较分析;采用竞争态势矩阵和出口市场集中度相结合的方法进行国际间横向比较;采用综合竞争力分析模型,对我国人造板产业综合竞争力和影响我国人造板产业综合竞争力的主要因素进行分析。曾婷(2008)采用了定性与定量分析相结合,显性与隐性分析相结合以及比较研究等方法分析了中国人造板产业国际竞争的主要优势与劣势。另外,洪流浩(2013)在其研究中引入了计量经济学模型,除了运用全球市场份额、剔除了进口比较优势影响的显示性竞争优势指数、进出口价格比、质量升级指数、净贸易条件指数等五个指标对中国人造板产业国际竞争力进行综合评价,还使用面板数据模型进行实证研究。除了关于人造板、胶合板、纤维板的国际竞争力研究,国内学者对纸和纸制品国际竞争力也进行了研究。郭永新(2003)从中国纸业发展环境和竞争环境两方面分析影响中国纸业竞争力因素。孙春雷、张智光(2003)通过一定的指标体系和核心竞争力的模糊综合评价,对三家不同类型的造纸企业(两家外企,一家国企)进行了竞争力分析。陈蕾、黄和亮等人(2006)运用国际市场占有率、显示比较优势指数及贸易竞争指数对我国纸产品国际竞争力进行定量分析,通过这三个指标与美国、加拿大、芬兰、瑞典四个国家进行比较,结果表明中国纸品国际竞争力与上述国家差距很大。王昭(2006)运用波特"钻石模型"和赵东成"九要素"模型对于我国造纸行业竞争力进行分析。徐声星(2008)从企业规模、产业集中度、资本集中度这三方面对我国造纸产业进行分析,揭示我国造纸企业规模小,数量多,与国外造纸企业规模化经营相差甚远,产业集中度虽有所提高,但整体偏低的现状。柳露(2009)运用恒定市场份额模型对中国纸品出口的动因进行了分析,并依据"钻石模型"六要素,定性分析了中国纸产品存在的优势和机遇。聂影(2009)运用固定市场份额模型(CMS)和采购经理指数(PMI)对我国纸品在金融危机前后出口变动的情况进行分析。辛文(2010)对2007年中国的15种纸产品进行显示性比较优势指数和国际市场占有率两个指数进行测算,其结果显示中国纸品在整体上竞争优势不足,个别品种具有一定的竞争优势。曹旭平(2010)在研究我国林化产品国际竞争力时,创造性地使用了蛛网模型,在各评价国际竞争力的单指标权重未知的情况下，将多个单指标客观地转化成一个综合指标。

关于林产品国际竞争力，已有的研究往往是针对具体的某一产品，如木材、木家具的竞争力进行研究，林产品国际竞争力尚未形成体系，也没有形成制度性、连续性的研究。本研究拟在借鉴前人及其他行业的研究成果基础上，尝试形成关于林产品国际竞争力的系统、连续的研究。结合林产品数据获取的难易程度，构建比较合理的林产品国际竞争力指标体系，运用关键指标法和综合指标法，将主要木质林产品——原木、人造板（包括单板、胶合板、刨花板、纤维板等）、纸及纸制品以及木制家具和主要林化产品——松香作为研究对象，对主要林产品进出口国家进行国际竞争力比较。考虑到木质林产品种类繁多，在进行木质林产品国际竞争力过程中遵循先易后难，先单一小类产品后大类产品的原则，首先讨论国内主要单一木质林产品如原木、人造板（包括刨花板、纤维板、胶合板和单板）、纸和纸制品以及木质家具的国际竞争力，在此基础上，讨论木质林产品国际竞争力。本研究中的关于中国林产品的生产与贸易现状所使用的数据均来自《中国林业统计年鉴》，所涉及的林产品国际竞争力的比较分析所使用的数据来自联合国粮农组织网站和联合国商品贸易统计数据库。

2　林产品国际竞争力评价技术

国内关于林产品国际竞争力的研究主要借鉴现有的国际竞争力评价方法，且以关键指标评价方法为主，使用多指标综合评价方法的较少。现有采用关键指标评价方法的文献，也多采用国际市场占有率、显示性竞争优势指数等基于进出口数据的单一指标。采用多指标评价方法的文献，评价指标体系的设计多依据国内数据，没有充分利用国际数据。另外，现有文献多以研究单一林产品国际竞争力为主，鲜有讨论林产品整个加工业的。

2.1　国际竞争力评价方法评述

产业层次的竞争力关注的是一国之中某个产业在全球市场上是否具有优势，竞争的对象是其他国家的产业。产业由企业组成，又存在于国家之中，因此影响产业竞争力的因素来自企业、产业与国家各个层面。由于产业竞争以全球为舞台，产业竞争力的焦点多表现为产品在国际贸易中的竞争。因此，产业竞争力一直是国际贸易研究中的热点问题之一，对这一问题的研究主要按以下方法展开。

2.1.1　传统的研究方法

传统的研究方法按照事件顺序可以分为绝对成本优势理论、比较成本优势理论、要素禀赋理论。亚当・斯密提出了绝对成本优势理论，该理论认为，产业国际竞争力是通过国际贸易体现出来的，它的基础是绝对生产成本优势。之后李嘉图将亚当・斯密的绝对成本优势理论演化为比较优势成本理论。该理论认为，产业国际竞争力的基础不仅来源于绝对成本优势，也来源于自身的相对成本优势，在当时的条件下，仅仅是指相对的劳动生产率优势。赫克谢尔和奥林进一步发展和完善了比较优势成本理论，提出了要素禀赋理论。该理论通过一系列的假设条件，认为在给定一个区域里，供给量丰富的要素，其相对价格较低，密集使用这一要素的产品相对成本必然也低。因此，一国具有国际竞争力的产业，必然是充分利用了本国丰富要素的产业，即产业的国际竞争力来源于本国相对丰富的要素。这三种分析范式只是在一定的历史条件下可以作为评判产业国际竞争力的依据,随着生产力水平的不断提高,国际贸易开展的逐渐深入,这些分析方法局限性与它固有的理论缺陷逐渐暴露出来。为了更好地解释产业国际竞争现象,探讨产业国际竞争优势的来源,许多经济学者对研究进行补充和完善,具有代表性的理论成果有人力资本论、技术差距论、产品周期论等,这些理论都从不同角度解释产业国际竞争优势的来源。

2.1.2 现代研究方法

产业竞争力理论现代研究方法主要由两个方面的内容组成:一个是以波特的钻石模型为代表的产业竞争力成因理论,该理论以定性分析为主要分析方法;一个是产业竞争力计量分析理论,国内外学者已在该领域做出了很大贡献。

2.1.2.1 产业竞争力成因理论

产业国际竞争力研究的形成现代方法以美国哈佛大学迈克尔·波特教授1990年提出的产业国际竞争力六要素分析模型(也称钻石模型)为标志。波特认为,决定产业发展竞争优势的因素主要有六个:生产要素、需求条件、相关与辅助产业的状况、企业策略、结构与竞争对手、政府和机遇。这六个因素互相关联、互相影响。与传统的产业国际竞争力研究方法相比,波特提出国际竞争力模型有了很大的改进和突破。在波特之后,许多学者对“钻石模型”进行了很多修改和扩展,其中,韩国汉城国立大学学者乔东逊(Cho, D. Sung,1994)以韩国为例构建了比较适合发展中国家产业国际竞争力研究的“九要素模型”。在“九要素模型”中,Cho描述了人的因素(政治家和政府官员、企业家、职业经理和专业技术师以及工人)、物的因素(禀赋资源、国内需求、相关产业和商业环境)和外部影响因素(主要是指机遇)对发展中国家产业国际竞争力的动态影响。克鲁格曼以加拿大企业可以充分利用加拿大、美国之间自由贸易协定的跨国经营机会,借用美国的市场容量扩大其经济规模为例,论证了小国经济如何避免因本国市场狭小对一些产业国际竞争优势的限制作用,把“钻石模型”扩展成了“双重钻石模型”,Dunning(1993)建立了多钻石模型模式,其他学者如蒙、斯代芬、波西等人也都对产业国际竞争力现代分析方法的完善做出了一定的贡献。

2.1.2.2 产业竞争力计量分析理论

将现代计量经济学分析方法引入产业竞争力理论研究,就形成了产业竞争力的计量分析理论。从研究文献使用的评价方法来看,这些研究基本上都沿着四条路线展开:指标评价法、对标分析法、经济分析模型法和其他方法,如图2-1。

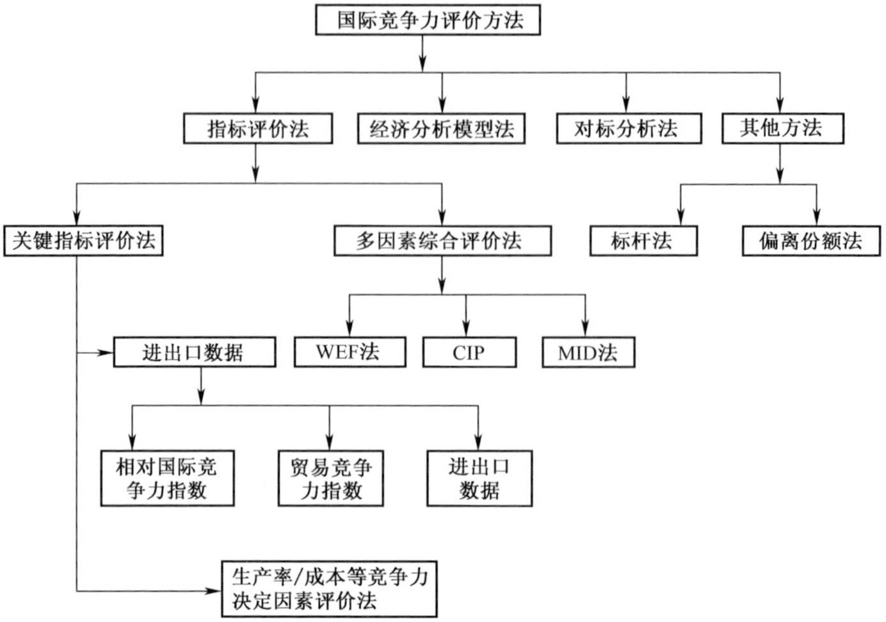

图 2-1 国际竞争力评价方法汇总

Fig. 2-1 Summary of evaluation methods of international competitiveness

(1)指标评价法包括关键指标评价法和多因素综合评价法。关键指标评价法主要包括:①出口数据评价法。有很多学者采用出口数据评价法研究国际竞争力,这种方法以出口数据为基础,并辅之以国际市场占有率指标、净出口指标、贸易竞争力指数、显示性优势指数、相对国际竞争力指数、出口产品质量升级指数等指标。②成本评价法。这种方法又分为两种思路,一种是采用单位劳动成本,另一种是采用价值成本。多因素综合评价法主要包括:①WEF 方法。世界经济论坛(WEF)将国际竞争力要素分为开放市场、政府管理、金融、基础设施、技术、企业管理、劳动力、法规和社会文明 8 个大类,之下分为 195 个小项指标,其中统计指标 68 项,“软指标”127 项,然后采用加权平均计算各国国际竞争力得分。②IMD 方法。1996 年瑞士洛桑国际管理学院(IMD)与 WEF 分离,单独出版《世界竞争力年鉴》。IMD 将国际竞争力要素分为国内经济、国际化程度、政府政策和运行、金融环境、基础设施、企业管理、科学技术与国民素质等 8 大类,之下有 290 个小项指标,其中统计指标 180 项,“软指标”110 项。③与 IMD 和 WEF 相比,联合国工业发展组织(UNIDO)工业竞争力评价方法专注于产业竞争力,UNIDO 的各国工业竞争指数(CIP)反映的是一国生产工业制成品的竞争能力。2002 年,联合国工业发展组织发表了《2002/2003 年工业发展报告:通过创新和学习参与竞争》,第一次公布了世界各国工业竞争力指数排行榜。2004 年,这个机构又分别发表了第二部工业发展报告,并公布了世界各国工业竞争力指数的最新排行榜。由于 UNIDO 工业竞争力评价体系建立的时间较短,指标系统尚未成熟,缺陷也十分明显。相对于钻石模型,IMD 与 WEF 所衡量的可能影响竞争力的变量中,都相当重视来自国际市场的影响力,即国际化的程度。在金融、政府与科技等指标中部分次级指标项目也涵盖了与全球互动相关的部分,而这部分似乎正是波特钻石模式中不足的地方。由于所考虑的指标更多元,也更全面,相对于波特的钻石模式更为广泛,在探讨竞争力影响因素时,具有相当高的参考价值。

(2)对标分析法主要是选取不同国家的同类产品进行比较,以评价该产业的国际竞争力。即通过比较在相似环境下不同品牌同类产品的表现,评价该产品在国际上的竞争力。

(3)可计算的一般均衡模型(CGE)是经济分析模型法的代表,是一种用于经济政策和前景预测的定量分析方法,由澳大利亚莫纳什大学政策研究中心的著名经济学家 Peter Dixon 教授首创。自 20 世纪 70 年代起,先后开发出了静态(ORANI)和动态(MONASH)模型。静态数学分析模型的优点是可分析国内各个产业在各种国内外因素变化时,竞争力会受到何种影响,从而发现遭受损害影响最大的产业和影响竞争力提高的主要因素。动态数学分析模型是在前者的基础上于 20 世纪 90 年代开发的,该模型的优点能够更为精准的刻画经济系统中的动态关系,同时具有强大的预测能力。这些模型是分析贸易政策变化、国际市场价格波动、多双边贸易协议对国内经济冲击效应的有力工具。其主要的功能是在“投入—产出表”的基础上,通过定量分析整个经济内部的生产和消费结构,以及产业与区域之间的联系,计算某一政策对国内和全球经济的影响,从而为政策的分析和制定提供决策支持。

(4)其他评价法,主要包括标杆测定评价法和偏离份额法。①标杆测定评价法的思想来源于标杆管理,在产业层次,首先找到一个国际竞争力的标杆,然后找出与其他个体与标杆的差距,根据问题提出具体建议,最后提供改进方案的实施效果的评价标准。②偏离份额分析模型最初是由 CREAMER (1943)提出,后经 Dunning(1960)等学者总结并逐步完善。该分析方法是将一个特定区域的经济变量(如收入、产出或就业等) 的增长分成不同的部分, 通常用于描述区域经济随时间的增长或用于衡量区域政策效应, 近 40 年里不仅在国外区域经济、政治经济、市场营销、地理学和城市等研究领域中都得到了广泛的应用, 并且其分析模型在应用过程中也得到不断地修正与拓展。

2.2 林产品国际竞争力评价技术

国际竞争力可以分为宏观层面的国家竞争力、中观层面的产业竞争力、微观层面的企业竞争力以及产品竞争力，由于一个产业最终产出的是产品或服务，评价产品竞争力的思路和方法与产业竞争力是一致的，评价林产品的国际竞争力等价于评价林产品产业的国际竞争力。借鉴前人研究，林产品国际竞争力可以定义为满足市场需求、促进可持续发展以及社会和谐的综合素质和能力。由于影响林产品国际竞争力的因素众多，为方便国际间的比较，考虑到数据的易获得性，本研究借鉴现有研究成果，主要从关键指标和综合评价两个角度进行林产品国际竞争力的比较分析。通过构建林产品综合评价指标体系，运用统计方法定权、主成分分析和灰色关联等客观赋权方法，对主要林产品生产和贸易国家进行综合分析，了解各国林产品国际竞争力及其优势和不足，为我国林产品产业提供可借鉴的经验和方法。

2.2.1 关键指标评价方法

关键指标评价法，又称为单指标评价法，是指用一个指标来衡量林产品国际竞争力的强弱。它是基于单项指标对比而采用的方法，比较同一对象同一指标报告期和基期的数值，就是横向比较；比较不同对象同一时间的指标值，就是纵向比较。目前，在林产品国际竞争力的评价方面，关键指标法用得比较多。用于评价国际竞争力的指标大多以进出口数据为基础，如国际市场占有率、贸易竞争力指数、出口增长优势指数、显示性比较优势指数和显示性竞争优势指数等。

2.2.1.1 国际市场占有率

国际市场占有率是用一国某类产品在一定时期内的出口额占世界各国该产品的同期出口总额的比重来表示，计算公式表示为：

$$IMS_{ij} = E_{ij}/E_{iw} \tag{2-1}$$

其中，IMS_{ij}表示j国i产品国际市场占有率，E_{ij}表示j国i产品在一定时期的出口额，E_{iw}表示世界各国在同一时期内i产品的出口总额。这是一个正指标，其值越大，说明出口额在国际市场上占据的份额越多，国际竞争力越强。国际市场占有率反映产品的出口竞争能力时，应该用计算期的i产品的国际市场占有率减去前期的i产品的国际市场占有率，如得出的差值为负数，则表示计算期相对于前期来说，该国i产品的国际竞争力下降了；如得出的差值为正数，则表示

该国 i 产品的国际竞争力计算期相对于前期来说,竞争力上升了。将该国的 i 产品的国际市场占有率与同期的他国的 i 产品的国际市场占有率作横向对比时,如该国的占有率大于他国,则表示该国 i 产品的国际竞争力强于他国的 i 产品的国际竞争力;反之,则表示竞争力较弱。

2.2.1.2 贸易竞争力指数

贸易竞争力指数又被称为"贸易专业化系数"或"水平分工度指标"。它是某种产品的净出口额与该产品进出口总额的比例,用来反映某国该产品与世界其他国家的该产品相比较,是处于效率的竞争优势还是劣势,以及优劣的程度,计算公式为:

$$TC_{ij} = (E_{ij} - I_{ij})/(E_{ij} + I_{ij}) \tag{2-2}$$

其中,TC_{ij}表示贸易竞争力指数,E_{ij}表示 j 国在 i 产品上的出口额;I_{ij}表示 j 国在 i 产品上的进口额。贸易专业化系数的计算不仅考虑了该国 i 产品的出口竞争能力,也考虑了其面对进口的竞争能力,且不受计量单位与价格变动的影响。该系数值均在-1~1 之间,大于 0 则表示该国是 i 产品的净出口国,其生产率高于世界总体水平,具有贸易竞争优势,数值越大,优势则越大;小于 0 则表示该国是 i 产品的净进口国,其生产率低于世界总体水平,不具有贸易竞争优势,数值越小,劣势则越大;越近于 0,表示竞争力越接近于平均水平。特别的,该指数为-1 时表示 i 产品只进口不出口,竞争力处于最低水平;该指数为 1 时表示 i 产业只出口不进口,竞争力处于最高水平。

2.2.1.3 出口增长优势指数

出口增长优势指数是一国某产品的出口增长率与该国所有出口贸易增长率的比值,计算公式为:

$$D_i = (G_i - G_t) \times 100\% \tag{2-3}$$

其中,G_i 表示该国 i 产品的出口增长率,G_t 表示该国总的贸易出口增长率,D_i 的数值越大,表示 i 产品出口的增长越快,国际竞争力越强。

2.2.1.4 显示性比较优势指数

显示性比较优势指数是一个国家某种产品占其出口总值的份额与世界该种产品占世界出口总值的份额的比率,它是衡量某国产品或产业在国际市场竞争力最具说服力的指标,可以准确地反映一个国家在进出口贸易中的比较优势,旨在定量地描述一个国家内各个产业出口的表现。显示性比较优势指数公式为:

$$RCA_{ij} = \frac{E_{ij}/E_{it}}{E_{wj}/E_{wt}} \tag{2-4}$$

其中,RCA_{ij}表示显示性比较优势指数,E_{ij}表示 i 国第 j 种产品的出口值,E_{it}

表示 i 国全部产品的出口总值，E_{wj} 表示世界上第 j 种产品的出口值，E_{wt} 表示世界全部产品的出口总值。一般而言，RCA 值接近 1 表示中性的相对比较利益，无所谓相对优势或劣势可言；RCA 值大于 1，说明 j 国 i 商品出口额在本国出口总额中所占的比重超过全世界 i 商品出口额占世界总出口额的比重，拥有较强的出口竞争优势，表示该国在 i 产品的生产上具有显示比较优势，显示比较优势指数的数值越大，显示比较优势越明显；RCA 值小于 1，说明 j 国 i 商品出口额在本国出口总额中所占的比重低于全世界 i 商品出口额占世界总出口额的比重，即低于世界的平均比重，不拥有出口竞争优势，表示该国在 i 产品的生产上具有显示比较劣势，显示比较优势指数的数值越小，比较劣势越明显。显示比较优势指数的数值为 0，则表明 j 国在 i 产品上没有出口。

2.2.1.5 显示性竞争优势指数

某国某产业国际贸易显性竞争优势是由某产业比较优势减去该产业进口的比较优势得到的。显示性比较优势指数只考虑一个产业的出口所占的相对比例，并没有考虑到进口的影响，而显示性竞争优势指数则克服了显示性比较优势指数只考虑出口因素，而没有考虑进口对产业的影响。显示性竞争优势指数公式为：

$$CA_{ij} = RCA_{ij} - \frac{I_{ij}/I_{it}}{I_{wj}/I_{wt}} \tag{2-5}$$

其中，CA_{ij} 表示显示性竞争优势指数，RCA_{ij} 表示显示性比较优势指数，I_{ij} 表示 i 国第 j 种产品的进口值，I_{it} 表示 i 国全部产品的进口总值，I_{wj} 表示世界上第 j 种产品的进口值，I_{wt} 表示世界全部产品的进口总值。如果 $CA_{ij}> 0$，则表示 i 国家第 j 种产品显性比较优势大于进口商品显性比较优势，则该国出口商品具有较强的竞争力，其数值越大，显示竞争优势越明显；如果 $CA_{ij}<0$，则表示 i 国家第 j 种产品显性比较优势小于进口商品显性比较优势，则该国出口商品不具有显示竞争优势，其数值越小，竞争劣势越明显。

2.2.2 多指标综合评价方法

多指标综合评价法须解决三个关键问题：一是评价指标的选取和指标体系的建立，二是对各指标科学地赋予权重，三是综合评价模型或方法的选择。在选取指标和构建指标体系时，既要关注林产品加工业的特点，具有较强的资源约束性，也要考虑到国际数据的可获得性，同时可借鉴现有研究成果，特别是波特理论。在指标体系建立后，接下来就需要考虑权重确定评价方法的选择。根据权重的确定方式不同，区分为主观赋权法和客观赋权法。主观赋权在权重确定过程中主要是借助专家、技术人员自身的经验和判断完成，确权结果不具有说服力，受主观因素影响显著。客观赋权在权数确定过程中不涉及或较少考虑主观因素，主要借助数学或统计学方法实现的，确权结果具有客观性，但有些情况下无法合理解释。综合评价模型或方法是通过一定的数学模型（或算法）将多个评价指标合成一个整体性的综合评价值。常用评价模型有综合指数法、主成分评价方法、距离综合评价方法、灰色关联度评价法、数据包络方法、模糊综合评价以及多维标度法。由于综合评价方法很多，需要根据评价目的、评价准则以及被评价系统的特点来选择较为合适的评价方法。此外，可以采用等级相关系数法（陈述云，1994）进行评价方法选优。为降低评价结果的不一致性，提高评价结果的可信程度，还可采用组合评价（郭显光，1999）。需要注意的是，在采用多指标方法进行评价过程时，有些方法需要预先给定权重的，通过这些方法进行分析，得到的结果是否客观，不仅受到方法本身的影响，也受到赋权方式的影响。鉴于此，根据是否需要预先给定权重，将多指标综合评价方法可划分为无需预先给定权重的方法、需要预先给定权重的方法和其他方法。

2.2.2.1 无需预先给定权重的综合评价方法

无需预先给定权重的方法，或者本身就是一种赋权方法，如层次分析法、主成分分析法、熵权法等，或者在运算得到综合评价值的时候并未涉及权重，如数据包络分析法。

（1）层次分析法。层次分析法是为了解决多目标决策问题而提出的一种定性与定量相结合的方法。具体到国际竞争力评价，首先要构建从一级到三级的评价指标体系，之后通过向专家发放问卷，得到二级指标之间重要性排序以及同一二级指标下的三级指标之间的重要性排序，构建判断矩阵，并对判断矩阵进行数学运算，得到三级指标和二级指标对应的权重。

（2）主成分分析法。主成分分析是根据指标之间的相关性，通过线性变换将多个指标降维成少数几个被称为主成分的相互独立的综合指标。主成分包含了原始变量的绝大部分信息，这样在分析复杂问题时便能更好地找到主要矛盾，降低分析问题的难度，提高分析问题的效率。

（3）熵权法。熵实质上是不确定性的一种反映。这种不确定性，在统计学上表现为数据的离散程度，不确定性越强，离散程度越大。指标数据所包含的信息量越大，离散程度越高，越容易度量，熵越大，指标所应赋予的权重越大。同理，指标数据所包含的信息量越小，离散程度越低，越难以度量，熵越小，指标所应赋予的权重越小。

（4）数据包络分析法。数据包络分析是基于相对效率概念发展起来的，用凸分析和线性规划作为工具,依据投入、产出指标数据对同类型的单位或部门进行效率评价的一种系统方法。这些同类型的单位或部门在数据包络分析方法中被称为决策单元,它们的基本特点是存在一定的输入和输出,决策目标在输入转化为输出的过程中得以实现。

2.2.2.2 需要预先给定权重的综合评价方法

(1)模糊综合评判法。模糊综合评判法基于模糊数学理论,把一些边界不清、不易定量的定性指标进行定量化处理,提高了实用性和科学性。模糊综合评价法在确定隶属度向量时,对于主观或定性的指标一般采用等级比重法来获得,当评价的人数较少或者评价者对被评事物了解不够时,得到结果往往会缺乏可靠性。在权重确定的时候,如果采用主观赋权法,主观因素将会对最终的评价结果产生一些影响。因此,模糊综合评价在确定隶属度向量以及权重时,都有可能受到评价者或专家主观因素的影响而使最终的结果不够客观。

(2)加权平方和法。加权平方和法是一种基于多指标的综合评价方法,该方法依据各指标在评价目标中不同的重要程度,客观地对各指标进行赋权,同时确定理想点,然后比较各方案到理想点的距离,即比较各指标的实际值与标准值的差距,得到级别指标的分值,然后把指标分值汇总得到加权评估总分。

2.2.2.3 其他综合评价方法

有一些方法,在具体的处理过程中可以分为多种情况,不同的情况对于权重的要求也会有所不同。

(1)综合指数法。在设计指标体系的时候,为了从不同角度、不同侧面对研究对象进行完整评价,需要选取若干指标。这些指标往往具有不同的性质,量纲、方向、结构也可能不同,因此需要确定各项指标的对比标准,通过对比实现原始数据无量纲化,从而得到各项指标的个体指数。在此基础上,根据各指标的相对重要程度进行赋权,进行算术平均(或几何平均)运算得到可用于评价的综合指数。在这些综合指数法中,有的需要预先给定权重而有的则不需要,这从具体计算方法中可以看出来。

第一,无需预先给定权重的综合指数法:

①简单叠加型指数。这种方法直接将个体指数的值相加,把得到的和值作为综合指数。计算公式为:

$$Y = \sum_{i=1}^{n} X_i / Q_i \tag{2-6}$$

其中,Y 表示综合指数值,X_i 表示指标 i 的值,Q_i 表示对比标准,可以是指标 i 的均值,也可以是该指标对应的理想值,n 为评价指标的数量。

②算术平均型指数。这种方法是在简单叠加型指数的基础上消除指数个数

影响得到的,与简单叠加型号指数相比,可比性更强,其计算方法为:

$$Y = \frac{1}{n}\sum_{i=1}^{n} X_i/Q_i \tag{2-7}$$

③平方和的平方根法。这种方法是先对个体指数求平方和,再计算平方和的平方根得到综合指数,其计算方法为:

$$Y = \sqrt{\sum_{i=1}^{n}\left(\frac{X_i}{Q_i}\right)^2} \tag{2-8}$$

④最大值法。这一类型的指数在设计的时候,注重利用指标最大值所包含的信息,各指标的最大值会对综合指数值具有较大影响。最大值法中最为典型的是内梅罗法,其计算方法为:

$$Y = \sqrt{\left[\left(\frac{1}{n}\sum_{i=1}^{n}\frac{X_i}{Q_i}\right)^2 + \left(\frac{X_{\max}}{Q_i}\right)^2\right]/2} \tag{2-9}$$

第二,需要预先给定权重的方法:

加权平均型指数。算术平均型指数在计算的时候把各指标看作是同等重要的。当各指标的重要性不同时,则需要根据重要程度的不同,对不同的指标赋予不同的权重,根据这种思路,便形成了加权平均数。其计算公式为:

$$Y = \sum_{i=1}^{n} W_i\left(\frac{X_i}{Q_i}\right) \tag{2-10}$$

其中,W_i 表示个体指数 i 的权重。

以上所列举的只是较为常见的综合指数法,除了这些之外还有许多其他的综合指数方法。根据研究的需要,研究领域的不同,综合指数法可以延伸出许多种拓展形式。

(2)灰色综合评价。灰色综合评价的理论基础是灰色系统理论,灰色系统理论的研究重点是根据已知来确定未知。用灰色系统理论进行综合评价就形成了灰色关联分析,它是一种多因素统计分析方法,以各因素的样本数据为依据,用灰色关联度来描述因素间关系的强弱、大小和次序的。如果样本数列反映出两因素变化态势基本一致,则它们之间的关联度较大;反之,关联度较小。假设有四个变量 x_0、x_1、x_2 和 x_3,为了研究后三个变量中哪个与 x_0 的变化态势更一致,即关联度最大,通常可以采用灰色关联分析方法。一般情况下,先对各序列进行无量纲化处理,计算出各个序列的均值,并用各序列中每个数据除以相应均值得均值化序列,分别计算均值化序列中后三个变量与第一个变量在对应期的间距(绝对差值),得绝对差值序列,最后,再对绝对差值序列进行规范化。设

$\Delta(\max)$和$\Delta(\min)$分别表示绝对差值$\Delta 0i(t)$的最大数和最小数，则称

$$\xi_{0i}(t)=\frac{\Delta(\min)+\rho\Delta(\max)}{\Delta_{0i}(t)+\Delta(\max)} \tag{2-11}$$

为序列$\{x_0\}$与$\{x_i\}$在第t期的灰色关联系数，其中ρ为分辨系数，取值在0和1之间，ρ取值的大小可以控制$\Delta(\max)$对数据转化的影响，ρ取值较小，可提高关联系数间差异的显著性。

用灰色系统理论进行综合评价有两种类型：一是基于灰色关联度分析的灰色综合评价法，二是基于灰色关联系数赋权的灰色综合评价法。采用第一种方法求灰色加权关联度进行分析时，需要事先给定权重，而采用第一种方法求绝对关联度进行分析以及采用第二种方法进行分析时则不需要事先给定权重。

2.2.3 林产品国际竞争力评价方法

综合上述分析，关键指标评价方法通俗易懂，操作简便，容易实现，但难以全面反映国际竞争力的状况。多指标综合评价方法则能较好地克服这方面的不足，实现对国际竞争力全方位、多层次、多角度的分析。即便如此，综合评价方法工作量较大，数据分析困难也是事实，实施综合评价需要构建复杂的指标体系，加之，不同的方法有不同的使用条件，同时考虑到研究对象自身特点，在实际研究过程中，都会面临综合评价方法的比较和选取。

2.2.3.1 综合评价方法选取的定性原则

(1)可比性原则。多指标综合评价方法的基础是一套科学合理的指标体系，指标体系的设置对于评价结果会产生重要的影响。针对一个既定的问题，采用同一种多指标综合评价方法分析，所依据的指标体系不同，评价的结果也难免会出现差异。因此，进行实证比较时有必要保证不同方法是基于同一指标体系的，否则将难以确定评价结果的差异究竟是方法本身造成的还是指标体系设置不同造成的。对于需要单独设置指标体系的，例如数据包络分析方法，这种方法需要将指标分为输入指标和输出指标两类，针对这种方法设置的指标体系难以直接用于其他方法。

(2)客观性原则。一些评价方法由于方法自身的运算原理或赋权方法的影响，评价的结果带有一定的主观性，即评价结果受到评价者或专家主观经验的影响。心理状态不同或专家不同时，得到的结果都有可能不一致。对于主观性较强的方法，由于主观因素对评价结果影响的不确定性，通过结果的比较难以确定方法本身的优劣。因此，为了更好地比较评价方法本身的优劣，尽量选择客观性较强的方法来进行比较。

(3)简明性原则。尽管综合评价的基本思想简单明了,但由于依据的数学原理不同,赋权方法的差异,衍生出不同国际竞争力评价方法。针对众多的评价方法,通常的策略是选择较为实用、简单的方法,尽可能降低分析的复杂性和难度。

2.2.3.2 综合评价方法优选的量化原则

通常情况下,可以采用兼容度和差异度来实现评价方法的优选。用 $m+1$ 表示评价方法数,n 表示评价对象数。第 i , j 种评价方法 $\{a_k^{(i)}\}$, $\{a_k^{(j)}\}$ 之间的相关程度,可以利用它们的等级相关系数来表示,其计算公式为:

$$r_{ij} = 1 - \frac{6}{n(n^2 - 1)}\sum_{k=1}^{n}(a_k^{(i)} - a_k^{(j)})^2 \quad i,j = 1,2,\cdots,m + 1 \tag{2-12}$$

其中,$\{a_k{}^{(i)}\}$、$\{a_k{}^{(j)}\}$ 分别表示第 k 个评价对象在第 i、j 种评价方法中的排名。

(1)兼容度。某种评价方法的兼容度定义为该评价方法与其他评价方法的等级相关系数的加权平均值。某种评价方法 $\{y_k\}$ 与其他 m 种评价方法的兼容度 r_y 的计算公式为:

$$r_y = \sum_{j=1}^{m} w_j r_{yj} \tag{2-13}$$

其中,w_j 表示第 j 种评价方法的权重,$w_j>0$ 且有 $\sum_{j=1}^{m} w_j = 1$。一般而言,在对各种评价方法没有特殊偏好时,取 $w_j = 1/m$。y_k 表示第 k 个评价对象在 y 种评价方法中的排名。若每种评价方法是独立的,某个评价方法的兼容度越大,则该评价方法的代表性越强,可靠性越高,它在兼容度意义下也就越好。

(2)差异度。某种评价方法的差异度定义为以该方法的排名为基准时,位于某一排名范围内的评价对象,在其余各评价方法中,超出规定排名范围的评价对象个数的平均值。评价方法的差异度越小,则该种评价方法越好。定义前 p 名为观测排名范围,即以第 p 名为区分点,则在第 i 种评价方法中居前 p 位的第 k 个评价对象在第 j 种评价方法中的差异度:

$$d_k^{(i|j)} = \begin{cases} 0 & a_k^{(i|j)} \leqslant p \\ a_k^{(i|j)} - p & a_k^{(i|j)} > p \end{cases} \tag{2-14}$$

其中,$a_k{}^{(i|j)}$ 表示第 i 种评价方法中居前 p 位的第 k 个评价对象在第 j 种评价方法中的排名。则第 i 种方法与第 j 种方法的差异度为:

$$d_{ij} = \sum_{k=1}^{p} d_k^{(i|j)} \tag{2-15}$$

相对其他 m 种方法，第 i 种方法的差异度为：

$$d_i = \sum_{j=1}^{m} d_{ij} \quad i \neq j \tag{2-16}$$

2.2.3.3 林产品国际竞争力综合评价方法

由于受到主客观因素（评价目标、评价者）的影响，评价指标的重要程度各不相同，赋予的权数也会有差别。一般情况下，评价指标所含的信息量越多，权数就越大，包含的信息量越少，权数就越小。此外，指标的数据质量也是权数确定需要考虑的重要方面，指标数据的可信度大、质量好，相应的权数越大，反之亦然。确定权的常用方法有主观赋权和客观赋权，主观赋权常用的方法有层次分析法、相邻指标比较法，这两种方法受主观因素影响较大。客观赋权主要包括统计定权、基于主成分分析的定权、熵权法以及基于灰色关联分析的定权等，这些方法确权更为客观。基于此，在后续林产品国际竞争力评价过程中主要讨论基于客观定权的竞争力综合评价技术，另外，需要注意的是，按照综合评价基本要求，在数据处理过程中，需要将逆向指标转化为正向指标，再进行后续分析。

（1）基于统计定权的林产品国际竞争力综合评价。基于统计定权的林产品国际竞争力综合评价方法是统计确权与综合指数法相结合的一种多指标综合评价方法，通过统计方法可以实现客观确权，提高权数确定的客观性，降低了人为因素的干扰，在此基础上，可以采用算数平均型指数实现多指标综合评价。具体而言，统计方法确权可以采用方差的倒数和变异系数，采用方差的倒数确权时，预测值要尽量的相互独立，方差达到最小，这样效果好，但有时方差小的这个前提不适用，此时可用变异系数法。变异系数是一组数据的标准差除以均值的绝对值，相比于方差倒数确权，变异系数确权更加着重突出了各个指标相对变化的幅度，能够比较好地区分被评价对象。从不同的角度、用不同的统计方法确权，会产生不同的权数，为能够综合不同权数的优点，常用的方法就是利用不同权数相乘产生一个新的权数，如式 2-17 所示。

$$\omega_i = \frac{\omega_i^1 \omega_i^2}{\sum_i^k \omega_i^1 \omega_i^2} \tag{2-17}$$

其中，ω_i^1 和 ω_i^2 为相同数据采用不同方法确定的权数，ω_i 为合成的权数。

（2）基于主成分分析的林产品国际竞争力综合评价。基于主成分分析的综合评价是客观赋权的一种综合评价形式，较主观赋权评价方法更具有说服力。主成分分析利用降维思想，在损失尽量少的信息的前提下，把多个指标转化为几个综合指标，转化生成的综合指标即为主成分，其中每个主成分都是原始变量的线性组合,而且各个主成分之间互不相关,这样主成分比原始变量具有某些更优越的性能。基于主成分分析的林产品国际竞争力方法可以比较客观的获得各级指标的权数,不容易受到主观因素的影响,评价结果易于接受,具有一定的科学性。需要注意的是,并非所有的数据都适合采用主成分分析法,进行主成分分析的前提是数据之间具有足够的相关性。另外,在进行主成分分析时,一般需要进行无量纲化处理。

(3)基于熵权法的林产品国际竞争力综合评价。熵权法是一种客观的赋权方法,它利用各指标的熵值所提供的信息量的大小来决定指标权重。用熵权法给指标赋权避免了人为因素干扰,使评价结果比较符合实际。通过对各指标熵值的计算,可以衡量出指标信息量的大小,从而确保所建立的指标能反映绝大部分的原始信息。在进行熵权法之前需要对原始数据进行同趋势化和无量纲化处理,尽管在很多文献中,为了体现程序上的规范性,将同趋势化处理和无量纲化处理分开进行,但在操作过程中这两个处理是可以同时进行的。由于用来进行熵权法分析的数据要求是非负的,如果采用常用的标准化方法、均值化方法等无量纲化方式进行处理,得到的数据就可能不满足熵权法分析的要求。对于熵权法,阈值法是进行无量纲化处理一种有效方式,该方法通过对正、逆指标分别采取两种相互对应的无量纲化公式,如式(2-18)、式(2-19)所示,在无量纲化的同时,也实现了指标的同趋势化。经过无量纲化处理之后,指标全部转化为正向指标,指标的取值范围为[0,1]。

$$y_i = \frac{x_i - \min x_i}{\max x_i - \min x_i} \tag{2-18}$$

$$y_i = \frac{\max x_i - x_i}{\max x_i - \min x_i} \tag{2-19}$$

式(2-18)中 x_i 为正向指标,式(2-19)中 x_i 为逆向指标。

假设有 m 个国家,n 个指标。用 X_{ij}表示 i 国 j 指标的数值。使用熵权法进行评价的具体步骤如下:

①计算 P_{ij}(第 j 项指标下第 i 国家的权重):

$$P_{ij} = \frac{X_{ij}}{\sum_{i=1}^{m} X_{ij}} \tag{2-20}$$

②计算 H_j(第 j 项指标的熵值):

$$H_j = -\frac{1}{\ln(m)} \sum_{i=1}^{m} P_{ij} \ln P_{ij} \tag{2-21}$$

特别地，当 $P_{ij}=0$ 时，定义 $P_{ij}\ln P_{ij}=0$

③计算熵权 d_j：

$$d_j = \frac{1 - H_j}{n - \sum_{j=1}^{n} H_i} \tag{2-22}$$

④计算综合得分 F：

$$F = \sum_{j=1}^{n} d_j X_{ij} \tag{2-23}$$

(4)基于灰色系统理论的林产品国际竞争力综合评价。

用灰色系统理论进行综合评价有两种类型：一是基于灰色关联度分析的灰色综合评价法。这种方法是通过计算各评价对象与理想对象的灰色关联度，根据灰色关联度的大小来确定竞争力的大小，关联度越大竞争力越强。二是基于灰色关联系数赋权的灰色综合评价法。这种方法是根据灰色关联系数对各指标进行赋权，然后对各指标的值进行加权运算，得到一个综合评价值，通过比较综合评价值大小来比较评价结果的好坏。

第一，基于灰色关联度分析的灰色综合评价法。这种方法较为常见，是通过计算各评价对象与理想对象的灰色关联度，根据灰色关联度的大小来确定竞争力的大小，关联度越大竞争力越强。采用该方法进行综合评价时，首先确定比较数列(X_i)与参考数列(X_0)，比较数列是要评价的对象，参考数列是对应评价的标准，由各指标的最优值或理想值构成，因此参考数列也被称为最优值数列或理想值数列。其后，计算灰色关联度系数，如式(2-11)所示，在此基础上，计算灰色关联度。由于存在着 n 个指标，比较数列与参考数列总的关联程度即灰色关联度是由这 n 个指标共同决定的。其计算公式为：

$$r_i = \frac{1}{n} \sum_{j=1}^{n} \omega_j \xi_j(j) \quad i = 1,2,\cdots,m;\ j = 1,2,\cdots n \tag{2-24}$$

其中，r_i 对应第 i 个评价对象与理想对象之间的灰色关联度，ω_j 表示第 j 个指标的权重。当 ω_j 全部取 1 时，r_i 称为绝对关联度，不少文献中的灰色关联度便是指绝对关联度；当 ω_j 不全为 1 时，r_i 称为灰色加权关联度，此时权重需要事先给定。接下来可以根据关联度排序进行评价分析，灰色关联度越大，表明评价对象与理想对象越相似，其评价效果越好，竞争力越强。各评价对象灰色关联度的排序，便是其竞争力的排序。

第二，基于灰色关联系数赋权的灰色综合评价法。这种方法是根据灰色关联系数对各指标进行赋权，然后对各指标的值进行加权运算，得到一个综合评价值，通过比较综合评价值大小来比较评价结果的好坏。该评价方法的具体步骤前两步与第一种类型是相同的。首先,确定比较数列(X_i)与参考数列(X_0),计算灰色关联度系数,之后是确定各指标对应的权重,如式(2-25)所示。

$$\omega_j = \frac{\frac{1}{m}\sum_{i=1}^{m}\xi_i(j)}{\prod_{j}^{n}\frac{1}{m}\sum_{i=1}^{m}\xi_i(j)} \tag{2-25}$$

其中,ω_j表示指标j的权重,最后根据权重计算综合得分,如式(2-26)所示,根据得分情况进行竞争力评价。

$$Z = \sum_{j=1}^{n}\omega_j X_j \tag{2-26}$$

2.2.3.4 林产品国际竞争力评价方法比较

上述四种评价方法的计算原理是有差异的,主成分分析法是基于各指标的相关性,熵权法是基于各指标的变异程度,绝对关联度法和灰色定权法的关键则在于计算灰色关联系数。绝对关联度法和灰色定权法之间也存在差异,前者是根据灰色关联系数确定各评价对象与理想对象之间的关联度大小进行评价的,而灰色定权法则是根据灰色关联系数求出各指标的权重,之后再通过比较所有指标的加权平均值来进行评价的。为了使分析的结果科学准确,使用上述方法进行综合评价之前,需要对原始数据进行预处理,主要包括同趋势化和无量纲化。根据不同评价方法的特点,需要采用不同的无量纲化处理方法,见表 2-1。除熵权法外,其他方法均可采用倒数正向化方法进行同趋势化处理,通过标准化实现指标无量纲化。

表 2-1 数据预处理方式

Tab. 2-1 Preprocessing of the data

方 法	数据预处理	
	同趋势化	无量纲化
主成分分析法	倒数正向化	标准化
熵权法	阈值法(对于不同方向的指标运用不同的公式)	
绝对关联度法	倒数正向化	均值化
灰色定权法	倒数正向化	均值化

2.2.3.5 林产品国际竞争力组合评价方法

在评价过程中,经常会出现多种综合评价方法对同一对象评价结果的不一致性,尽管研究过程中设定了综合评价方法选取的原则和可用于优选的测度值,由于每种方法都有其特殊的意义和背景,都有各自的优缺点及其适用范围,并不存在评价方法优劣甄别的绝对标准,究竟哪种方法所得的结果最科学可信,很难判别。面对非一致性问题,目前普遍认为组合评价是解决该问题的有效途径。组合评价法可以综合多种单一方法,取长补短,得到更为可信、合理的评价结果。国内外对组合评价的研究主要集中在权重的组合、综合评价方法的组合和评价结果的组合,由于权重组合和评价结果组合容易实现,为提高评价结果的可信程度,在后续木质林产品国际竞争力实证研究中会有应用。组合评价法的一般处理方式是将不同方法的得分进行 Z-score 标准化,求得标准得分之和,并根据标准得分之和进行排序。Z-score 标准化的计算公式为:

$$F_{ij} = \frac{Y_{ij} - \overline{Y}_{i*}}{s_{i*}} \tag{2-27}$$

其中,F_{ij}表示评价对象 j 用第 i 种方法评价得到的标准得分,$i=1,2,\cdots,m$;$j=1,2,\cdots,n$。Y_{ij}表示评价对象 j 第 i 种方法的原始得分,$\overline{Y}_{i*}$ 和 s_{i*} 分别表示第 i 种方法各评价对象得分的均值和标准差。评价对象 j 的组合评价值 F_j 计算公式为:

$$F_j = \sum_{i=1}^{m} F_{ij} \tag{2-28}$$

2.3 小　结

由于关键指标法主要涉及进出口指标,这些指标的年度数据均可在 FAO 网站获得,计算简单,易于比较,便于进行林产品国际竞争力评价研究,但难以全面反映国际竞争力的状况。多指标综合评价方法能够较好地克服这方面的不足,比较全面地反映林产品的生产和贸易情况,与关键指标评价方法相比,多指标综合评价更有效。尽管如此,综合评价方法工作量较大,需要构建复杂的指标体系,在运用综合评价过程需要进行方法的筛选和权数确定。需要注意的是,由于各种评价方法的机理不同,方法的属性层次、分析的角度相异,公认的绝对完美的权威综合评价方法是不存在的。另外,在评价过程中,经常会出现多种综合评价方法对同一对象评价结果的不一致性问题,面对这一问题,目前普遍认为组合评价是该问题的有效途径,为提高评价结果的可信程度,在后续木质林产品国际竞争力实证研究中会有应用。

3　原木国际竞争力分析

按照联合国粮农组织的定义,砍伐或用其他方法采伐和采运的所有原木,包括从森林和森林外树木采运的所有木材数量。木质燃料(包括木炭材)、锯材原木和单板原木、纸浆材,圆木和劈木以及其他工业用原木等的产量合计数构成原木产量。扣除未加工木材的工业用原木、木质燃料(包括木炭材)的贸易量合计数构成原木贸易统计数,并以立方米去皮(即不包括树皮)为单位公布。在我国整个林产品进口贸易中,原木、锯材、木浆、废纸、纸和纸制品等木质林产品占有较大的份额,并逐年增长,1997 年的比重为 81.71%,2011 年增长到 94.03%,说明我国林产品进口是以原料性商品为主导的,在这些原料性商品中,最为基础的是原木。

3.1　我国原木的供需与贸易状况

我国的森林资源一直以来都存在着总量不足,质量不高,分布不均,人均占有率少等问题。随着我国经济社会的发展,人们生活水平的提高,以及人口数量的增长,我国原木的需求一直居高不下。2002 年以来,我国每年的原木需求一直在 320000 千立方米以上,2010~2011 年呈现出增长趋势,由 2009 年的 321745 千立方米增长到 2011 年的 331656 千立方米,年均增长 1.53%,如图 3-1 所示。随着中国对生态环境重视程度的不断提升,林业的主要功能由原来的包括木材生产在内的经济功能逐步向诸如维护碳氧平衡、防风固沙、保持水土等生态功能转移和倾斜,与此相关的一些举措(例如,天保工程,东北林区禁伐等)在一定程度减少国内的原木供给,从 2002 年之后,我国原木生产量始终呈现逐步下降的趋势,如图 3-1。2002 年时,我国原木的生产量为 312005 千立方米,到了 2011 年则下降到了 288466 千立方米,年均减少 0.868%。一方面是不断增长的需求,另一方面是持续萎缩的国内原木生产,使得我国原木的供需矛盾在一定时期内日益突出,供需缺口不断增大。从 1997~2011 年,我国原木供需缺口呈现不断增大的趋势,从 2009 年开始,缺口的增长尤为迅速,由 2009 年的 28806 千立方米扩大到 2011 年的 43190 千立方米,年均扩大 22.45%,如图 3-2 所示。

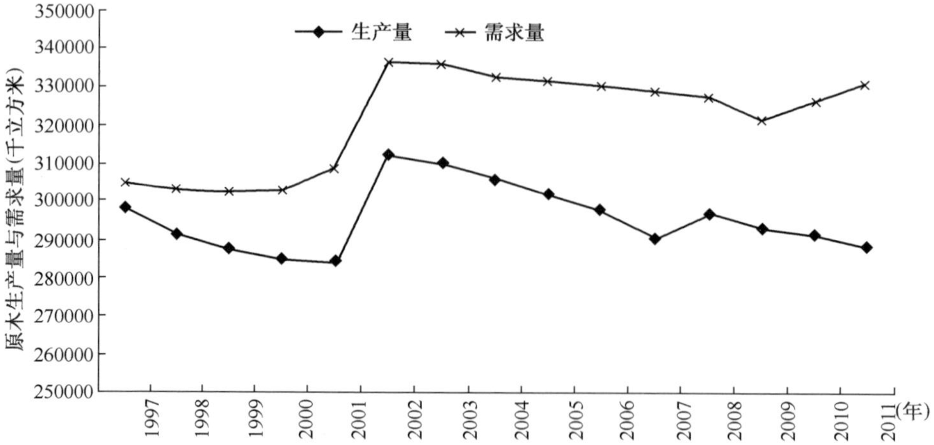

图 3-1　1997~2011 年我国原木生产量与需求量

Fig. 3-1　Production and demand of China's roundwood from 1997 to 2011

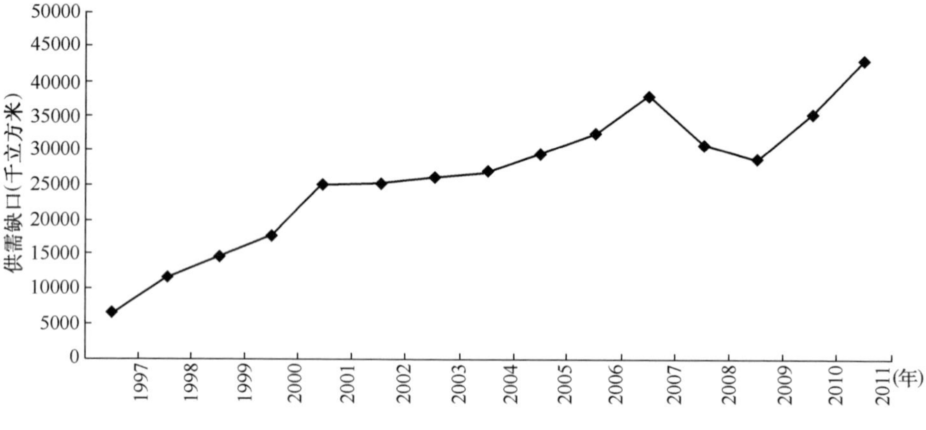

图 3-2　1997~2011 年我国原木供需缺口

Fig. 3-2　Gap between supply and demand of China's roundwood from 1997 to 2011

统计数据显示我国原木的供需缺口主要是通过对外贸易来解决,2003~2008 年我国原木的出口额呈现下降的趋势,由 2887 千美元下降到了 986 千美元,下降了 1901 千美元,年均下降 19.45%。2009~2010 年,我国木材出口额出现了飙升,达到了 226.73%,2010 年我国原木出口额达到最大值 10526 千美元。从 2011 年开始,我国原木出口额又急剧下降,年均下降 59.53%,如图 3-3 所示。

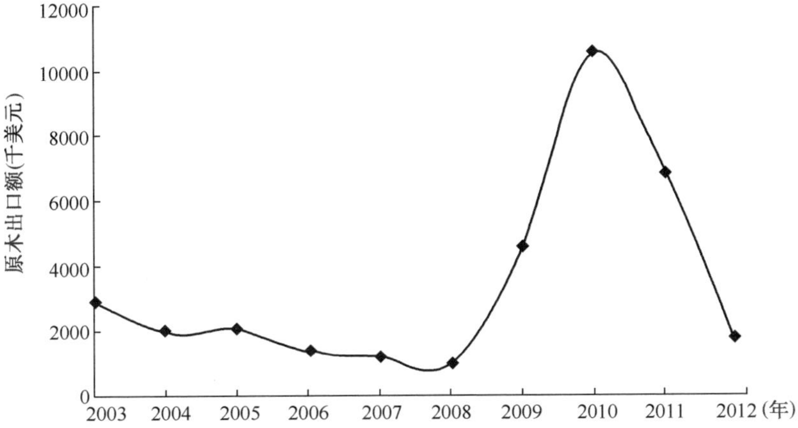

图 3-3 2003~2012 年我国原木出口额

Fig. 3-3 Export value of China's roundwood from 2003 to 2012

2003~2007 年,我国原木进口额连年增长,由 2003 年的 2444262 千美元增长到 2007 年的 5355834 千美元,年均增长 21.63%。2008~2009 年,进口额出现了小幅度的下降,年均下降 12.65%。2010~2011 年,我国原木进口额迅速增大,年均增幅为 42.28%,到了 2012 年又大幅度下降,下降了 57.81%,如图 3-4 所示。通过比较可以看出,中国原木每年的进口额远远大于出口额,并呈现出增长趋势。

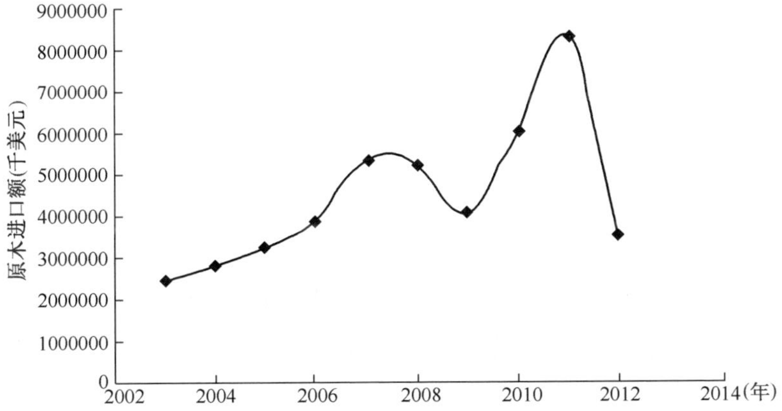

图 3-4 2003~2012 年我国原木进口额

Fig. 3-4 Import value of China's roundwood from 2003 to 2012

3.2 原木国际竞争力分析

常用的衡量国际竞争力的指标有国际市场占有率、贸易竞争指数、出口增长优势指数等,这些指标是基于产品的进出口数据计算的。此处选取中国、印度尼西亚、马来西亚、喀麦隆、刚果(金)、刚果(布)、加蓬、加拿大、美国、巴西、奥地利、芬兰、德国、俄罗斯、瑞典等森林资源丰富,林产品国际竞争力相对较强的国家进行比较,从而了解我国原木国际竞争力与世界其他国家的差距。

3.2.1 国际市场占有率

根据式(2-1),可以得到主要原木生产和贸易国家的国际市场占有率,计算结果见表 3-1 所示。我国 2007~2011 年原木的国际市场占有率依次为:0.69%,0.45%,0.56%,0.60%,0.45%,在所选的 15 个国家中排名依次为:倒数第 4,倒数第 3,倒数第 4,倒数第 4,倒数第 4。尽管占有率有所波动,但都没有超过 0.70%,也没有低于 0.40%,排名上没有变化。

表 3-1 2007~2011 年多国原木国际市场占有率

Tab. 3-1 International market share of multinational roundwood from 2007 to 2011

国家	2007		2008		2009		2010		2011	
	IMS	排名	IMS	排名	IMS	排名	IMS	排名	IMS	排名
中国	0.0069	12	0.0045	13	0.0056	12	0.0060	12	0.0045	12
印度尼西亚	0.0009	14	0.0007	14	0.0007	14	0.0006	14	0.0005	15
马来西亚	0.0316	5	0.0433	5	0.0568	3	0.0519	3	0.0387	3
喀麦隆	0.0132	9	0.0114	9	0.0166	8	0.0175	7	0.0119	7
刚果(金)	0.0077	10	0.0072	11	0.0047	13	0.0061	11	0.0067	9
刚果(布)	0.0145	8	0.0170	7	0.0221	7	0.0134	8	0.0200	6
加蓬	0.0482	4	0.0491	3	0.0543	4	0.0277	6	0.0014	13
加拿大	0.0284	6	0.0215	6	0.0251	6	0.0312	4	0.0381	4
美国	0.1153	2	0.1158	2	0.1345	2	0.1447	2	0.1367	1
巴西	0.0003	15	0.0005	15	0.0001	15	0.0005	15	0.0011	14
奥地利	0.0075	11	0.0084	10	0.0086	10	0.0087	10	0.0077	8
芬兰	0.0059	13	0.0070	12	0.0069	11	0.0045	13	0.0050	11
德国	0.0548	3	0.0466	4	0.0376	5	0.0302	5	0.0253	5
俄罗斯	0.2838	1	0.2457	1	0.1832	1	0.1447	1	0.1209	2
瑞典	0.0217	7	0.0159	8	0.0096	9	0.0088	9	0.0056	10

数据来源:《联合国粮农组织林产品年鉴 2011》。

3.2.2 贸易竞争力指数

根据式(2-2),可以得到主要原木生产和贸易国家的贸易竞争指数,见表3-2。可以发现,中国原木的贸易竞争指数趋近于-1,这说明我国原木绝大部分依赖于进口,国际竞争力较弱。2007~2011 年,在选取的 13 个国家,历年来排在前 5 位的国家为俄罗斯、喀麦隆、刚果(金)、美国和马来西亚, 中国的排名都是最后的。

表 3-2 2007~2011 年多国原木贸易竞争指数

Tab. 3-2 Trade competitive index of multinational roundwood from 2007 to 2011

国家	2007		2008		2009		2010		2011	
	TC	排名	TC	排名	TC	排名	TC	排名	TC	排名
中国	-0.96498	13	-0.97622	13	-0.97373	13	-0.97576	13	-0.98284	13
印度尼西亚	-0.26117	9	-0.30233	9	-0.21798	8	-0.49136	9	-0.36709	9
马来西亚	0.927088	4	0.918595	4	0.926718	3	0.897655	5	0.896564	5
喀麦隆	0.995303	2	0.974925	2	0.994199	2	0.998748	2	0.998568	2
刚果(金)	0.996842	1	0.945465	3	0.794612	5	0.969365	3	0.991609	3
加拿大	0.077021	8	-0.00852	8	-0.09068	7	0.121996	7	0.385144	7
美国	0.769391	5	0.863722	5	0.882295	4	0.921448	4	0.93627	4
巴西	0.765511	6	0.6485	6	-0.38954	9	0.681401	6	0.856247	6
奥地利	-0.76778	11	-0.72668	11	-0.78467	12	-0.75211	11	-0.74638	12
芬兰	-0.84849	12	-0.85673	12	-0.61168	11	-0.76876	12	-0.69744	10
德国	0.1872	7	0.220151	7	-0.00441	6	-0.25467	8	-0.28351	8
俄罗斯	0.990422	3	0.990913	1	0.997994	1	0.999921	1	0.999716	1
瑞典	-0.36883	10	-0.48266	10	-0.53497	10	-0.61172	10	-0.73487	11

数据来源:《联合国粮农组织林产品年鉴 2011》。

3.2.3 出口增长优势指数

根据式(2-3),可以得到 2007~2011 年我国原木出口增长优势指数,见表 3-3。计算结果显示 2007~2011 年间我国原木出口增长率远远低于我国总的贸易增长率,除个别年份外,基本都是负增长,国内原木出口逐年减少,原木出口增长优势指数基本保持在 0 以下,说明我国原木的国际竞争力不强。

表 3-3 2007~2011 年我国原木出口增长优势指数

Tab. 3-3 Export growth advantage index of China's roundwood from 2007 to 2011

年 份	总贸易出口增长率 G_t	原木的出口增长率 G_i	D_i
2007	0. 259529	-0. 29395	-0. 55348
2008	0. 172261	-0. 3624	-0. 53466
2009	-0. 16012	-0. 11481	0. 045305
2010	0. 313032	0. 359702	0. 04667
2011	0. 203217	-0. 04839	-0. 25161

数据来源:《中国统计年鉴》《联合国粮农组织林产品年鉴》。

值得注意的是,尽管原木是可再生资源,但需要经过多年才能长成。由于可开采木材资源越来越少,一些先前的原木出口大国纷纷限制甚至禁止原木出口。曾是我国原木进口的主要来源国俄罗斯 2007 年开始多次提高原木出口关税,限制原木出口;加蓬从 2010 年 1 月起开始禁止原木出口。2014 年 4 月 1 日,缅甸开始实施原木出口禁令。根据 2014 年 5 月份巴布亚新几内亚《信使邮报》的报道,巴布亚新几内亚政府在今后将逐渐减少原木出口。当然,实施原木限制或禁止出口政策的国家并不止这些,今后还会更多的国家加入到这一行列中来。另外,国际上对于木材合法性的要求在不断地增强。2008 年 5 月,美国通过了《雷斯法案》修正案。2010 年 10 月,欧盟制定了《欧盟木材法规》。2012 年 11 月,澳大利亚通过了非法木材禁止法案。还有一个挑战是 20 世纪 90 年代由非政府的民间组织发起的森林认证,森林认证在促进企业可持续经营森林、改善环境方面的重要意义是毋庸置疑的,但也应该看到,森林认证同原木限制或禁止出口政策、木材合法性要求加强等因素都会增加我国进口原木的成本和风险。为了改善我国原木进出口结构,有必要逐渐建立木材储备资源,构建完善的木材安全保障体系和机制,逐步提高我国原木的自给率,降低原木进口的依存度。

3.3 小 结

无论用前述哪一种指标来衡量,我国原木的国际竞争力都非常薄弱,我国原木对进口依赖程度相当高,原木进口环节一旦出现问题,木质林产品加工业就受到严重影响,进而影响到我国木质林产品整体的国际竞争力。虽然在一定时期内能够通过进口来缓解原木自我供给的不足,但这并不是长久之策,也不应该成为长久之策。我国原木国际竞争力低下主要是由于我国原木供需矛盾突出,原

以从根本上缓解供应缺口,大力发展人造板工业成为缓解中国木材供需矛盾的重要途径,人造板生产有助于节约木材资源、提高木材利用率。2003 年,中共中央、国务院颁布了《关于加快林业发展的决定》,在相关政策的扶持下,中国人造板企业大力引进国外的先进生产工艺、设备与管理。同时,各地加大投资力度,推动人造板原料林基地建设,为林板一体化提供体制保证,中国的人造板产业进入了快速发展阶段。从 2003~2012 年,中国人造板产量增长迅速,10 年间产量翻 5 番,由 2003 年的 4553 万立方米达到 2012 年的 22355 万立方米。以 2002 年作为基期,2003~2012 年年均增长速度 19.3%,2003~2012 年中国人造板产量年增长率如图 4-1 所示。由图 4-1 可知,2003~2012 年之间,中国人造板产量始终保持正的年增长率,2003 年增速最快,达到 55.40%。从 2004~2007 年期间,中国人造板产量年增长率较为稳定。2008 年,全球性金融危机爆发,人造板国际市场也出现萎缩,受此影响,我国人造板产量年增长率出现下滑,达到 10 年来的最低值 6.46%。2009 年后,随着全球经济的企稳回升,人造板国际和国内需求量稳步持续上升。2009~2011 年这 3 年中,中国人造板产量增长迅速,2011 年环比增长率攀升至 36.19%。

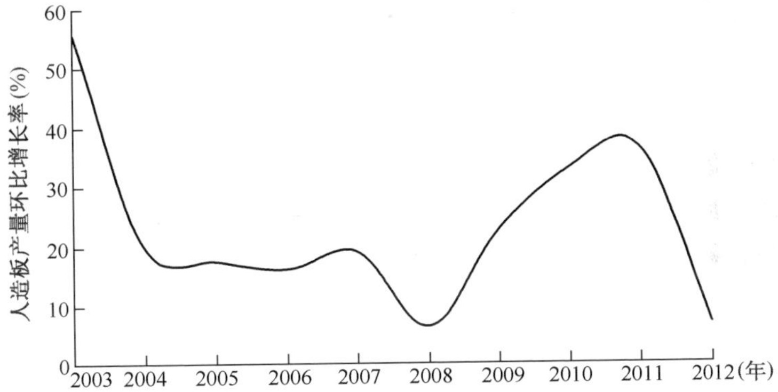

图 4-1 2003~2012 年中国人造板产量环比增长速度

Fig. 4-1 Sequential growth rate of China's wood-based panels production from 2003 to 2012

4.1.2 中国人造板结构分析

人造板主要包括胶合板、纤维板、刨花板和其他人造板。2003~2012 年中国各类人造板产量结构百分条图如图 4-2 所示。从 2003~2012 年间胶合板一直是中国最主要的人造板产品,产量比例约为 40%,2012 年高达 49.16%。纤维板作为第二大产量的人造板产品,产量比例呈现出先缓慢上升后缓慢下降的趋势,在

2006 年达到峰值 33.20%。与胶合板、纤维板相比,刨花板产量较低,产量比例比较稳定,一直在 10%左右徘徊。从整体趋势上看,从 2008 年开始,胶合板产量比例逐年提高,纤维板和其他人造板产量比例缓慢下降。

表 4-1 2003~2012 年中国人造板产量

Tab. 4-1 Production of china's wood-based panels from 2003 to 2012

单位：万立方米

年份	2003	2004	2005	2006	2007	2008	2009	2010	2011	2012
胶合板	2102.35	2098.62	2514.97	2728.78	3561.56	3540.86	4451.24	7139.66	9869.63	10981.1
纤维板	1128.33	1560.46	2060.56	2466.6	2729.85	2906.56	3488.56	4354.54	5562.12	5800.3
刨花板	547.41	642.92	576.08	843.26	829.07	1142.23	1431	1264.2	2559.39	2349.5
其他人造板	775.27	1144.49	1241.28	1389.92	1718.09	1820.29	2175.85	2602.43	2928.15	3204.7

资料来源:《中国林业统计年鉴(2003~2012 年)》。

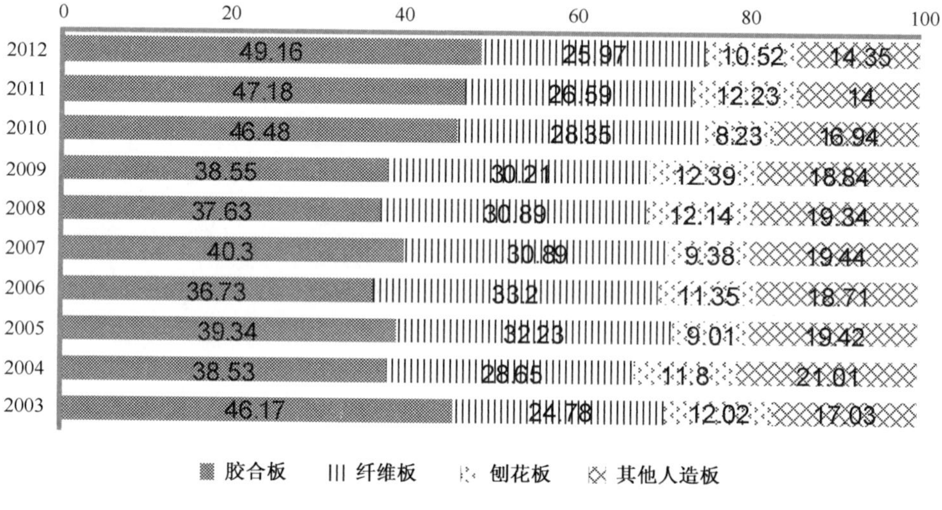

图 4-2 2003~2012 年中国人造板产量结构百分条图

Fig. 4-2 Percentage bar chart of China's wood-based panels production structure from 2003 to 2012

4.1.3 中国人造板贸易量分析

根据 FAO 统计年鉴可以整理获得 2003~2012 年中国人造板对外贸易情况,

见表4-2,并据此绘制2003~2012年中国人造板进出口金额、进出口数量折线图,如图4-3所示。由图4-3可以看出,2003~2012年中国人造板贸易出口数量与金额变化趋于一致,2003~2007年5年间,出口数量与金额均快速增加;2008年和2009年,出口数量与金额同时回落,在2009年达到低谷;2010年开始,两者又快速上升,在2012年同时达到最高点。同样,2003~2012年中国人造板贸易进口数量与金额变化也比较一致,与出口相比,整体上都处于相对较低的水平,波动较小。从表4-2可以看出,从2003~2012年人造板平均出口价格、平均进口价格总体呈现出持续上涨趋势,平均出口价格上涨趋势较平均进口价格更显著。尽管如此,利用FAO在线数据库计算显示,中国人造板平均出口价格处于中游水平,仍具有一定竞争优势,如图4-4所示。综合进出口两方面可以发现,从2003~2012年,中国人造板贸易经历了由逆差转为顺差的过程,且近几年来贸易顺差逐年扩大,平均出口价格持续上升。

表4-2 2003~2012年中国人造板贸易情况

Tab. 4-2 Trade of China's wood-based panels from 2003 to 2012

年 份	出口金额(千美元)	进口金额(千美元)	出口数量(千立方米)	进口数量(千立方米)	每立方米出口价格(美元)	每立方米进口价格(美元)
2003	945851	1476613	2932	5795	322.60	254.81
2004	1827805	1465227	5486	5491	333.18	266.84
2005	2678669	1419553	7949	4888	336.98	290.42
2006	3985793	1289743	11394	4349	349.82	296.56
2007	5007620	1258330	11190	4200	447.49	299.60
2008	4928989	1112284	10434	2747	472.37	404.91
2009	3729795	879904	81426	2744	458.08	320.66
2010	4929861	1188125	10238	3875	481.53	306.61
2011	6157293	1199305	13285	3191	463.46	375.84
2012	6775644	1235545	14153	3353	478.73	368.49

资料来源:粮农组织林产品年鉴(2007~2012年)。

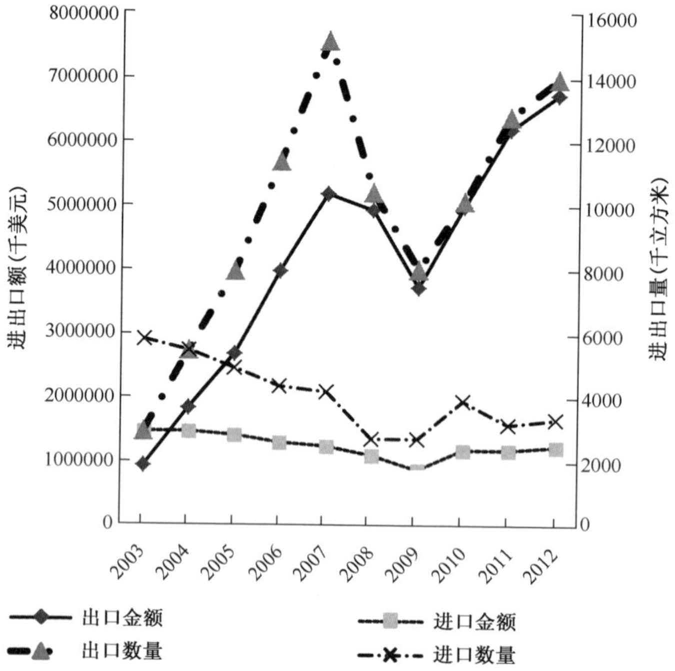

图 4-3 2003~2012 年中国人造板进出口金额

Fig. 4-3 Import and export value of China's wood-based panels from 2003 to 2012

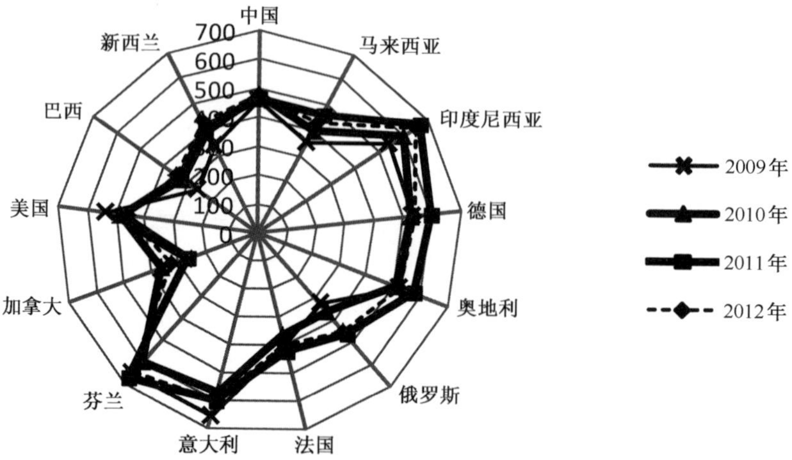

图 4-4 2009~2012 年世界部分国家人造板平均出口价格雷达图

Fig. 4-4 Radar map of wood-based panels' average export price among some countries from 2009 to 2012

4.2 人造板国际竞争力的比较分析

参照胶合板国际竞争力研究,此处采用关键指数评价和综合评价两种方法,其中关键指标评价采用贸易竞争力指数、显示性比较优势指数、显示性竞争优势指数及国际市场占有率等不同的国际竞争力测算指标。综合评价涉及的变量众多,定权方法比较复杂,并且在现有文献中使用较少,因此,此处将重点讨论基于综合评价方法的国际竞争力比较。

根据世界人造板行业的整体发展格局和竞争现状,本文从亚洲、欧洲、美洲、大洋洲和非洲选取了总计 24 个人造板行业较发达的国家,分别是中国、马来西亚、印度尼西亚、泰国、土耳其、德国、奥地利、俄罗斯、法国、波兰、比利时、西班牙、罗马尼亚、捷克、意大利、芬兰、加拿大、美国、巴西、智利、新西兰、喀麦隆、加蓬和瑞典。为了进一步筛选,本文选取了人造板出口量、人造板出口额和产量等能比较直接反映一个地区人造板行业发展情况和竞争力的指标,由于考虑到综合评价过程对数据完整性的要求,此处仅采用国际粮农组织网站 2010 年数据对这 24 个国家的人造板竞争力进行比较分析,将竞争力相对较弱的国家剔除。

在出口量方面,中国、德国、马来西亚、印度尼西亚、加拿大、泰国等国家位居世界前列,中国领先优势较明显。与上述国家相比,土耳其、俄罗斯、法国、奥地利、波兰、比利时、西班牙、罗马尼亚、捷克、意大利、芬兰、巴西、智利和新西兰等国家差距较大,出口最少的是喀麦隆、加蓬和瑞典等国家。出口额与出口量的情况类似。从产量来看,中国明显多于其他国家,其次是美国、德国、加拿大、巴西、俄罗斯和波兰,法国、奥地利、印度尼西亚、马来西亚和新西兰有一定产量,喀麦隆、加蓬和瑞典产量较少,如图 4-5 所示。

通过分析可以看出,与其他 21 个国家相比,喀麦隆、加蓬和瑞典产量低,出口量小,竞争力不足,因此剔除上述 3 个国家。本文最终选取中国、马来西亚、印度尼西亚、泰国、土耳其、德国、奥地利、俄罗斯、法国、波兰、比利时、西班牙、罗马尼亚、捷克、意大利、芬兰、加拿大、美国、巴西、智利和新西兰等 21 个国家进行后续国际竞争力研究。

4.2.1 人造板国际竞争力关键指标评价

参照胶合板国际竞争力研究,此处主要采用贸易竞争力指数、显示性比较优势指数、显示性竞争优势指数以及国际市场占有率这四个不同的国际竞争力测算指标对人造板国际竞争力进行比较分析, 其中所涉及数据均来源于联合国粮

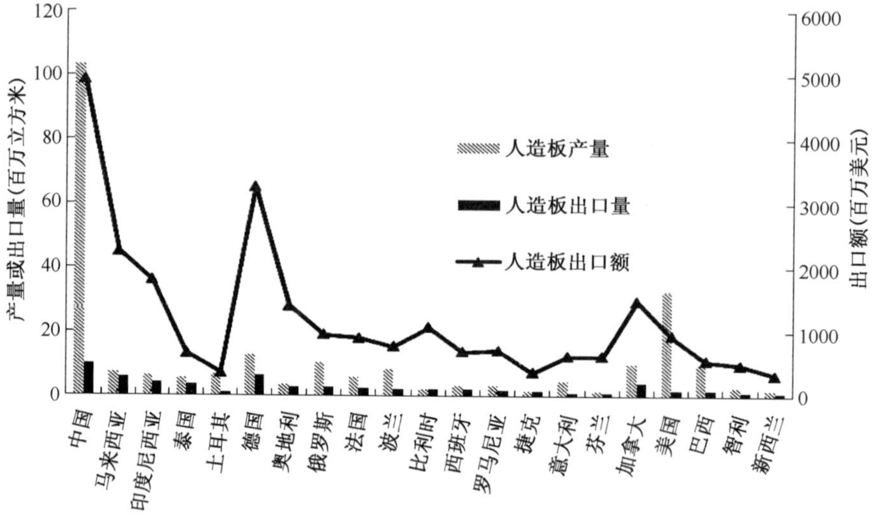

图 4-5 2010 年部分国家人造板产量、出口量和出口额对比图

Fig. 4-5 Comparison of wood-based panels' production, export quantity and export value among some countries in 2010

农组织网站和世界森林状况报告。

4.2.1.1 贸易竞争力指数

根据式(2-2)可以计算出各国 2003～2012 年人造板贸易竞争力指数,见表 4-3,据此可以绘制出 2003～2012 年人造板贸易竞争力指数的国际比较统计图,如图 4-6。由图可以看出,印度尼西亚、智利、马来西亚、巴西、新西兰、芬兰、加拿大、奥地利、泰国、俄罗斯、德国、波兰、捷克这 13 个国家 2003～2012 年的贸易竞争力指数始终大于 0,是人造板的净出口国,其生产率高于世界总体水平,具有贸易竞争优势。在这 13 个国家中,印度尼西亚、智利、马来西亚、巴西、新西兰五国在 2003～2012 年间的贸易竞争力指数接近于 1,竞争优势非常明显。意大利 2003～2012 年的贸易竞争力指数始终小于 0,是人造板的净进口国,其生产率低于世界总体水平,不具有贸易竞争优势,劣势较大。尽管美国、土耳其有个别年份的贸易竞争力指数大于 0,但大部分年份仍为负数,从整体上看,生产率水平较低,贸易竞争处于劣势。其余的五个国家贸易竞争力指数变化较大,根据其变化趋势可以大致分为三类:第一类包括中国、罗马尼亚、西班牙这三个国家,贸易竞争力指数由负数逐渐变为正数,也就是说从人造板净进口国逐渐转变为人造板的净出口国,竞争力逐渐提高;第二类为法国,2003～2007 年,其贸易竞争力指数为正,而 2008 年由正转负,而后一直维持在负的水平,说明其经历了由人造板净出口国转变为人造板净进口国的过程，竞争力有所下降；第三类为比利时，十年间其贸易竞争力指数经历了先正后负再正的变化，说明其人造板贸易竞争由优势变为劣势，之后又转为优势。从变化趋势上看，中国人造板贸易竞争力指数变化幅度较大，2003 年小于 0，2004 年迅速增大并转为正，一直到 2007 年都保持快速逐年增加的趋势，2007 年达到 0. 603，2008 年以后增速减缓，2012 年达到 0. 689。从总体上看，经过 10 年，中国人造板贸易竞争力已排在世界前列。

表 4-3 2003~2012 年人造板贸易竞争力指数

Tab. 4-3 Trade competitive index of wood-based panels from 2003 to 2012

	2003	2004	2005	2006	2007	2008	2009	2010	2011	2012
中国	-0. 219	0. 110	0. 295	0. 428	0. 603	0. 640	0. 680	0. 643	0. 696	0. 689
马来西亚	0. 923	0. 896	0. 897	0. 904	0. 902	0. 834	0. 794	0. 791	0. 767	0. 651
印度尼西亚	0. 967	0. 943	0. 908	0. 905	0. 882	0. 839	0. 827	0. 829	0. 786	0. 781
泰国	0. 463	0. 618	0. 646	0. 582	0. 609	0. 568	0. 622	0. 630	0. 636	0. 561
土耳其	-0. 137	-0. 315	-0. 466	-0. 315	-0. 284	-0. 160	0. 025	-0. 200	-0. 267	-0. 231
德国	0. 285	0. 312	0. 318	0. 288	0. 247	0. 221	0. 298	0. 230	0. 159	0. 153
奥地利	0. 526	0. 495	0. 502	0. 513	0. 544	0. 545	0. 534	0. 521	0. 517	0. 499
俄罗斯	0. 342	0. 409	0. 418	0. 382	0. 349	0. 289	0. 343	0. 293	0. 256	0. 203
法国	0. 048	0. 052	0. 035	0. 082	0. 044	-0. 014	-0. 111	-0. 136	-0. 119	-0. 118
波兰	0. 256	0. 221	0. 219	0. 169	0. 118	0. 072	0. 122	0. 114	0. 140	0. 234
比利时	0. 213	0. 180	0. 158	0. 183	-0. 858	-0. 827	-0. 647	-0. 729	-0. 755	0. 180
西班牙	-0. 116	-0. 068	-0. 045	-0. 136	0. 058	0. 127	0. 168	0. 197	0. 277	0. 316
罗马尼亚	-0. 063	-0. 005	-0. 099	-0. 073	-0. 171	-0. 182	-0. 030	0. 416	0. 364	0. 498
捷克	0. 029	0. 083	0. 095	0. 161	0. 183	0. 088	0. 295	0. 234	0. 278	0. 178
意大利	-0. 245	-0. 243	-0. 276	-0. 244	-0. 271	-0. 229	-0. 234	-0. 248	-0. 207	-0. 152
芬兰	0. 742	0. 732	0. 709	0. 704	0. 663	0. 611	0. 537	0. 523	0. 502	0. 488
加拿大	0. 671	0. 705	0. 679	0. 590	0. 677	0. 308	0. 233	0. 218	0. 197	0. 240
美国	-0. 140	-0. 168	-0. 197	-0. 228	0. 021	-0. 232	-0. 233	-0. 259	-0. 259	-0. 281
巴西	0. 901	0. 898	0. 902	0. 844	0. 910	0. 774	0. 786	0. 764	0. 711	0. 812
智利	0. 931	0. 926	0. 847	0. 717	0. 793	0. 766	0. 851	0. 734	0. 773	0. 619
新西兰	0. 894	0. 901	0. 884	0. 848	0. 813	0. 828	0. 874	0. 840	0. 844	0. 826

资料来源：粮农组织林产品年鉴(2007~2012 年)。

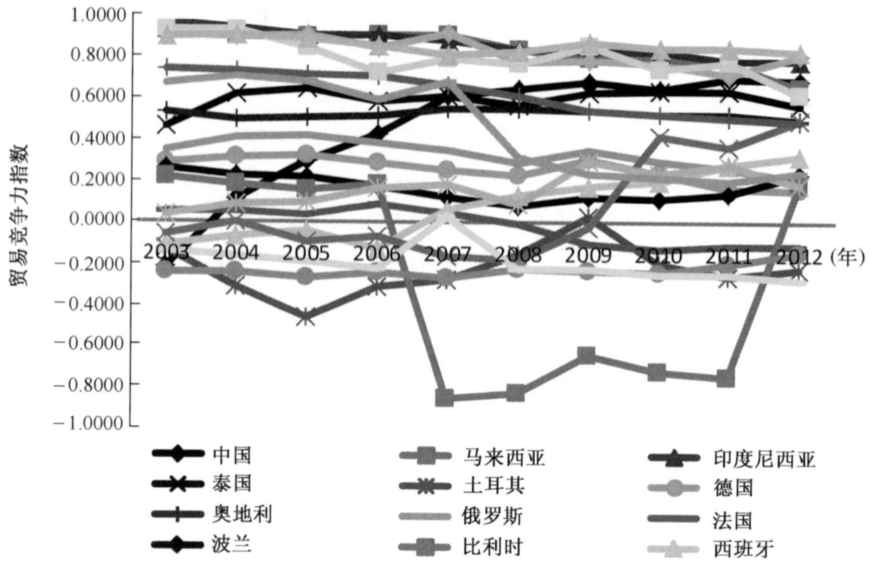

图 4-6　2003~2012 年人造板贸易竞争力指数国际比较

Fig. 4-6　International comparison of wood-based panels' trade competitive index from 2003 to 2012

4.2.1.2　显示性比较优势指数

根据式(2-4)计算出各国 2003~2012 年人造板显示性比较优势指数,见表 4-4,据此可绘制 2003~2012 年人造板显示性比较优势指数统计图,如图 4-7 所示。从图中可以看出,21 个国家的显示性比较优势指数这十年内基本都保持大于 1,也就是说这 21 个国家人造板出口额在本国出口总额中所占的比重超过全世界人造板出口额占世界总出口额的比重,拥有较强的出口竞争优势,并且印度尼西亚、马来西亚等国家的显示比较优势指数长期稳定在 20~60 的范围内,显示比较优势相比于世界上其他国家十分明显。其中印度尼西亚、马来西亚、新西兰的显示性比较优势指数基本保持在 50 以上,与其他国家相比有巨大优势,其中,马来西亚和新西兰的显示性比较优势指数值比较稳定,在 2003~2012 年中基本保持在 50 左右,而印度尼西亚呈比较明显的下降趋势。罗马尼亚、芬兰、智利、奥地利和波兰在这十年中显示性比较优势指数基本在 25~50 的范围内波动,也具有比较明显的竞争优势,其中罗马尼亚的上升趋势非常明显,2010 年罗马尼亚的显示性比较优势指数位列世界第一,在未来几年罗马尼亚的竞争优势可能还会持续上升。中国、泰国、土耳其、德国、俄罗斯、法国、西班牙、意大利、加拿大、美国和巴西等国家基本保持在 20 以下,竞争优势不如前面两个梯队的国家明显,但与世界上其他国家相比还是有一定的竞争优势。其中,中国的人造板显示性比较优势指数在2003~2012年一直呈上升趋势,且上升幅度非常稳定,到2012年,中国的人造板显示性比较优势指数已排在世界第八,与前面的加拿大和泰国差距已经很小,如果保持这种趋势,在未来几年中国的人造板显示性比较优势指数很可能进入世界前五,但是与印度尼西亚、马来西亚、新西兰等几个人造板出口强国相比差距还是非常明显。

表4-4 2003~2012年人造板显示性比较优势指数

Tab. 4-4 Revealed comparative advantage index of wood-based panels from 2003 to 2012

	2003	2004	2005	2006	2007	2008	2009	2010	2011	2012
中国	7.562	10.395	13.100	14.202	14.497	16.024	16.869	15.455	17.738	17.684
马来西亚	50.526	50.097	48.698	59.470	51.358	54.747	54.645	54.622	53.593	53.336
印度尼西亚	94.361	79.750	60.473	60.893	56.956	63.655	48.993	54.168	55.019	58.591
泰国	5.743	8.505	10.023	12.271	11.715	14.258	15.072	16.939	18.613	16.703
土耳其	6.426	6.599	6.745	8.241	9.624	12.491	14.170	15.588	16.070	14.291
德国	11.114	11.145	11.549	11.203	11.015	11.397	13.253	12.964	12.092	11.663
奥地利	35.355	30.734	33.001	37.500	37.010	43.993	45.098	45.867	47.516	47.198
俄罗斯	9.547	9.875	10.206	10.093	10.856	10.672	12.019	11.736	11.895	12.472
法国	7.468	7.382	8.359	9.598	9.143	10.162	7.806	8.635	9.077	8.909
波兰	33.514	30.285	30.534	30.538	23.987	25.902	22.543	24.147	25.525	24.632
比利时	12.244	11.267	11.058	11.961	0.583	0.702	1.663	1.287	1.195	12.079
西班牙	10.396	11.261	12.323	13.985	14.191	14.646	14.620	13.494	14.026	13.191
罗马尼亚	28.142	32.635	31.510	35.099	31.769	30.476	40.795	71.585	45.699	63.431
捷克	12.232	11.190	11.534	13.922	13.458	13.909	15.200	13.647	17.354	13.388
意大利	5.746	5.561	5.256	5.926	4.996	5.904	5.902	6.869	6.688	6.989
芬兰	48.811	47.040	47.826	48.129	41.519	48.784	39.252	44.269	47.450	46.909
加拿大	42.442	48.234	42.639	35.053	42.554	17.583	18.477	19.130	16.748	20.075
美国	20.342	22.962	21.053	17.457	19.109	10.318	9.965	9.471	8.592	9.355
巴西	34.281	27.801	32.608	25.397	20.693	19.191	13.672	13.531	10.943	13.243
智利	39.297	34.314	35.306	26.751	29.528	50.044	46.358	45.280	50.968	36.229
新西兰	56.564	62.653	59.112	53.150	42.353	48.420	48.513	51.839	54.854	56.376

资料来源:联合国粮农组织林产品年鉴(2007~2012年)世界贸易组织年度报告(2004~2013)。

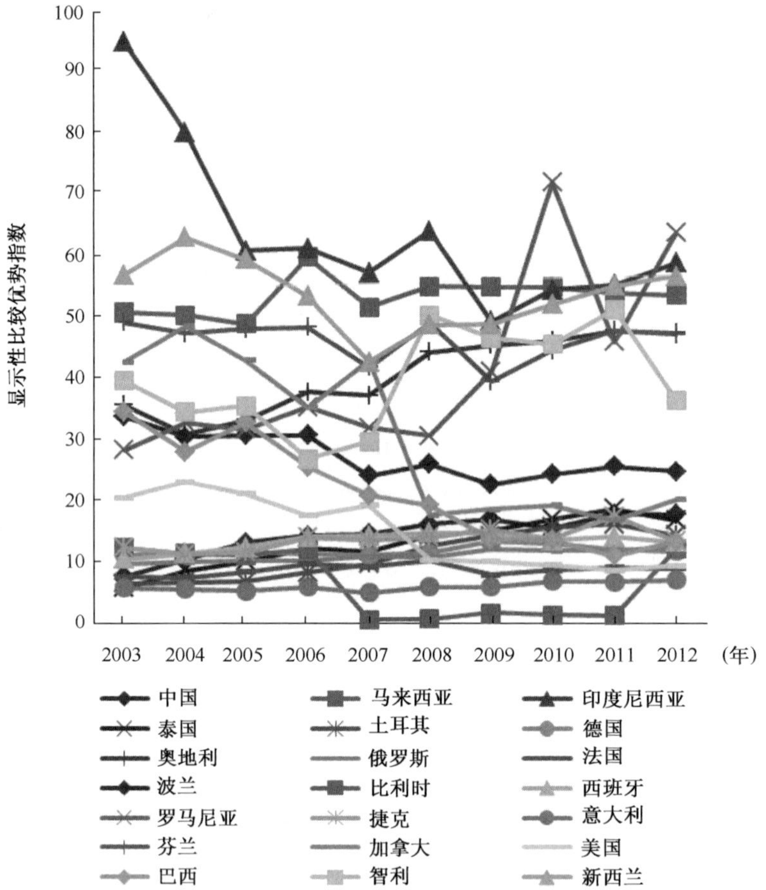

图 4-7　2003~2012 年人造板显示性比较优势指数的国际比较

Fig. 4-7　International comparison of wood-based panels' revealed comparative advantage index from 2003 to 2012

资料来源:粮农组织林产品年鉴(2007~2012 年) 世界贸易组织年度报告(2004~2013)

4. 2. 1. 3　显示性竞争优势指数

根据式(2-5)计算出各国 2003~2012 年人造板显示性竞争优势指数,见表 4-5,据此可以绘制 2003~2012 年人造板显示性竞争优势指数统计图,如图 4-8 所示。

从图 4-8 可以看出,比利时、意大利、土耳其和美国的人造板显示性竞争优势指数基本保持在负数的水平,虽然美国在 2008 年之前人造板显示性竞争优势指数为正, 但 2008 年之后下降趋势十分明显,且一直保持为负数。从显示性竞

表 4-5 2003~2012 年人造板显示性竞争优势指数的国际比较

Tab. 4-5 International comparison of wood-based panels' revealed competitive advantage index from 2003 to 2012

	2003	2004	2005	2006	2007	2008	2009	2010	2011	2012
中国	-5. 03	1. 56	4. 57	6. 97	9. 04	11. 19	12. 64	11. 39	14. 08	13. 89
马来西亚	47. 95	46. 79	45. 29	55. 61	47. 54	47. 86	45. 84	46. 38	44. 51	39. 78
印度尼西亚	91. 92	76. 74	56. 98	56. 82	51. 56	57. 00	42. 49	47. 83	47. 07	51. 20
泰国	3. 50	6. 45	7. 93	8. 87	7. 98	10. 02	10. 66	12. 60	14. 35	12. 24
土耳其	0. 62	-1. 63	-5. 35	-1. 85	-3. 37	0. 20	3. 41	0. 22	-0. 40	-1. 01
德国	3. 40	3. 69	3. 81	3. 33	1. 09	1. 73	3. 71	2. 60	1. 19	0. 92
奥地利	24. 59	20. 47	21. 86	25. 01	23. 93	30. 11	30. 64	31. 03	32. 70	31. 91
俄罗斯	1. 14	2. 07	1. 77	1. 42	0. 95	0. 32	1. 78	0. 68	-0. 11	-1. 06
法国	0. 77	0. 98	0. 94	1. 86	0. 30	0. 38	-1. 48	-1. 79	-1. 04	-0. 98
波兰	17. 82	14. 06	12. 70	10. 84	4. 90	5. 98	4. 78	5. 70	7. 29	9. 87
比利时	3. 57	2. 83	2. 31	3. 00	-8. 97	-7. 50	-7. 31	-7. 90	-8. 05	3. 25
西班牙	0. 52	2. 11	2. 99	1. 55	4. 38	6. 38	5. 73	5. 95	7. 19	6. 97
罗马尼亚	4. 50	8. 82	4. 25	8. 30	0. 95	2. 18	5. 13	46. 40	27. 14	45. 27
捷克	1. 31	1. 83	1. 45	3. 26	1. 97	0. 80	5. 39	4. 13	6. 26	2. 62
意大利	-3. 84	-3. 56	-4. 06	-3. 64	-5. 16	-4. 01	-4. 38	-4. 33	-3. 40	-3. 13
芬兰	39. 73	38. 30	38. 41	38. 46	30. 48	35. 29	25. 80	29. 28	31. 84	30. 90
加拿大	33. 09	38. 76	33. 21	24. 95	32. 01	6. 55	6. 35	6. 49	5. 19	7. 84
美国	5. 26	5. 68	4. 12	2. 01	6. 70	-0. 39	-1. 67	-1. 72	-1. 52	-2. 10
巴西	31. 70	25. 62	29. 95	22. 18	19. 22	16. 30	11. 61	11. 49	8. 83	11. 76
智利	37. 71	32. 58	31. 47	19. 76	23. 67	42. 62	41. 04	36. 37	43. 43	27. 60
新西兰	53. 73	59. 80	56. 00	49. 29	37. 80	44. 02	44. 99	46. 89	49. 86	50. 94

资料来源:粮农组织林产品年鉴(2007~2012 年) 世界贸易组织年度报告(2004~2013)。

争优势指数的比较图看,这 4 个国家的人造板优势不足。印度尼西亚、马来西亚、新西兰、智利、芬兰、奥地利和罗马尼亚在这 10 年内人造板的显示性竞争优势基本都保持在 20 以上,其中印度尼西亚和马来西亚以及新西兰优势最大,显示性竞争优势指数一直高于 40,甚至达到 60,印度尼西亚一直保持世界第一的位置。罗马尼亚的显示性比较优势指数波动很大,2008 年和 2009 年跌至低谷,

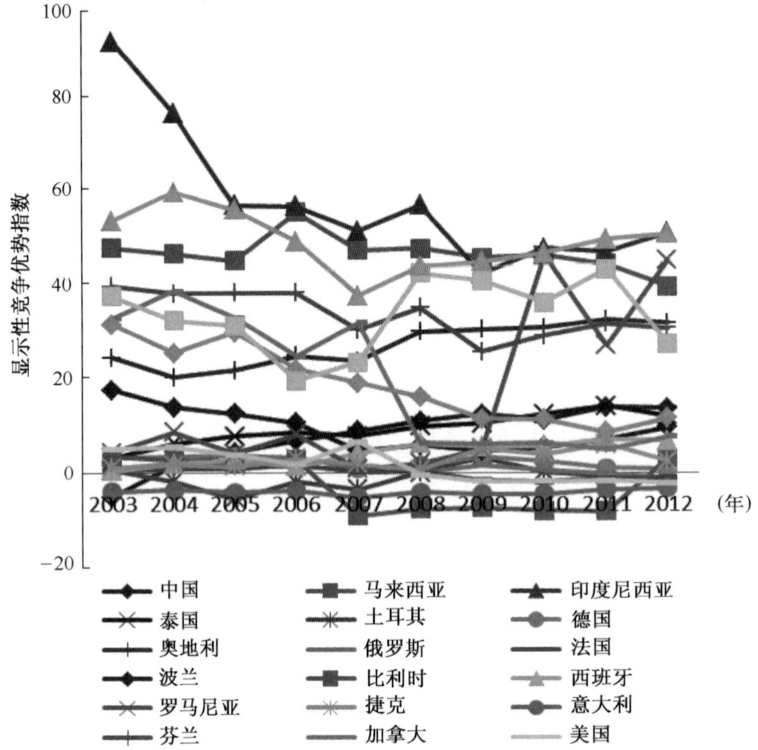

图 4-8　2003~2012 年人造板显示性竞争优势指数的国际比较

Fig. 4-8　International comparison of wood-based panels' revealed competitive advantage index from 2003 to 2012

资料来源:粮农组织林产品年鉴(2007~2012 年) 世界贸易组织年度报告(2004~2013)

但总体来说还是有上升趋势。中国、泰国、德国、西班牙、巴西、波兰、俄罗斯和捷克等国家在 2003~2012 年显示性比较优势指数一直维持在 0~20,说明这些国家的人造板在国际上有一定竞争优势,其中中国和泰国的上升趋势十分明显,且中国的上升幅度非常稳定,到 2012 年已经成为了这一梯队的领头羊,但是与排在前面的印度尼西亚、马来西亚和新西兰等几个人造板出口强国相比差距还是很大,短期内难以达到这几国的水平。

4.2.1.4　国际市场占有率

根据式(2-1)计算出各国 2003~2012 年人造板国际市场占有率,见表 4-6,据此可以绘制 2003~2012 年人造板市场占有率的国际比较图,如图 4-9 所示。

表 4-6 2003~2012 年人造板国际市场占有率的国际比较

Tab. 4-6 International comparison of wood-based panels' international market share from 2003 to 2012

	2003	2004	2005	2006	2007	2008	2009	2010	2011	2012
中国	0.046	0.069	0.099	0.117	0.130	0.145	0.167	0.164	0.189	0.203
马来西亚	0.073	0.071	0.068	0.081	0.067	0.069	0.071	0.073	0.069	0.068
印度尼西亚	0.083	0.064	0.052	0.054	0.050	0.056	0.048	0.058	0.062	0.062
泰国	0.006	0.009	0.011	0.014	0.013	0.016	0.019	0.022	0.023	0.021
土耳其	0.004	0.005	0.005	0.006	0.008	0.010	0.012	0.012	0.012	0.012
德国	0.115	0.114	0.111	0.106	0.107	0.104	0.122	0.110	0.100	0.092
奥地利	0.047	0.041	0.041	0.044	0.045	0.051	0.051	0.047	0.047	0.044
俄罗斯	0.018	0.020	0.025	0.026	0.028	0.032	0.030	0.032	0.035	0.037
法国	0.040	0.038	0.038	0.040	0.038	0.040	0.031	0.030	0.030	0.028
波兰	0.025	0.026	0.027	0.029	0.025	0.028	0.025	0.026	0.027	0.026
比利时	0.043	0.039	0.037	0.037	0.002	0.002	0.005	0.004	0.003	0.030
西班牙	0.022	0.023	0.023	0.025	0.026	0.026	0.027	0.023	0.024	0.022
罗马尼亚	0.007	0.009	0.009	0.010	0.009	0.010	0.014	0.024	0.016	0.021
捷克	0.008	0.009	0.009	0.011	0.012	0.013	0.014	0.012	0.016	0.012
意大利	0.024	0.022	0.019	0.021	0.018	0.020	0.020	0.021	0.020	0.020
芬兰	0.036	0.033	0.031	0.032	0.028	0.030	0.020	0.021	0.021	0.019
加拿大	0.159	0.172	0.152	0.116	0.132	0.051	0.048	0.050	0.043	0.051
美国	0.203	0.211	0.187	0.152	0.162	0.084	0.087	0.082	0.072	0.081
巴西	0.034	0.030	0.038	0.030	0.024	0.024	0.017	0.018	0.016	0.018
智利	0.012	0.013	0.014	0.013	0.015	0.020	0.021	0.022	0.023	0.016
新西兰	0.013	0.014	0.013	0.010	0.008	0.009	0.010	0.011	0.012	0.012

资料来源:粮农组织林产品年鉴(2007~2012 年) 世界贸易组织年度报告(2004~2013)。

从图 4-9 可以看出,泰国、土耳其、俄罗斯、法国、波兰、比利时、西班牙、罗马尼亚、捷克、意大利、芬兰、巴西、智利和新西兰等国家市场占有率一直比较小,在 2003~2012 年间稳定在 5%以下,竞争力不足。中国、马来西亚、印度尼西亚、美国、加拿大的市场占有率基本保持在 5%以上,中国和印度尼西亚甚至保持在 10%以上。其中,美国和加拿大的市场占有率下降趋势非常明显,特别是 2008

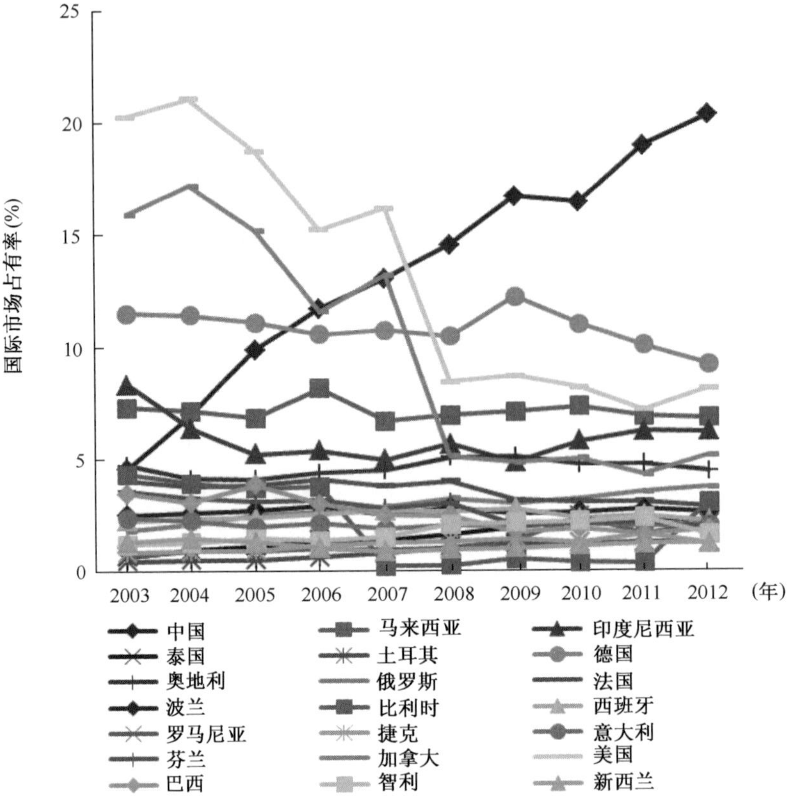

图 4-9　2003~2012 年人造板国际市场占有率的国际比较

Fig. 4-9　International comparison of wood-based panels' international market share from 2003 to 2012

资料来源:粮农组织林产品年鉴(2007~2012 年) 世界贸易组织年度报告(2004~2013)

年出现了断层式下降,不过 2011~2012 年开始又趋于稳定;马来西亚和印度尼西亚在 2003~2012 年一直保持在 10%左右;而中国在 2003~2012 年始终保持十分稳定的上升趋势,2008 达到世界第一,2009 年之后市场占有率的优势与其他国家越拉越大,2012 年的市场占有率达到了 20%,出口量的优势十分明显。

综合比较贸易竞争力指数、显示性比较优势指数、显示性竞争优势指数和国际市场占有率,中国的人造板出口显示性比较优势指数和显示性竞争优势指数虽然优势不明显,位于 21 国的中等水平,但是贸易竞争力指数在国际上处于领先地位,国际市场占有率更是稳定在世界第一,并且四项指标的增长趋势十分明显,增长速度也非常稳定,中国人造板产业在国际市场有较大的发展潜力。

4.2.2 人造板国际竞争力综合评价

由于影响人造板国际竞争力的因素众多,本研究借鉴现有研究成果,以波特理论为基础,参考国内相关研究成果,运用统计方法进行指标剔除和筛选,构建较为合理的人造板综合评价体系,运用统计方法定权、主成分分析和灰色关联等客观赋权方法,对主要的人造板生产和贸易国家进行综合分析,了解各国人造板国际竞争力及其优势和不足,为我国人造板产业提供可借鉴的经验和方法。

4.2.2.1 构建人造板综合评价体系

4.2.2.1.1 人造板国际竞争力指标选取

迈克尔·波特是第一位从产业层次研究国际竞争力的学者,他提出的钻石理论是迄今为止最有影响的产业国际竞争力理论。产业国际竞争力的后续研究均是以波特理论为原型展开的,赵彦云等在制造业产业竞争力评价中,将竞争力分为实力竞争力、成长竞争力、市场竞争力、成本竞争力、创新竞争力、投资竞争力和管理竞争力。借鉴上述研究成果,从基础实力、市场、管理、创新这 4 个方面着手,建立人造板的基础实力竞争力指标、市场竞争力指标、管理竞争力指标和创新竞争力指标等 4 个一级指标:①基础实力竞争力包括森林面积、森林覆盖率、其他林地面积、土地面积和森林立木蓄积量等 5 个二级指标。其中,森林面积、其他林地面积、土地面积描述了本国森林、土地等资源的基本情况;森林覆盖率和森林立木蓄积量反映了一个国家或地区森林资源丰富程度、实现绿化程度,也是衡量森林生态环境优劣的重要指标。综合这两方面指标就可以从数量和质量两方面来综合衡量该国林业基础资源的情况,这是林业产业发展的基础条件,对一国的林业产业发展有着基础性作用,同样人造板的生产也离不开原料、土地等基础资源,因此将这些因素均列入人造板基础实力竞争力指标中。②市场竞争力指标是人造板综合评价指标体系的核心,包括人造板的年产量、年出口量、年出口额、平均出口价格、贸易竞争力指数、显示性比较优势指数和市场占有率。其中,人造板年产量反映了一国人造板的生产能力;年出口量和年出口额则代表了一国人造板在国际市场出口贸易规模;平均出口价格是一国人造板质量层次的有力代表,出口价格越高相应人造板的质量和国际市场认可度越高;人造板贸易竞争力指数表示一国人造板进出口贸易的差额占进出口贸易总额的比重;显示性比较优势指数指一个国家人造板出口额占其出口总值的份额与世界出口总额中该类商品出口额所占份额的比率;市场占有率是一国人造板出口总额占世界人造板出口总额的比例,它反映了该国对人造板市场的控制能力,该值越大说明竞争力越强。③管理竞争力指标包含了林业从业人员数、所有制结构和有管理计划森林比例等 3 个二级指标。林业从业人员数是指该国涉林人员数,这反映了一国林业人力资源的基本情况,从业人员越多,管理力度越大;所有制结构指的是森林的归属问题;有管理森林比例这一指标反映了森林资源被管理情况,该值越高说明该国森林管理程度越高。④由于无法获得上述各国林业研发经费投入,考虑到数据的可得性,创新竞争力指标仅包含获得涉林相关专业本科及以上学位的人数、林业产业工人中拥有技术工人证书或文凭的人数以及在公费赞助的森林研究中心工作的专业人士数目等 3 个二级指标。林业产业工人中拥有技术工人证书或文凭的人数是指林业工人中,在中等教育后接受过 1~3 年技术教育学院提供的教育并获得技术工人证书或文凭的人数;在公费赞助的森林研究中心工作的专业人士数是指在资金主要来自于公费或通过公众机构渠道获得的主要从事森林相关问题研究的中心工作的专业人士的数目,这 3 个指标都反映了一国林业科研技术人才情况,科研能力越强,创新开发能力越强。管理竞争力指数和创新竞争力指数分别反映了一国林业产业的管理和创新能力,人造板产业是林产品产业的重要部分,一国的林业产业发展是人造板产业发展的前提。因此,林业产业管理和创新能力越强,人造板产业的管理和创新能力越强。综上所述,本文初步选取 18 个二级指标进行人造板国际竞争力的综合评价,见表 4-7。上述二级指标之间可能具有相关性,将在后续指标筛选中予以剔除。

表 4-7 综合评价指标初步选取结果

Tab. 4-7 Preliminary selection result of comprehensive evaluation index

	一级指标	二级指标
人造板国际竞争力综合评价指标体系	基础实力竞争力	森林面积
		森林覆盖率
		其他林地面积
		土地面积
		森林立木蓄积量
	市场竞争力	人造板年产量
		人造板年出口量
		人造板年出口额
		人造板平均出口价格
		人造板贸易竞争力指数
		人造板显示性比较优势指数
		人造板市场占有率

（续）

	一级指标	二级指标
人造板国际竞争力综合评价指标体系	管理竞争力	林业从业人员数 所有制结构 有管理计划森林比例
	创新竞争力	本科及以上学位人数 技术工人文凭数 在公费赞助的森林研究中心工作的专业人士数

4.2.2.1.2 指标的筛选和剔除

在上述初步选取的18个二级指标中有些指标之间存在显著的相关关系,按照综合评价基本要求需要进行指标的筛选和剔除。本研究采用极大不相关法进行指标的筛选和剔除,当某个指标与其他指标相互独立时,该指标就无法用其他指标来代替,因此,保留相关性较小的指标。需要指出的是,本研究中的指标数据来自WTO、FAO数据库和森林资源评估报告等,由于森林资源评估5年一次,最新的为2010年,为统一评价年份,数据均选用2010年,部分缺失值选用该地区相应指标均值进行插补。在每个一级指标体系内计算二级指标间的复相关系数R_{ij},计算结果见表4-8。森林面积、人造板年出口额和人造板市场占有率等三个指标的复相关系数均为1,与其余指标相关程度极高,因此,森林面积、人造板年出口额和人造板市场占有率这三个指标剔除,并计算余下指标之间的复相关系数,见表4-9。人造板年产量和本科及以上学位人数这两个指标的复相关系数达到0.999,与其他指标相关程度极高,因而能被其余的指标替代,故将人造板年产量剔除。考虑到林业相关的本科及以上学位人数与技术工人、研究人员有一定差别,代表人群不同,有一定的研究意义,因此不予以剔除,指标筛选结束,综合评价指标体系见表4-10。

表4-8 二级指标复相关系数表(1)

Tab. 4-8 Multiple correlation coefficient of secondary indicators (1)

一级指标	二级指标	R_{ij}
基础实力竞争力	森林面积	1
	森林覆盖率	0.961
	其他林地面积	0.997
	土地面积	0.998
	森林立木蓄积量	0.999

（续）

一级指标	二级指标	R_{ij}
市场竞争力	人造板年产量	0.999
	人造板年出口量	0.999
	人造板年出口额	1
	人造板平均出口价格	0.987
	人造板贸易竞争力指数	0.949
	人造板显示性比较优势指数	0.897
	人造板市场占有率	1
管理竞争力	林业从业人员数	0.966
	所有制结构	0.987
	有管理计划森林比例	0.992
创新竞争力	本科及以上学位人数	0.999
	技术工人文凭数	0.999
	在公费赞助的森林研究中心工作的专业人士数	0.992

表 4-9 二级指标复相关系数表(2)

Tab. 4-9 Multiple correlation coefficient of secondary indicators (2)

一级指标	二级指标	R_{2i}
基础实力竞争力	森林覆盖率	0.896
	其他林地面积	0.990
	土地面积	0.992
	森林立木蓄积量	0.989
市场竞争力	人造板年产量	0.999
	人造板年出口量	0.964
	人造板平均出口价格	0.829
	人造板贸易竞争力指数	0.944
	人造板显示性比较优势指数	0.896
管理竞争力	林业从业人员数	0.927
	所有制结构	0.970
	有管理计划森林比例	0.974

(续)

一级指标	二级指标	R_{2i}
创新竞争力	本科及以上学位人数	0.999
	技术工人文凭数	0.990
	在公费赞助的森林研究中心工作的专业人士数	0.990

表 4-10 人造板竞争力综合评价指标体系

Tab. 4-10 Comprehensive evaluation index system of wood-based panels' international competitiveness

人造板国际竞争力综合评价指标体系	基础实力竞争力	森林覆盖率
		其他林地面积
		土地面积
		森林立木蓄积量
	市场竞争力	人造板年出口量
		人造板平均出口价格
		人造板贸易竞争力指数
		人造板显示性比较优势指数
	管理竞争力	林业从业人员数
		所有制结构
		有管理计划森林比例
	创新竞争力	本科及以上学位人数
		技术工人文凭数
		在公费赞助的森林研究中心工作的专业人士数

4.2.2.2 综合评价方法的选择与应用

现有的综合评价方法众多,每种方法各有长短。由于各种评价方法的机理不同,方法的属性层次、分析的角度相异,采用不同综合评价方法对同一问题进行评价时,排序的结果可能会存在差异,评价结果的非一致性可能会影响评价结果的可信性。为了提高评价结果的可靠性,本文选用基于统计方法定权的人造板国际竞争力综合评价、基于主成分分析定权的人造板国际竞争力综合评价和基于灰色关联分析定权的人造板国际竞争力综合评价等方法进行人造板国际竞争力比较研究。由于选取的14个指标量纲不同,且数量级差别较大,因此,需要对数据进行标准化处理,此处采用比例化方法来实现标准化。除数据标准化外,另一个需要关注问题是关于权数的确定。由于受到评价目标、评价者的影响,评价指标的重要程度各不相同,赋予的权数也会有差别。一般情况下,评价指标所含的信息量越多,权数就越大,包含的信息量越少,权数就越小。确定权的常用方法有主观赋权和客观赋权,主观赋权常用的方法有德尔菲法、层次分析法和相邻指标比较法,这些方法简便易行,缺点是主观性较强,受人为因素影响较大。客观赋权主要包括统计定权、基于主成分分析的定权、基于灰色关联分析的定权以及熵权法等,确权结果更具客观性,考虑到实现的难易程度,此处主要采用前3种客观赋权法进行权数确定。

4.2.2.2.1 基于统计方法定权的人造板国际竞争力综合评价

统计方法确权可以采用方差倒数和变异系数,采用方差倒数确权时,预测值要尽量的相互独立,方差达到最小,但有时方差小的这个前提不适用,此时可用变异系数法,为能够综合不同权数的优点,可以采用合成权, 合成新的权数,三种确权结果见表4-11。完成统计确权后,采用简单平均数计算该国人造板国际竞争力的综合评价值,得到综合评价排名,评价结果见表4-12、表4-13、表4-14。

表4-11 统计方法确权权数汇总

Tab. 4-11 Summary of weight made by statistical method

一级指标	二级指标	方差倒数权	变异系数权	合成权
基础实力竞争力	森林覆盖率	23. 8245	0. 3999	0. 0306
	其他林地面积	10. 3616	1. 7186	0. 0573
	土地面积	14. 1039	1. 8650	0. 0846
	森林立木蓄积量	15. 3926	1. 9694	0. 0975
市场竞争力	人造板年出口量	20. 3403	0. 7880	0. 0515
	人造板平均出口价格	34. 2561	0. 2483	0. 0274
	人造板贸易竞争力指数	4. 7981	1. 1594	0. 0179
	人造板显示性比较优势指数	12. 8980	0. 7598	0. 0315
管理竞争力	林业从业人员数	15. 1636	1. 8913	0. 0922
	所有制结构	7. 0953	0. 7671	0. 0175
	有管理计划森林比例	12. 2862	0. 4445	0. 0176

（续）

一级指标	二级指标	方差倒数权	变异系数权	合成权
创新竞争力	本科及以上学位人数	21.5410	3.0020	0.2080
	技术工人文凭数	17.8119	2.4033	0.1377
	在公费赞助的森林研究中心工作的专业人士数	21.2213	1.8866	0.1288

表 4-12 方差的倒数为权结果表

Tab. 4-12 Result of the reciprocal of variance for weight

国家	基础实力排名	市场排名	管理排名	创新排名	综合评价值	综合排名
中国	8	1	1	1	161.1268	1
马来西亚	7	2	11	11	84.4895	6
印度尼西亚	6	3	17	6	85.5240	5
泰国	11	20	2	8	62.6480	13
土耳其	21	19	12	14	45.1489	21
德国	14	5	10	13	71.6586	10
奥地利	9	6	7	21	75.7202	9
俄罗斯	1	15	3	3	106.2890	2
法国	16	18	13	15	50.8114	19
波兰	15	14	9	12	54.8986	18
比利时	20	9	16	19	57.1786	15
西班牙	10	17	19	4	55.8664	17
罗马尼亚	18	7	14	9	65.8895	11
捷克	12	21	5	18	47.9140	20
意大利	17	11	18	16	56.2714	16
芬兰	5	4	6	7	89.0253	3
加拿大	3	12	20	5	76.4352	8
美国	4	13	4	2	85.7591	4
巴西	2	16	21	10	81.0005	7
智利	19	10	15	20	58.7649	14
新西兰	13	8	8	17	63.8044	12

表 4-13 变异系数为权结果表

Tab. 4-13 Result of coefficient of variation for weight

国　家	基础实力排名	市场排名	管理排名	创新排名	综合评价值	综合排名
中国	5	3	1	1	13. 9627	1
马来西亚	9	1	17	11	3. 5218	8
印度尼西亚	6	2	19	6	4. 0668	6
泰国	15	10	2	9	3. 8193	7
土耳其	13	19	18	14	1. 0435	21
德国	16	11	11	13	2. 4071	15
奥地利	14	6	4	21	3. 0531	12
俄罗斯	1	13	5	3	8. 1616	2
法国	12	18	7	15	1. 6576	19
波兰	17	15	15	12	1. 7840	17
比利时	21	14	12	19	1. 8207	16
西班牙	10	16	10	4	2. 6454	14
罗马尼亚	19	5	16	8	2. 7432	13
捷克	18	17	14	17	1. 6970	18
意大利	20	20	9	16	1. 2318	20
芬兰	8	8	6	7	3. 2947	9
加拿大	3	12	20	5	5. 1856	4
美国	4	21	3	2	4. 5414	5
巴西	2	9	21	10	6. 0174	3
智利	7	7	8	20	3. 0546	11
新西兰	11	4	13	18	3. 0667	10

表 4-14 综合确权分析结果表

Tab. 4-14 Analysis result of using comprehensive method to determine weight

国　家	基础实力排名	市场排名	管理排名	创新排名	综合评价值	综合排名
中国	5	1	1	1	0. 761402	1
马来西亚	8	2	9	11	0. 157933	8
印度尼西亚	6	3	20	6	0. 175007	6
泰国	12	11	2	9	0. 168196	7
土耳其	20	20	18	14	0. 067671	21

（续）

国　家	基础实力排名	市场排名	管理排名	创新排名	综合评价值	综合排名
德国	15	6	10	13	0. 119474	13
奥地利	11	4	5	21	0. 121886	11
俄罗斯	1	14	3	3	0. 391668	2
法国	14	17	7	16	0. 082950	17
波兰	16	15	14	12	0. 090823	16
比利时	21	13	16	19	0. 080271	18
西班牙	9	16	17	4	0. 124197	10
罗马尼亚	19	5	15	8	0. 121397	12
捷克	17	18	11	17	0. 075508	19
意大利	18	19	12	15	0. 074648	20
芬兰	7	7	6	7	0. 144262	9
加拿大	3	10	19	5	0. 240500	5
美国	4	21	4	2	0. 267417	3
巴西	2	12	21	10	0. 262575	4
智利	10	9	8	20	0. 107079	15
新西兰	13	8	13	18	0. 110364	14

对比方差倒数确权、变异系数确权和合成权 3 种确权方法的竞争力综合评价结果，评价结果具有一定相似性，见表 4-15。在基础实力竞争力评价方面，竞争力较强的主要是俄罗斯、巴西、加拿大和美国。这 4 个国家森林覆盖率等指标相对较高，都拥有着十分丰富的森林资源和土地资源，为人造板生产提供了充足的原料和土地资源。中国排名相对居中，与排名在前的国家相比，主要在森林覆盖率和森林立木蓄积量这两方面小于前几个国家。在市场竞争力评价方面，竞争力较强的有中国、印度尼西亚和马来西亚，中国的人造板贸易竞争力指数和显示性比较优势指数也不及新西兰、罗马尼亚等国。在市场竞争力评价的四个二级指标中，中国人造板出口量最大，但是中国人造板的平均出口价格不高，不及芬兰等国，中国人造板的贸易竞争力指数和显示性比较优势指数也不及新西兰、罗马尼亚等国，这说明中国人造板在国际贸易上的竞争力和比较优势仍有提升空间。在管理竞争力评价方面，竞争力较强的是中国、泰国、俄罗斯和美国。中国和泰国的林业从业人员较多，人力资源充足。中国在所有制结构上还可以采

用生产效率更高的方式,有管理计划的森林比例还有待提高。在创新竞争力评价方面,竞争力较强的依次是中国、美国和俄罗斯,这3个国家林业本科人员、技术人员和科研人员多,中国更是领先各国,林业相关专业人才储备充足,从事科研研究人数相对较多,创新竞争力十分突出。综合以上指标,人造板国际竞争力综合实力较强的是中国和俄罗斯。中国基础实力竞争力比较弱,市场竞争力、管理竞争力和创新竞争力在上述国家中名列前茅;俄罗斯基础实力竞争力极强,森林资源丰富,具有发展人造板产业的潜力。

表 4-15 统计方法定权综合分析对比表

Tab. 4-15 Comprehensive analysis comparison of using statistical method to determine weight

国家	基础实力评价排名			市场评价排名			管理评价排名			创新评价排名			综合评价排名		
	A	B	C	A	B	C	A	B	C	A	B	C	A	B	C
中国	8	5	5	1	3	1	1	1	1	1	1	1	1	1	1
马来西亚	7	9	8	2	1	2	11	17	9	11	11	11	6	8	8
印度尼西亚	6	6	6	3	2	3	17	19	20	6	6	6	5	6	6
泰国	11	15	12	20	10	11	2	2	2	8	9	9	13	7	7
土耳其	21	13	20	19	19	20	12	18	18	14	14	14	21	21	21
德国	14	16	15	5	11	6	10	11	10	13	13	13	10	15	13
奥地利	9	14	11	6	6	4	7	4	5	21	21	21	9	12	11
俄罗斯	1	1	1	15	13	14	3	5	3	3	3	3	2	2	2
法国	16	12	14	18	18	17	13	7	7	15	15	16	19	19	17
波兰	15	17	16	14	15	15	9	15	14	12	12	12	18	17	16
比利时	20	21	21	9	14	13	16	12	16	19	19	19	15	16	18
西班牙	10	10	9	17	16	16	19	10	17	4	4	4	17	14	10
罗马尼亚	18	19	19	7	5	5	14	16	15	9	8	8	11	13	12
捷克	12	18	17	21	17	18	5	14	11	18	17	17	20	18	19
意大利	17	20	18	11	20	19	18	9	12	16	16	15	16	20	20
芬兰	5	8	7	4	8	7	6	6	6	7	7	7	3	9	9
加拿大	3	3	3	12	12	10	20	20	19	5	5	5	8	4	5
美国	4	4	4	13	21	21	4	3	4	2	2	2	4	5	3
巴西	2	2	2	16	9	12	21	21	21	10	10	10	7	3	4
智利	19	7	10	10	7	9	15	8	8	20	20	20	14	11	15
新西兰	13	11	13	8	4	8	8	13	13	17	18	18	12	10	14

4.2.2.2.2 基于主成分分析定权的人造板国际竞争力综合评价

本研究使用 SPSS 统计软件进行主成分分析。根据表 4-16 所示的选取 4 个主成分,累计贡献率 81.074%。

表 4-16 方差贡献率表

Tab. 4-16 Variance contribution table

成分	初始特征值			被提取的载荷平方和		
	特征值	方差贡献率(%)	累积方差贡献率(%)	特征值	方差贡献率(%)	累积方差贡献率(%)
1	4.939	35.280	35.280	4.939	35.280	35.280
2	2.503	17.876	53.156	2.503	17.876	53.156
3	2.251	16.082	69.238	2.251	16.082	69.238
4	1.657	11.836	81.074	1.657	11.836	81.074
5	0.909	6.493	87.566			
6	0.528	3.775	91.341			
7	0.419	2.993	94.334			
8	0.237	1.691	96.025			
9	0.203	1.448	97.473			
10	0.147	1.053	98.526			
11	0.129	0.924	99.450			
12	0.049	0.347	99.797			
13	0.025	0.179	99.976			
14	0.003	0.024	100.000			

根据因子载荷阵表 4-17 可以求得特征向量矩阵,见表 4-18。

根据表 4-18 所示的特征向量矩阵就可以得到主成分的表达式,将这四个主成分分别命名为 F_1、F_2、F_3 和 F_4,如式(4-1)所示。

表 4-17 因子载荷阵

Tab. 4-17 Factor loading matrix

	因子			
	1	2	3	4
x_1	−0.104	0.505	0.284	0.623
x_2	0.837	0.321	−0.145	0.098

（续）

	因子			
	1	2	3	4
x_3	0. 363	0. 771	−0. 369	0. 030
x_4	0. 322	0. 799	−0. 332	0. 227
x_5	0. 765	−0. 224	0. 296	0. 092
x_6	−0. 007	−0. 488	−0. 227	0. 569
x_7	0. 121	0. 199	0. 733	0. 444
x_8	−0. 270	−0. 030	0. 780	0. 352
x_9	0. 854	−0. 083	0. 175	−0. 155
x_{10}	−0. 280	−0. 581	−0. 480	0. 459
x_{11}	0. 009	0. 049	0. 595	−0. 555
x_{12}	0. 925	−0. 318	0. 031	0. 059
x_{13}	0. 935	−0. 112	−0. 041	0. 012
x_{14}	0. 885	−0. 351	0. 007	0. 084

表 4-18　特征向量矩阵

Tab. 4-18　Eigenvector matrix table

α_1	α_2	α_3	α_4
−0. 0468	0. 3192	0. 1893	0. 4840
0. 3766	0. 2029	−0. 0966	0. 0761
0. 1633	0. 4873	−0. 2459	0. 0233
0. 1449	0. 5050	−0. 2213	0. 1763
0. 3442	−0. 1416	0. 1973	0. 0715
−0. 0031	−0. 3085	−0. 1513	0. 4420
0. 0544	0. 1258	0. 4886	0. 3449
−0. 1215	−0. 0190	0. 5199	0. 2735
0. 3843	−0. 0525	0. 1166	−0. 1204
−0. 1260	−0. 3672	−0. 3199	0. 3566
0. 0040	0. 0310	0. 3966	−0. 4312
0. 4162	−0. 2010	0. 0207	0. 0458
0. 4207	−0. 0708	−0. 0273	0. 0093
0. 3982	−0. 2219	0. 0047	0. 0653

$$
\begin{aligned}
F_1 &= -0.0468x_1 + 0.3766x_2 + \cdots + 0.3982x_{14} \\
F_2 &= 0.3192x_1 + 0.2029x_2 + \cdots - 0.2219x_{14} \\
F_3 &= 0.1893x_1 - 0.0966x_2 + \cdots + 0.0047x_{14} \\
F_4 &= 0.4840x_1 - 0.0761x_2 + \cdots - 0.0653x_{14}
\end{aligned} \tag{4-1}
$$

其中，x_i 为标准化后的指标。由于上述 4 个主成分的贡献率分别为 35.280%、17.876%、16.082%和 11.836%，累计贡献率为 81.074%，据此求得 4 个主成分的系数分别为 0.4352、0.2205、0.1984 和 0.1460，可以得到式(4-2)。

$$F = 0.4352F_1 + 0.2205F_2 + 0.1984F_3 + 0.1460F_4 \tag{4-2}$$

其中，F 是综合评价值。根据式 4-2 可得人造板综合竞争力评价情况，见表 4-19。

表 4-19 主成分评价结果表

Tab. 4-19 Principal component evaluation result

国家	综合评价值	综合排名
中国	3.3092	1
马来西亚	0.6567	5
印度尼西亚	0.5958	6
泰国	0.4012	7
土耳其	-0.8767	17
德国	-0.4423	12
奥地利	-0.4976	13
俄罗斯	1.7363	2
法国	-1.0756	19
波兰	-0.5481	14
比利时	-0.9973	18
西班牙	-0.6236	15
罗马尼亚	-0.2500	10
捷克	-0.5915	14
意大利	-1.2951	20
芬兰	-0.2304	9
加拿大	0.8049	4
美国	-0.2107	8
巴西	1.1184	3
智利	-0.7032	16
新西兰	-0.2805	11

根据主成分综合评价得到的综合评价结果中，人造板国际竞争力较强的国家是中国、俄罗斯、巴西和加拿大，中国的综合得分具有明显优势。

4.2.2.2.3 基于灰色关联分析定权的人造板国际竞争力综合评价

根据灰色关联分析理论，对于选定的数据，首先确定一个因变量因素和多个自变量因素，使因变量数据构成参考序列，即理想组数据，此处选取每个指标的最优值为该指标的理想值，见表 4-20，各自变量数据构成比较序列。一般情况下，原始数据具有不同的量纲或数量级，为了保证分析结果的可靠性，需要对变量数据进行无量纲化，这里采用比例法，令每个指标数据与理想值做比。在此基础上求得差序列，求得每个指标数据与理想指标的距离，即每个指标的理想值减去该指标值的绝对值，由此构成差序列，见表 4-21。

表 4-20 理想组值表

Tab. 4-20 Ideal group value table

指　标	C1	C2	C3	C4	C5	C6	C7
理想值	72.9089	102012	16995800	126221	10031400	0.6036	0.8397
指　标	C8	C9	C10	C11	C12	C13	C14
理想值	3.6271	1322	0.7500	100	35776	18563	5423

表 4-21 差序列表

Tab. 4-21 Difference sequence table

指　标	C1	C2	C3	C4	C5	C6	C7
中国	0.6958	0.0000	0.9445	0.8837	0.0000	0.1858	0.2691
马来西亚	0.1460	1.0000	0.9807	0.9664	0.4331	0.3472	0.0849
印度尼西亚	0.2850	0.7941	0.8925	0.9101	0.5977	0.2614	0.0305
泰国	0.4907	1.0000	0.9699	0.9938	0.6559	0.6804	0.2432
土耳其	0.7980	0.8984	0.9955	0.9879	0.9067	0.3734	1.2391
德国	0.5642	1.0000	0.9795	0.9723	0.3834	0.1283	0.7266
奥地利	0.3531	0.9988	0.9951	0.9910	0.7252	0.1614	0.3799
俄罗斯	0.3224	0.2822	0.0000	0.3541	0.7378	0.4026	0.6444
法国	0.6004	0.9841	0.9623	0.9795	0.7539	0.3947	1.1629
波兰	0.5790	1.0000	0.9821	0.9838	0.7857	0.4073	0.8649
比利时	0.6930	0.9997	0.9982	0.9987	0.7967	0.1330	0.7275
西班牙	0.5003	0.9061	0.9706	0.9928	0.7987	0.4383	0.7660

（续）

指　标	C8	C9	C10	C11	C12	C13	C14
罗马尼亚	0.6081	0.9984	0.9864	0.9890	0.8234	0.3382	0.5043
捷克	0.5282	1.0000	0.9955	0.9939	0.8569	0.5825	0.7213
意大利	0.5734	0.9985	0.9983	0.9890	0.8927	0.0569	1.2956
芬兰	0.0000	0.9891	0.9821	0.9827	0.8987	0.0000	0.3773
加拿大	0.5322	0.0986	0.4650	0.7387	0.5897	0.4051	0.7404
美国	0.5441	0.8536	0.4609	0.6269	0.8167	0.1564	1.6459
巴西	0.1577	0.5709	0.5024	0.0000	0.8313	0.4667	0.0944
智利	0.7006	0.8563	0.9559	0.9763	0.8897	0.2779	0.2125
新西兰	0.5693	0.9749	0.9842	0.9716	0.9170	0.3544	0.0000
中国	0.7811	0.0000	0.5733	0.3800	0.0000	0.0000	0.0000
马来西亚	0.2096	0.9039	0.9733	0.0700	0.9807	0.9868	0.9456
印度尼西亚	0.2026	0.9849	0.8800	0.1400	0.9914	0.9932	0.8547
泰国	0.7587	0.2706	0.8400	0.1400	0.9922	0.9790	0.9059
土耳其	0.7822	0.9675	1.0000	0.0000	0.9815	0.9964	0.9639
德国	0.8189	0.9716	0.3952	0.3200	0.9917	0.9673	0.9684
奥地利	0.3593	0.9716	-0.0800	0.5000	0.9986	0.9967	0.9902
俄罗斯	0.8341	0.6611	1.0000	0.0000	0.9161	0.4882	0.9684
法国	0.8794	0.9716	0.0133	0.5700	0.9996	0.9790	0.9684
波兰	0.6627	0.9637	0.7733	0.1000	0.9819	0.9673	0.9757
比利时	0.8166	0.9977	0.2533	0.4700	0.9982	0.9938	0.9852
西班牙	0.8115	0.9728	0.0737	0.8100	0.9781	0.9066	0.8060
罗马尼亚	0.0000	0.9546	0.7333	0.2100	0.9803	0.9673	0.9366
捷克	0.8094	0.9834	0.6800	0.0000	0.9836	0.9974	0.9860
意大利	0.9040	0.9644	0.1200	0.6900	0.9882	0.9960	0.9684
芬兰	0.3816	0.9826	0.0933	0.3500	0.9881	0.9673	0.9168
加拿大	0.7328	0.8722	0.8933	0.7050	0.9239	0.9859	0.8702
美国	0.9487	0.8722	0.2400	0.3200	0.8589	0.7753	0.6646
巴西	0.8110	0.9175	0.7467	0.9400	0.9651	0.9864	0.9616
智利	0.5248	0.9716	0.0000	0.6460	0.9948	1.0000	0.9867
新西兰	0.2758	0.9932	0.5200	0.1600	0.9998	0.9996	0.9605

根据式(2-11)可求得关联系数,差序列中 $\Delta(\max)=1$,$\Delta(\min)=0$,此处 ρ 取 0.5,因而计算可得关联系数见表 4-22。比较序列 t 与参考序列的关联程度是通过 14 个关联系数来反映的,分别求平均值就可得到相应的关联度,并根据各关联度排序,关联度越大就说明比较序列与参考序列变化的态势越一致,则更理想,排名更前列,结果见表 4-23。

根据灰色关联的基本理论,人造板国际竞争力较强的国家是中国、俄罗斯、芬兰和马来西亚。其中中国的关联度为 0.7092,比排名第二的俄罗斯高 0.1 以上,有明显的优势,但中国的关联度值与 1 相比,仍有近 0.3 的差距,说明与理想值之间还有一定的差距。

表 4-22 关联系数表

Tab. 4-22 Correlation coefficient table

指 标	C1	C2	C3	C4	C5	C6	C7
中国	0.4181	1.0000	0.3461	0.3614	1.0000	0.7291	0.6502
马来西亚	0.7739	0.3333	0.3377	0.3410	0.5359	0.5901	0.8549
印度尼西亚	0.6369	0.3864	0.3591	0.3546	0.4555	0.6567	0.9426
泰国	0.5047	0.3333	0.3402	0.3347	0.4326	0.4236	0.6728
土耳其	0.3852	0.3576	0.3343	0.3360	0.3554	0.5725	0.2875
德国	0.4698	0.3333	0.3380	0.3396	0.5660	0.7958	0.4076
奥地利	0.5861	0.3336	0.3344	0.3353	0.4081	0.7559	0.5682
俄罗斯	0.6080	0.6392	1.0000	0.5854	0.4040	0.5539	0.4369
法国	0.4544	0.3369	0.3419	0.3379	0.3987	0.5588	0.3007
波兰	0.4634	0.3333	0.3374	0.3370	0.3889	0.5511	0.3663
比利时	0.4191	0.3334	0.3337	0.3336	0.3856	0.7899	0.4073
西班牙	0.4999	0.3556	0.3400	0.3349	0.3850	0.5329	0.3949
罗马尼亚	0.4512	0.3337	0.3364	0.3358	0.3778	0.5965	0.4979
捷克	0.4863	0.3333	0.3343	0.3347	0.3685	0.4619	0.4094
意大利	0.4658	0.3337	0.3337	0.3358	0.3590	0.8979	0.2785
芬兰	1.0000	0.3358	0.3374	0.3372	0.3575	1.0000	0.5699
加拿大	0.4844	0.8352	0.5182	0.4037	0.4588	0.5524	0.4031
美国	0.4789	0.3694	0.5203	0.4437	0.3797	0.7618	0.2330
巴西	0.7603	0.4669	0.4988	1.0000	0.3756	0.5172	0.8412
智利	0.4165	0.3686	0.3434	0.3387	0.3598	0.6428	0.7017
新西兰	0.4676	0.3390	0.3369	0.3398	0.3529	0.5852	1.0000

（续）

指　标	C8	C9	C10	C11	C12	C13	C14
中国	0. 3903	1. 0000	0. 4658	0. 5682	1. 0000	1. 0000	1. 0000
马来西亚	0. 7046	0. 3561	0. 3394	0. 8772	0. 3377	0. 3363	0. 3459
印度尼西亚	0. 7117	0. 3367	0. 3623	0. 7813	0. 3353	0. 3348	0. 3691
泰国	0. 3972	0. 6489	0. 3731	0. 7813	0. 3351	0. 3381	0. 3557
土耳其	0. 3899	0. 3407	0. 3333	1. 0000	0. 3375	0. 3341	0. 3416
德国	0. 3791	0. 3398	0. 5585	0. 6098	0. 3352	0. 3408	0. 3405
奥地利	0. 5819	0. 3398	1. 1905	0. 5000	0. 3337	0. 3341	0. 3355
俄罗斯	0. 3748	0. 4306	0. 3333	1. 0000	0. 3531	0. 5060	0. 3405
法国	0. 3625	0. 3398	0. 9740	0. 4673	0. 3334	0. 3381	0. 3405
波兰	0. 4300	0. 3416	0. 3927	0. 8333	0. 3374	0. 3408	0. 3388
比利时	0. 3798	0. 3338	0. 6637	0. 5155	0. 3337	0. 3347	0. 3366
西班牙	0. 3812	0. 3395	0. 8716	0. 3817	0. 3383	0. 3555	0. 3828
罗马尼亚	1. 0000	0. 3437	0. 4054	0. 7042	0. 3378	0. 3408	0. 3481
捷克	0. 3819	0. 3371	0. 4237	1. 0000	0. 3370	0. 3339	0. 3365
意大利	0. 3561	0. 3414	0. 8065	0. 4202	0. 3360	0. 3342	0. 3405
芬兰	0. 5672	0. 3372	0. 8427	0. 5882	0. 3360	0. 3408	0. 3529
加拿大	0. 4056	0. 3644	0. 3589	0. 4149	0. 3511	0. 3365	0. 3649
美国	0. 3451	0. 3644	0. 6757	0. 6098	0. 3679	0. 3921	0. 4293
巴西	0. 3814	0. 3527	0. 4011	0. 3472	0. 3413	0. 3364	0. 3421
智利	0. 4879	0. 3398	1. 0000	0. 4363	0. 3345	0. 3333	0. 3363
新西兰	0. 6445	0. 3349	0. 4902	0. 7576	0. 3334	0. 3334	0. 3423

表 4-23　灰色关联分析结果表

Tab. 4-23　Analysis result of grey correlation

国　家	关联度	排　名
中国	0. 7092	1
马来西亚	0. 5046	4
印度尼西亚	0. 5016	5
泰国	0. 4479	12

（续）

国　家	关联度	排　名
土耳其	0.4076	21
德国	0.4396	14
奥地利	0.4955	7
俄罗斯	0.5404	2
法国	0.4204	18
波兰	0.4137	20
比利时	0.4215	16
西班牙	0.4210	17
罗马尼亚	0.4578	10
捷克	0.4199	19
意大利	0.4242	15
芬兰	0.5216	3
加拿大	0.4466	13
美国	0.4551	11
巴西	0.4973	6
智利	0.4600	9
新西兰	0.4755	8

上述3种综合评价结果尽管在排序上存在一些差异，但是评价结果均显示：目前中国人造板产业已经具有相当的国际竞争力，人造板出口量不断增加，贸易顺差持续扩大，产品的国际市场占有率日益增加。尽管如此，研究发现中国人造板出口量的增加可能更多地依赖于其低廉的生产成本，进而形成具有一定竞争优势的出口价格，随着国内人力资本的提高，价格优势可能会面临挑战。作为生产要素以及林业产业发展的基础条件，森林资源对一国的林业产业发展有着基础性作用，加之森林资源生长的滞后性和长期性，中国人造板产业将在未来长期内面临森林资源匮乏，原材料供给不足的问题。森林资源的缺乏已成为阻碍中国人造板产业国际竞争力提升的短板和重要因素。解决森林资源缺乏对人造板产业的不利影响，是提高我国人造板产业国际竞争力的首要条件。反观目前竞争力较强的俄罗斯与加拿大，都拥有丰富的森林资源，成为其具有较强人造板产业国际竞争优势的重要基础。需要指出的是，尽管面临着森林资源匮乏的困境，

但中国科技创新具有比较优势,使中国在一定程度上缓解了基础实力差所带来的困扰。因此,加快人造板新产品的开发,积极推进人造板加工工艺的创新,提高原材料使用效率,使人造板更为环保、更为美观、更为耐用,通过科技创新促使人造板分类细化,增加产品差异化、品牌化,从而进一步提升人造板产品在国际上的竞争力。

4.3 小 结

本章利用关键指标法和综合评价法对世界主要人造板生产和贸易国的人造板产业的国际竞争力进行了比较。研究发现,目前中国人造板产业已经具有相当的国际竞争力,人造板出口量不断增加,贸易顺差持续扩大,产品的国际市场占有率日益增加。值得注意的是,在人造板出口量构成中胶合板占比近5成,纤维板、刨花板以及其他人造板占比较低,中国人造板产业的国际竞争力主要得益于胶合板产业的竞争优势,只有合理调整人造板产业生产结构和贸易结构,推动人造板产品升级,才能减缓资源匮乏、原材料供给不足带来的负面影响,保持和提升整个人造板产业国际竞争力。

5 胶合板国际竞争力分析

中国人造板产品中,胶合板起步最早,发展速度也最快,是中国人造板中的主导产品,被广泛应用于建筑、家具、交通运输及包装等领域。随着中国胶合板工艺的不断提高,加上廉价的劳动力资源和较强的出口价格优势,中国已经成为世界重要的胶合板生产国和出口国。尽管如此,中国胶合板产业也面临着一些问题,如木材资源供给约束、产品质量和档次低、企业规模小、生产工艺和设备落后、国外贸易壁垒逐渐增多等。正确评定中国胶合板产业的发展现状及国际竞争力状态,对促进胶合板产业可持续发展具有重要意义。

5.1 中国胶合板的生产与贸易现状

5.1.1 中国胶合板产量分析

从2002~2011年,总体来看,中国胶合板产量增长快速。用报告期的逐期增长量比上报告期上一年的产量可得到2002~2011年各年中国胶合板产量环比增长率。从图5-1可知,2002~2011年之间,中国胶合板产量在2003年增长速度最快,增长速度达到85.19%;2004年与2008年增长率为负,但负值较小,说明这两年中国胶合板产量有轻微下降;2008年胶合板产量下降后马上反弹,2009年、2010年和2011年的胶合板产量有大幅增长,其中2011年增长率高达80.19%。

5.1.2 中国胶合板贸易量分析

中国从2002~2011年胶合板进出口贸易变化如图5-2、图5-3所示。由图5-2和图5-3可以看出,中国2002~2011年胶合板贸易出口数量和金额变化趋势一致,2002~2007年快速增长,2008年和2009年回落,2010年及其后大幅增长。与之相似,2002~2011年胶合板贸易进口数量和金额变化也较为一致,总的来看,2002~2011年胶合板贸易进口数量和金额呈下降趋势,并且2002~2011年中国胶合板的贸易顺差逐年增大。

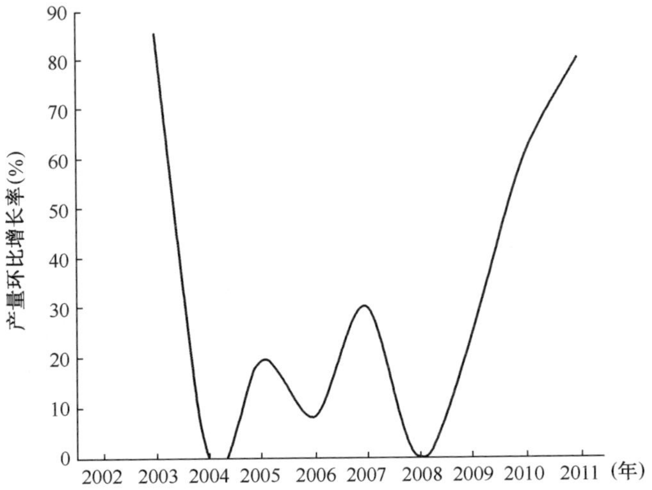

图 5-1 2002~2011 年中国胶合板产量环比增长率

Fig. 5-1 Sequential growth rate of China's plywood production from 2002 to 2011

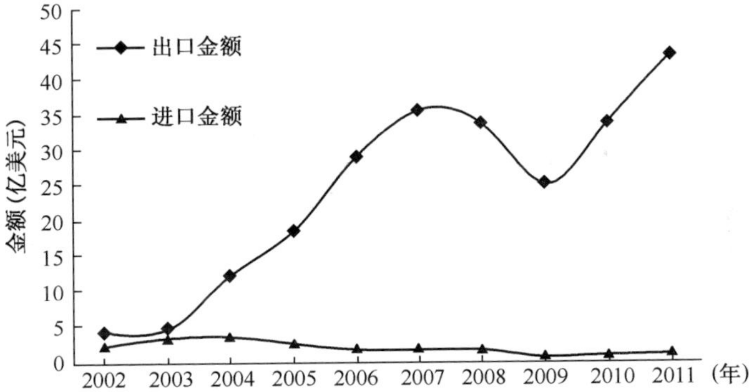

图 5-2 2002~2011 年中国胶合板进出口金额

Fig. 5-2 Import and export value of China's plywood from 2002 to 2011

5.1.3 中国胶合板产品销售情况分析

由图 5-4、图 5-5 可以看出，中国 2002~2009 年胶合板产品销售收入和销售量变化趋势一致，都是从 2002~2009 年持续上升，在 2010 年突然井喷，达到历年最高值，2011 年有所下降，但是与 2010 年之前相比还是有较大的上升幅度。

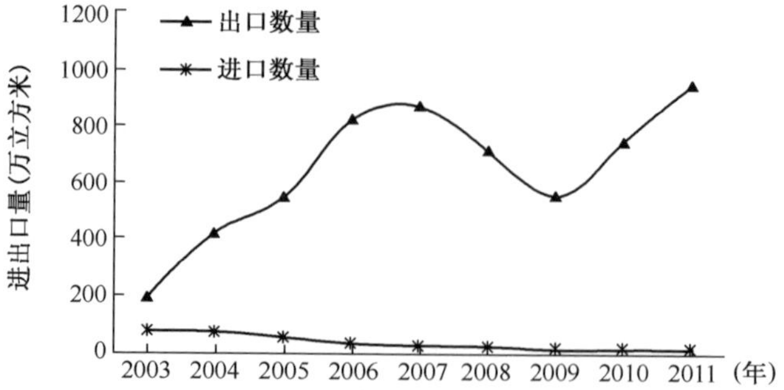

图 5-3 2002～2011 年中国胶合板进出口数量

Fig. 5-3 Import and export quantity of China's plywood from 2002 to 2011

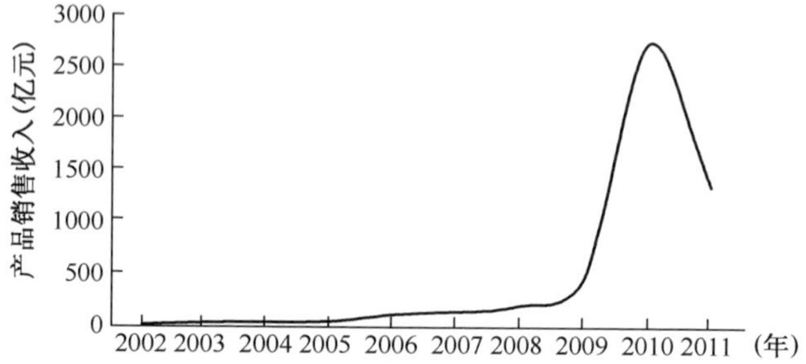

图 5-4 2002～2011 年中国胶合板产品销售收入

Fig. 5-4 Sales revenue of China's plywood from 2002 to 2011

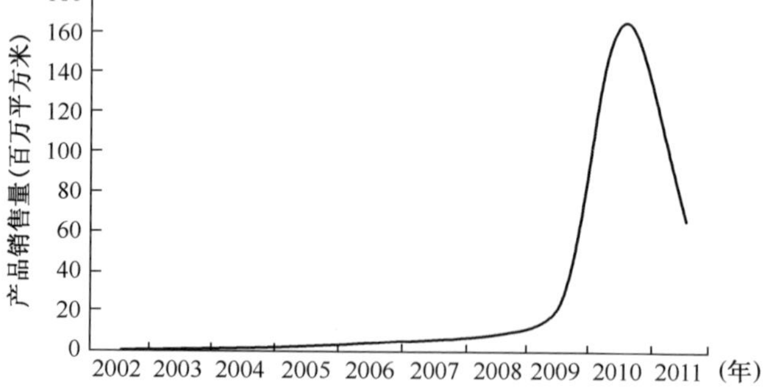

图 5-5 2002～2011 年中国胶合板产品销售量

Fig. 5-5 Sales volume of China's plywood from 2002 to 2011

由图 5-6 可以看出,从 2002~2011 年,中国胶合板产品销售价格波动不大,基本保持平稳状态。另外,2010 年中国胶合板产量为 7139.66 万立方米,2010 年中国胶合板销售量大大超过当年产量,表现十分异常。这种销量大于产量的情况可能是当年卖出大量库存造成的,但是 2010 年国家政策、胶合板需求市场、金融市场等并未发生重大变化,也可能是统计时产生了较大误差而造成的。

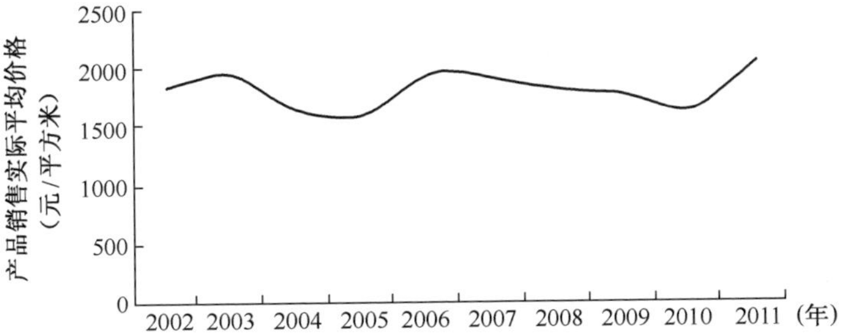

图 5-6 2002~2011 年中国胶合板产品销售实际平均价格

Fig. 5-6 Average selling real price of China's plywood from 2002 to 2011

5.2 胶合板国际竞争力的比较分析

本文采用关键指数评价和综合评价两种方法进行胶合板国际竞争力分析,其中关键指标评价采用贸易竞争力指数、显示性比较优势指数、显示性竞争优势指数及国际市场占有率等不同的国际竞争力测算指标,关键指标法涉及变量比较单一,本文仅对中国与巴西、加拿大、芬兰、印度尼西亚、日本、马来西亚、新西兰、韩国、俄罗斯等 9 个实力不同的胶合板生产国 2002~2011 年的胶合板进出口数据进行比较分析。综合评价涉及的变量众多,定权方法比较复杂,本文重点讨论基于综合评价方法的国际竞争力比较。

5.2.1 胶合板国际竞争力关键指标评价

5.2.1.1 贸易竞争力指数

根据式(2-2)可以计算出各国 2002~2011 年胶合板贸易竞争力指数,见表 5-1。图 5-7 显示了 2002~2011 年胶合板贸易竞争力指数的国际比较。

表 5-1　2002~2011 年胶合板贸易竞争力指数国际比较

Tab. 5-1　International comparison of plywood's trade competitive index (TCI) from 2002 to 2011

	2002	2003	2004	2005	2006	2007	2008	2009	2010	2011
中国	-0.069	-0.072	0.330	0.497	0.659	0.714	0.728	0.776	0.747	0.794
巴西	0.994	0.992	0.995	0.994	0.992	0.991	0.991	0.991	0.989	0.991
加拿大	0.527	0.515	0.451	0.501	0.389	0.362	0.092	-0.008	-0.241	-0.282
芬兰	0.907	0.914	0.907	0.880	0.883	0.853	0.827	0.819	0.806	0.786
印度尼西亚	0.998	0.999	0.995	0.970	0.977	0.964	0.969	0.964	0.956	0.934
日本	-0.990	-0.985	-0.992	-0.993	-0.994	-0.993	-0.993	-0.992	-0.993	-0.994
马来西亚	0.986	0.981	0.992	0.986	0.974	0.974	0.977	0.968	0.943	0.910
新西兰	0.781	0.783	0.790	0.737	0.620	0.579	0.597	0.716	0.656	0.653
韩国	-0.910	-0.881	-0.835	-0.909	-0.969	-0.985	-0.970	-0.975	-0.977	-0.981
俄罗斯	0.942	0.932	0.937	0.939	0.934	0.856	0.882	0.928	0.953	0.923

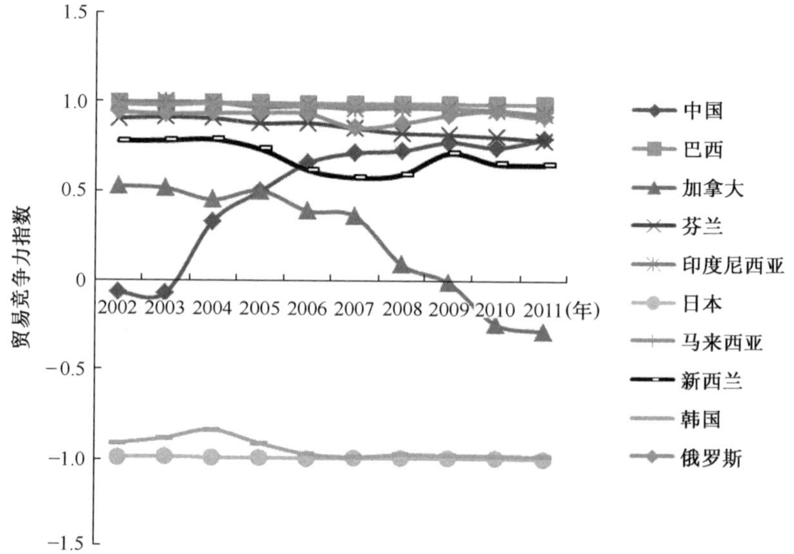

图 5-7　2002~2011 年胶合板贸易竞争力指数国际比较

Fig. 5-7　International comparison of plywood's trade competitive index from 2002 to 2011

由图 5-7 可以看出，巴西、芬兰、印度尼西亚、马来西亚、新西兰和俄罗斯 2002~2011 年的贸易竞争力指数始终大于 0 且接近于 1，是胶合板净出口国，其生产率高于世界总体水平，具有明显的贸易竞争优势；日本和韩国 2002～2011 年的贸易竞争力指数始终小于 0 且接近于-1，是胶合板的净进口国，其生产率低于世界总体水平，不具有贸易竞争优势，劣势较大；加拿大 2002～2008 年的贸易竞争力指数大于 0 但逐年下降，2009～2011 年的贸易竞争力指数小于 0 且仍逐年下降，这说明从 2002～2011 年，加拿大从胶合板净出口国逐年转变为胶合板的净进口国，贸易竞争从 2002～2008 年处于优势，2009 年后处于劣势；中国胶合板贸易竞争力指数 2002 年及 2003 年小于 0 但接近 0，2004～2007 年大于 0 且逐年较快上升，2007～2011 年大于 0 且呈平稳趋势，没有明显增幅，说明 2002～2007 年中国胶合板贸易竞争力逐渐增强，2007～2011 年趋于平稳状态。

5.2.1.2 显示性比较优势指数

根据式(2-4)可以计算出各国 2002～2010 年胶合板显示性比较优势指数，见表 5-2。图 5-8 显示了 2002～2010 年胶合板显示性比较优势指数的国际比较，从 2002～2010 年，在各国中，芬兰的胶合板显示性比较优势指数始终处于领先水平；其次是印度尼西亚，但从 2007 年开始，印度尼西亚的胶合板显示性比较优势指数的优势明显被削弱，渐渐和显示性比较优势指数相对发展比较平稳的马来西亚趋于一致。从整体上看，虽然芬兰、印度尼西亚和马来西亚的胶合板显示性比较优势指数从 2002～2010 年处于下滑趋势，但它们始终保持在大于 1 的水平，说明这 3 个国家胶合板出口额在本国出口总额中所占的比重超过全世界胶合板出口额占世界总出口额的比重，拥有较强的出口竞争优势。另外，可以看出，剩下的包括中国在内的 7 个国家显示性比较优势指数差别不明显，故剔除显示性比较优势指数优势明显的芬兰、印度尼西亚和马来西亚，再绘出各国显示性比较优势指数折线图，如图 5-9 所示。

表 5-2 2002～2010 年胶合板显示性比较优势指数的国际比较

Tab. 5-2 International comparison of plywood's revealed comparative advantage index from 2002 to 2010

	2002	2003	2004	2005	2006	2007	2008	2009	2010
中国	3.986	2.624	2.937	4.156	4.033	2.578	1.926	2.646	1.416
加拿大	4.429	3.086	2.074	2.498	1.669	1.055	0.516	0.592	0.299
巴西	17.892	16.595	14.276	11.242	6.312	3.655	2.519	2.167	1.334
芬兰	142.634	113.882	65.383	75.030	63.589	34.625	22.367	16.416	12.891
印度尼西亚	93.724	56.001	30.531	27.000	25.501	10.288	7.805	9.598	6.663
日本	0.060	0.049	0.019	0.019	0.015	0.008	0.006	0.009	0.005

（续）

	2002	2003	2004	2005	2006	2007	2008	2009	2010
马来西亚	29. 330	21. 431	15. 844	17. 677	15. 930	9. 883	7. 505	8. 686	5. 175
新西兰	15. 020	10. 104	7. 850	7. 636	4. 472	2. 712	2. 009	2. 491	1. 890
韩国	0. 310	0. 279	0. 190	0. 121	0. 033	0. 010	0. 017	0. 016	0. 008
俄罗斯	7. 363	4. 554	3. 124	3. 675	2. 455	1. 872	1. 264	1. 647	1. 109

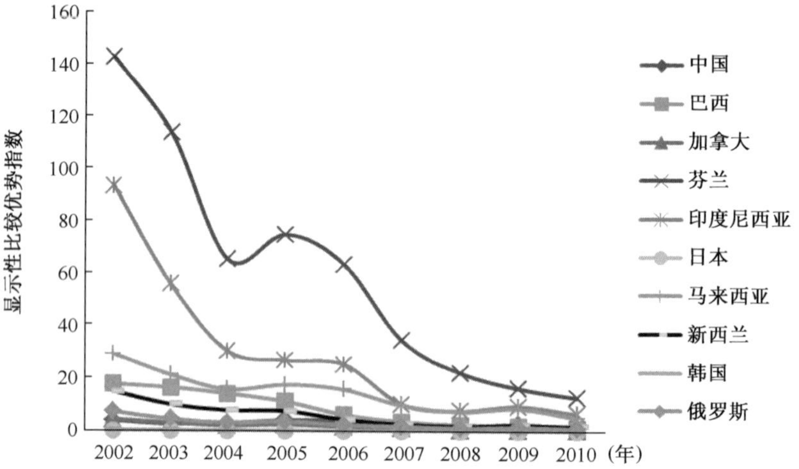

图 5-8 2002~2010 年胶合板显示性比较优势指数国际比较

Fig. 5-8 International comparison of plywood's revealed comparative advantage index from 2002 to 2010

由图 5-9 可以看出,2002~2010 年,各国总体显示性比较优势指数呈明显下降趋势。其中韩国和日本显示性比较优势指数较为平稳且一直小于 1,说明这两国胶合板出口额在本国出口总额中所占的比重低于全世界胶合板出口额占世界总出口额的比重,即低于世界的平均比重,不拥有出口竞争优势;加拿大从 2002~2007 年显示性比较优势指数大于 1,从 2008~2010 年显示性比较优势指数小于 1,说明该国在 2007 年以前拥有胶合板出口竞争优势,2007 年以后具有比较劣势;巴西、新西兰、俄罗斯、中国这 4 个国家从 2002~2010 年显示性比较优势指数均大于 1,说明这些国家胶合板出口额在本国出口总额中所占的比重超过全世界胶合板出口额占世界总出口额的比重,拥有较强的出口竞争优势,在 2007 年以前巴西和新西兰的显示性比较优势指数明显比其他两国高,2007 年以后这 4 个国家的显示性比较优势指数没有明显差别。总体上看,各个国家的胶

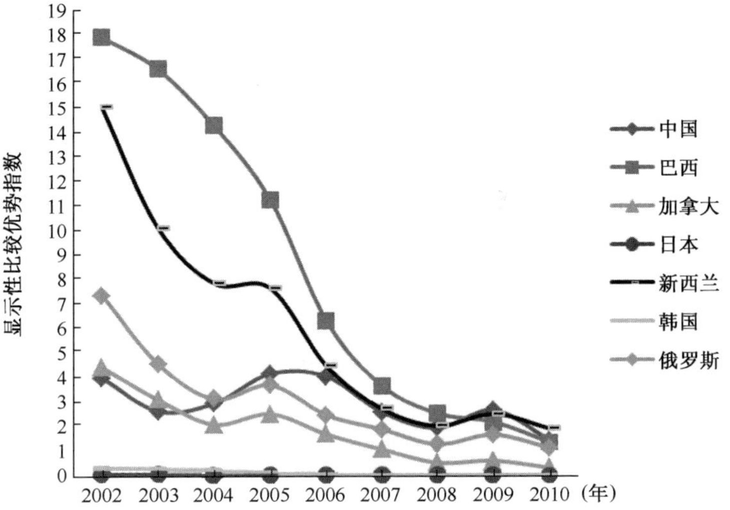

图 5-9　2002~2010 年胶合板显示性比较优势指数国际比较

Fig. 5-9　International comparison of plywood's revealed comparative advantage index from 2002 to 2010

合板显示性比较优势指数在 2008 年都有不同程度的下降,除巴西外,2009 年都有不同程度的回升,说明金融危机对世界胶合板产业有一定的冲击,但是持续时间并不长,世界胶合板产业自我修复能力较强。2002~2010 年,中国胶合板显示性比较优势指数变化幅度不大,总体下降,且在各大胶合板生产国中没有明显优势。

5.2.1.3　显示性竞争优势指数

根据式(2-5)可以计算出各国 2002~2010 年显示性竞争优势指数,见表 5-3。图 5-10 为各国 2002~2010 年胶合板显示性竞争优势指数折线图,由图可以看出,2002~2010 年,日本和韩国胶合板显示性竞争优势指数小于 0,表示日本和韩国胶合板出口商品显示性比较优势小于进口商品显示性比较优势,不具有显示性竞争优势;加拿大 2002~2007 年显示性竞争优势指数大于 0,2009~2010 年显示性竞争优势指数小于 0,说明加拿大从 2008 年开始胶合板出口商品显示性比较优势小于进口商品显示性比较优势,不再具有显示性竞争优势;中国从 2004~2010 年胶合板显示性比较优势指数大于 0 且总体上升,说明这几年中国胶合板出口商品显示性比较优势大于进口商品显示性比较优势,具有显示性竞争优势;其他 6 国从 2002~2010 年胶合板显示性竞争优势指数均大于 0 且大于中国的胶合板显示性竞争优势指数,与主要的胶合板生产大国相比较,中国胶合板显示性竞争优势指数优势不明显。

表 5-3 2002~2010 年胶合板显示性竞争优势指数国际比较

Tab. 5-3 International comparison of plywood's revealed competitive advantage index (CA) from 2002 to 2010

	2002	2003	2004	2005	2006	2007	2008	2009	2010
巴西	5.646	5.195	5.748	5.476	5.051	4.977	5.096	5.068	4.972
加拿大	1.159	1.084	0.890	1.047	0.746	0.532	-0.076	-0.131	-0.596
中国	-0.144	-0.151	0.703	1.005	1.384	1.400	1.444	1.736	1.668
芬兰	3.051	3.210	3.054	2.850	2.859	2.361	2.153	2.136	2.079
印度尼西亚	6.622	6.908	5.710	4.111	4.159	4.226	4.461	3.568	3.496
日本	-5.386	-5.040	-5.725	-5.746	-5.888	-5.982	-5.878	-5.757	-5.832
马来西亚	4.883	4.479	5.412	4.775	4.121	3.992	4.044	3.729	3.197
新西兰	2.232	2.279	2.348	2.132	1.619	1.309	1.321	1.670	1.406
韩国	-3.028	-2.790	-2.458	-3.070	-4.212	-5.098	-4.343	-4.653	-4.690
俄罗斯	3.029	2.799	2.835	2.848	2.764	1.949	2.113	2.681	3.099

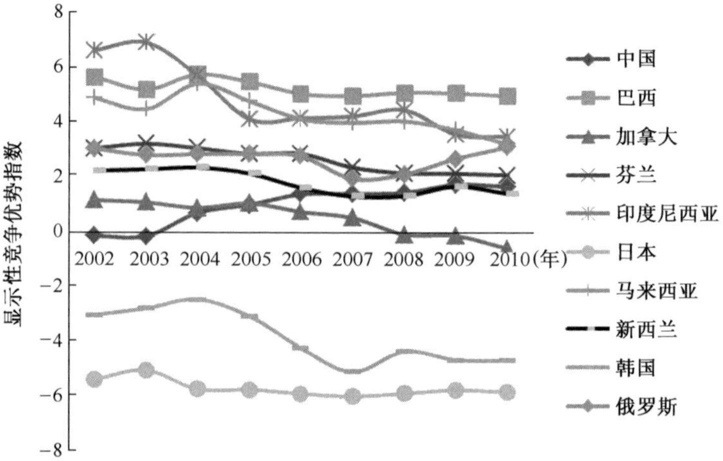

图 5-10 2002~2010 年胶合板显示性竞争优势指数国际比较

Fig. 5-10 International comparison of plywood's revealed competitive advantage index from 2002 to 2010

5.2.1.4 国际市场占有率

根据式(2-1)可以计算出各国 2002~2010 年胶合板国际市场占有率,见表

5-4。图 5-11 为各国 2002~2010 年胶合板国际市场占有率折线图,由图可以看出,2002~2010 年韩国和日本胶合板国际市场占有率几乎为 0,中国的胶合板国际市场占有率从 2005 年开始领先其他国家,竞争力较强,除了 2007 年和 2008 年有所下降,整体上升趋势明显。其他国家,除了印度尼西亚胶合板国际市场占有率下降较多,基本保持较为平稳的趋势。

表 5-4 2002~2010 年胶合板国际市场占有率比较

Tab. 5-4 Comparison of plywood's international market share from 2002 to 2010

	2002	2003	2004	2005	2006	2007	2008	2009	2010
中国	0. 0711	0. 0753	0. 1392	0. 1964	0. 2792	0. 2605	0. 2629	0. 3485	0. 2961
加拿大	0. 0613	0. 0551	0. 0533	0. 0557	0. 0462	0. 0368	0. 0225	0. 0206	0. 0154
巴西	0. 0592	0. 0794	0. 1100	0. 0825	0. 0620	0. 0487	0. 0476	0. 0363	0. 0357
芬兰	0. 0806	0. 0848	0. 0786	0. 0785	0. 0783	0. 0660	0. 0675	0. 0497	0. 0459
印度尼西亚	0. 2672	0. 2239	0. 1700	0. 1443	0. 1894	0. 1254	0. 1335	0. 1259	0. 1396
日本	0. 0014	0. 0015	0. 0009	0. 0007	0. 0007	0. 0005	0. 0005	0. 0006	0. 0005
马来西亚	0. 1537	0. 1473	0. 1601	0. 1545	0. 1827	0. 1444	0. 1430	0. 1499	0. 1362
新西兰	0. 0118	0. 0109	0. 0128	0. 0103	0. 0072	0. 0061	0. 0059	0. 0068	0. 0079
韩国	0. 0028	0. 0035	0. 0039	0. 0021	0. 0008	0. 0003	0. 0007	0. 0006	0. 0005
俄罗斯	0. 0431	0. 0405	0. 0457	0. 0555	0. 0534	0. 0550	0. 0570	0. 0548	0. 0589

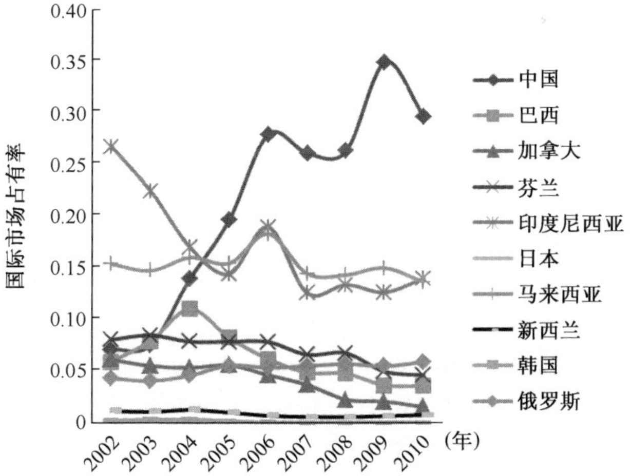

图 5-11 部分国家 2002~2010 年胶合板国际市场占有率比较

Fig. 5-11 Comparison of plywood's international market share among some countries from 2002 to 2010

用计算期的国际市场占有率减去上期的国际市场占有率，可以得出中国胶合板国际市场占有率差额变化，如图 5-12 所示。由图可以看出，2002～2006 年中国胶合板国际市场占有率持续增长，总体上每年增长速度越来越大，竞争力稳步上升；2007 年呈现负增长，竞争力有所下降；2008 年和 2009 年有所增长，2010 年又呈负增长。根据中国统计年鉴上的货币汇率（年平均价），2005 年的 1 美元合人民币数为 8.19 元，2007 年下降为 7.61 元，2008 年跌破 7 元后持续下跌，2012 年已经跌至 6.31 元。2007 年和 2010 年的国际市场占有率负增长说明了中国胶合板产业受到了 2007 年开始的金融危机和近几年的人民币汇率快速增值连续打击，国际竞争力有所下降。即便如此，中国胶合板国际市场占有率还是远远超过其他国家，只要措施得当，中国胶合板产业仍有较大的发展潜力。

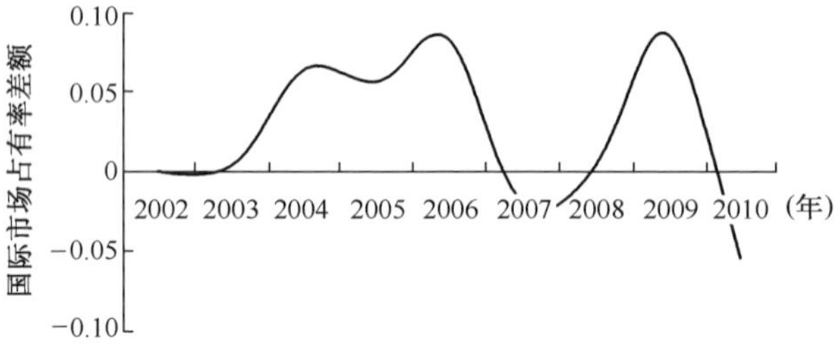

图 5-12　2002～2010 年中国胶合板国际市场占有率差额比较

Fig. 5-12　Annual change of China's plywood's international market share from 2002 to 2010

5.2.2　胶合板国际竞争力综合评价

由于影响胶合板国际竞争力的因素众多，本研究借鉴现有研究成果，以波特理论为基础，参考国内相关研究成果，构建胶合板综合评价体系，运用统计方法定权、主成分分析和灰色关联等客观赋权方法，对胶合板产量较高、进出口贸易较大的代表性国家进行综合分析，了解各国胶合板国际竞争力及其优势和不足，为我国胶合板产业提供可借鉴的经验和方法。

5.2.2.1　样本国家选取

根据世界人造板行业的整体发展格局和竞争现状，从亚洲、欧洲、美洲、大洋洲和非洲选取了总计 15 个胶合板行业较发达的国家，分别是中国、奥地利、巴西、喀麦隆、加拿大、芬兰、法国、加蓬、德国、印度尼西亚、马来西亚、新西兰、俄罗斯和瑞典。为了进一步筛选，选取胶合板出口量、出口额和产量等能比较直接反映一个地区人造板行业发展情况和竞争力的指标，由于考虑到综合评价过程对数据完整性的要求,此处仅采用国际粮农组织网站 2010 年、2011 年以及 2012 年数据对这 15 个国家的胶合板竞争力进行比较分析,将竞争力相对较弱的国家剔除。在出口方面,中国、印度尼西亚、马来西亚、俄罗斯、巴西、芬兰、美国、奥地利、加拿大、德国等国家位居世界前列,其中中国最为突出,法国、新西兰有一定的份额,喀麦隆、加蓬和瑞典较少,如图 5-13 所示。

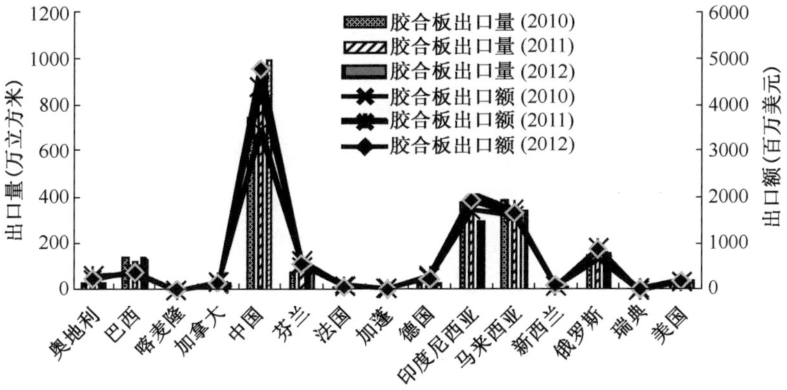

图 5-13 部分国家胶合板出口量和出口额对比图

Fig. 5-13 Comparison of plywood's export quantity and value among some countries

在产量方面看,中国明显多于其他国家,其次是美国、印度尼西亚、马来西亚、俄罗斯、巴西、加拿大和芬兰,法国、奥地利、德国和新西兰有一定产量,喀麦隆、加蓬和瑞典产量较少,如图 5-14。

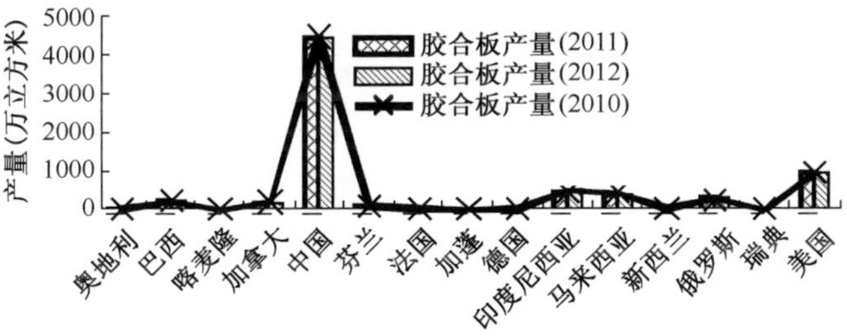

图 5-14 部分国家胶合板产量对比图

Fig. 5-14 Comparison of plywood's production among some countries

通过分析可以看出,与其他 12 个国家相比,喀麦隆、加蓬和瑞典产量低,出口量小,竞争力不足,因此剔除上述 3 个国家。本文最终选取中国、美国、印度尼西亚、马来西亚、俄罗斯、巴西、加拿大、芬兰、奥地利、法国、德国和新西兰等 12

个国家进行后续国际竞争力研究。

5.2.2.2 构建胶合板综合评价体系

5.2.2.2.1 指标选取

由于影响胶合板国际竞争力的因素众多,参照赵彦云等(2005)的研究,从产业基础实力、市场、管理、创新这四个方面着手构建胶合板综合评价指标体系,初步指标选择见表5-5,其中包含胶合板基础实力竞争力指标、胶合板市场竞争力指标、胶合板管理竞争力指标和胶合板创新竞争力指标等4个一级指标。胶合板基础实力竞争力包括森林面积、森林覆盖率、其他林地面积、土地面积和森林立木蓄积量等5个二级指标,其中森林面积、其他林地面积、土地面积描述了一个国家森林、土地等资源的基本情况;森林覆盖率和森林立木蓄积量反映了一个国家或地区森林资源丰富程度、实现绿化程度,也是衡量森林生态环境优劣的重要指标。综合上述两方面的指标就可以从数量和质量来综合衡量该国林业基础资源情况,这是林业产业发展的基础条件,对一国的林业产业发展有着基础性作用,同样胶合板的生产也离不开原料、土地等基础资源,因此将这些因素列入胶合板基础实力竞争力指标中。胶合板市场竞争力指标是胶合板综合评价指标体系的核心,包括胶合板年产量、胶合板年出口量、胶合板年出口额、胶合板平均出口价格、胶合板贸易竞争力指数、胶合板显示性比较优势指数和胶合板市场占有率等7个二级指标,其中胶合板年产量反映了一国胶合板的生产能力;出口量和出口额则代表了一国胶合板在国际市场出口贸易规模;胶合板平均出口价格是一国胶合板质量层次的有力代表,出口价格越高相应胶合板的质量和国际市场认可度越高;胶合板贸易竞争力指数表示一国胶合板进出口贸易的差额占进出口贸易总额的比重;显示性比较优势指数指一个国家胶合板出口额占其出口总值的份额与世界出口总额中胶合板出口额所占份额的比率;胶合板市场占有率是一国胶合板出口总额占世界胶合板出口总额的比例,它反映了该国对胶合板市场的控制能力,该值越大说明竞争力越强。胶合板管理竞争力指标包含了林业从业人员人数、所有制结构和有管理计划森林比例这3个二级指标,其中林业从业人数是指该国涉林人员数,这反映了一国林业人力资源的基本情况,从业人员越多,管理力度越大;所有制结构指的是森林的归属问题;有管理计划森林比例这一指标反映了森林资源被管理情况,该值越高说明该国森林管理程度越高。胶合板创新竞争力指标包含林业相关本科及以上学位人数,林业技术工人文凭数和在公费赞助的森林研究中心工作的专业人士数,这3个指标都反映了一国林业科研技术人才情况,科研能力越强,创新开发能力越强。胶合板管理竞争力指数和创新竞争力指数分别反映了一国林业产业的管理和创新能力,胶合板产业是林业产业的重要部分,一国的林业产业发展是胶合板产业发展的前提,因此,林业产业管理和创新能力越强,胶合板产业的管理和创新能力越强。

表 5-5 综合评价指标初步选取结果

Tab. 5-5 Preliminary selection result of comprehensive evaluation index

	一级指标	二级指标
胶合板国际竞争力综合评价指标体系	基础实力竞争力 X_1	森林面积 X_{11}
		森林覆盖率 X_{12}
		其他林地面积 X_{13}
		土地面积 X_{14}
		森林立木蓄积量 X_{15}
	市场竞争力 X_2	胶合板年产量 X_{21}
		胶合板年出口量 X_{22}
		胶合板年出口额 X_{23}
		胶合板平均出口价格 X_{24}
		胶合板贸易竞争力指数 X_{25}
		胶合板显示性比较优势指数 X_{26}
		胶合板市场占有率 X_{27}
	管理竞争力 X_3	林业从业人员数 X_{31}
		所有制结构 X_{32}
		有管理计划森林比例 X_{33}
	创新竞争力 X_3	本科及以上学位人数 X_{41}
		技术工人文凭数 X_{42}
		在公费赞助的森林研究中心工作的专业人士数 X_{43}

5.2.2.2.2 指标的筛选和剔除

在上述初步选取的 18 个二级指标中有些指标之间存在显著的相关关系,按照综合评价基本要求需要进行指标的筛选和剔除。本研究采用极大不相关法进行指标的筛选和剔除,当某个指标与其他指标相互独立时,该指标就无法用其他指标来代替,因此,保留相关性较小的指标。需要指出的是,本研究中的指标数据来自 FAO 数据库和《2010 森林资源评估报告》等,由于森林资源评估 5 年一次,最新的为 2010 年,为统一评价年份,数据均选用 2010 年。在每个一级指标体系内计算二级指标间的复相关系数 R_{ij},计算结果见表 5-6。

表 5-6　二级指标复相关系数

Tab. 5-6　Multiple correlation coefficient of secondary indicators

一级指标	复相关系数 R_{ij}	复相关系数 R'_{ij}	一级指标	复相关系数 R_{ij}	复相关系数 R'_{ij}
基础实力竞争力	0.973	—	管理竞争力	0.276	
	0.446	0.444		0.302	
	0.727	0.717		0.195	
	0.896	0.647		—	
	0.952	0.547		—	
市场竞争力	0.959	0.957	创新竞争力	0.992	
	0.995	0.967		0.945	
	1	—		0.986	
	0.699	0.581		—	
	0.811	0.775		—	
	0.896	0.799		—	
	1	—		—	

在基础实力竞争力中，$R_{11}=0.973$，即森林面积与其他四个指标的复相关系数最高，应该剔除；在剩余指标中计算复相关系数 R'_{ij}，复相关系数均小于 0.8，指标剔除到此为止，剩余 4 个指标用于反映基础实力竞争力。在胶合板市场竞争力中，胶合板年出口额 X_{23} 和胶合板市场占有率 X_{28} 与其他 7 个指标的复相关系数均为 1，因此能用其他指标代替，从而剔除胶合板年出口额和胶合板市场占有率这两个指标。在剩余的 5 个指标计算复相关系数 R'_{ij}，胶合板年出口量 X_{22} 的复相关系数 0.967，考虑到剔除 X_{22} 无法直观揭示胶合板出口情况，因此保留该变量，与胶合板市场竞争力相关的指标剔除到此为止。在管理竞争力指标中，每个指标的复相关系数都比较小，不能互相替代，全部保留。在创新竞争力中，林业相关的本科及以上学位人数这一指标的复相关系数最高，到达 0.992，但是本科学位院校人员和技术工人及研究人员有一定差别，代表人群不同，故不能剔除，创新竞争力指标筛选到此为止。综合上述分析，采用极大不相关法筛选后的指标体系见表 5-7，并将剔除后的这 15 个指标确定为最终的评价指标。

5.2.2.3　综合评价方法的选择与应用

现有的综合评价方法众多，每种方法各有长短。由于各种评价方法的机理不同，方法的属性层次、分析的角度相异，采用不同综合评价方法对同一问题进行评价时，排序的结果可能会存在差异，评价结果的非一致性可能会影响评价结果的可信性。为了提高评价结果的可靠性，本文选用基于统计方法定权的胶合板国际竞争力综合评价、基于主成分分析定权的胶合板国际竞争力综合评价和基于灰色关联分析定权的胶合板国际竞争力综合评价等方法进行胶合板国际竞争力比较研究。

表 5-7 综合评价指标体系

Tab. 5-7 Comprehensive evaluation index system

胶合板国际竞争力综合评价指标体系	基础实力竞争力	森林覆盖率[1]
		其他林地面积[1]
		土地面积[1]
		森林立木蓄积量[1]
	市场竞争力	胶合板年产量[2]
		胶合板年出口量[2]
		胶合板平均出口价格[2]
		胶合板贸易竞争力指数[2]
		胶合板显示性比较优势指数[2]
	管理竞争力	林业从业人员数[1]
		所有制结构[1]
		有管理计划森林比例[1]
	创新竞争力	本科及以上学位人数[1]
		技术工人文凭数[1]
		在公费赞助的森林研究中心工作的专业人士数[1]

注：上标 1 的指标数值来源于联合国森林资源评估(2010)；上标 2 的指标数值来源于或根据 FAO 粮农组织数据库计算。

5.2.2.3.1 基于统计确权的胶合板国际竞争力评价

由于选取的 15 个指标量纲不同，且数量级差别较大，因此，需要对数据进行标准化处理，此处采用比例化方法来实现标准化。统计方法确权可以采用方差倒数和变异系数，为能够综合不同权数的优点，可以采用合成权，合成新的权数，三种确权结果见表 5-8。完成统计确权后，采用简单平均数计算该国的综合评价值，得到综合评价排名，评价结果分别见表 5-9 至表 5-11。

对比方差倒数确权、变异系数确权和合成权 3 种确权方法的竞争力综合评价结果，评价结果具有一定相似性，见表 5-12。在基础实力竞争力评价方面，竞争力较强的依次是俄罗斯、巴西和中国。俄罗斯、巴西的森林覆盖率、土地面积和森林立木蓄积量等指标较高，中国其他林地面积、土地面积等指标比较高，而

表 5-8 统计方法确权权数汇总

Tab. 5-8 Summary of weight made by statistical method

一级指标	二级指标	方差倒数权	变异系数权	合成权
基础实力竞争力	森林覆盖率	14. 9431	0. 3659	0. 0242
	其他林地面积	7. 3131	1. 2144	0. 0393
	土地面积	10. 4633	1. 9599	0. 0907
	森林立木蓄积量	10. 2191	1. 4312	0. 0647
市场竞争力	胶合板年产量	12. 8255	2. 1174	0. 1201
	胶合板年出口量	12. 1695	1. 3448	0. 0724
	胶合板平均出口价格	24. 1257	0. 3512	0. 0375
	胶合板贸易竞争力指数	2. 2945	1. 6845	0. 0171
	胶合板显示性比较优势指数	8. 7935	1. 0633	0. 0414
管理竞争力	林业从业人员数	12. 6956	1. 7747	0. 0996
	所有制结构	7. 7396	0. 8069	0. 0276
	有管理计划森林比例%	14. 3616	0. 4360	0. 0277
创新竞争力	本科及以上学位人数	12. 5769	2. 4373	0. 1356
	技术工人文凭数	10. 6080	2. 2265	0. 1045
	在公费赞助的森林研究中心工作的专业人士数	12. 9322	1. 7093	0. 0978

表 5-9 方差的倒数为权结果表

Tab. 5-9 Result of the reciprocal of variance for weight

国 家	基础实力排名	市场排名	管理排名	创新排名	综合评价值	综合排名
加拿大	5	10	11	4	41. 62708397	11
美国	8	11	3	3	49. 71102826	8
巴西	2	12	12	8	46. 82374229	9
中国	3	1	1	1	119. 2027072	1
印度尼西亚	7	2	10	5	57. 40566414	5
马来西亚	6	4	7	7	58. 65175261	4
奥地利	9	6	6	12	49. 96454337	7
芬兰	4	5	4	6	60. 05215955	3
法国	12	9	9	10	38. 59456276	12
德国	10	7	8	9	42. 39548321	10
俄罗斯	1	8	2	2	76. 63468142	2
新西兰	11	3	5	11	52. 59391932	6

表 5-10 变异系数为权结果表

Tab. 5-10 Result of coefficient of variation for weight

国 家	基础实力排名	市场排名	管理排名	创新排名	综合评价值	综合排名
加拿大	4	9	10	4	2. 6307	9
美国	5	12	2	3	2. 3476	10
巴西	3	5	12	8	5. 2689	3
中国	2	1	1	1	16. 4820	1
印度尼西亚	6	2	11	5	5. 0633	4
马来西亚	7	3	9	7	4. 9103	5
奥地利	9	8	3	12	2. 8691	8
芬兰	8	4	5	6	4. 3100	6
法国	11	10	6	10	1. 0373	11
德国	12	11	7	9	0. 8309	12
俄罗斯	1	6	4	2	8. 8177	2
新西兰	10	7	8	11	2. 8927	7

表 5-11 综合确权分析结果表

Tab. 5-11 Analysis result of using comprehensive method to determine weight

国 家	基础实力排名	市场排名	管理排名	创新排名	综合评价值	综合排名
加拿大	4	10	10	4	0. 1453	8
美国	5	9	3	3	0. 1818	6
巴西	2	8	12	8	0. 1897	5
中国	3	1	1	1	0. 8028	1
印度尼西亚	6	2	11	5	0. 1937	3
马来西亚	7	3	9	7	0. 1925	4
奥地利	9	7	4	12	0. 1213	9
芬兰	8	4	5	6	0. 1654	7
法国	11	12	6	10	0. 0848	12
德国	12	11	7	9	0. 0879	11
俄罗斯	1	6	2	2	0. 3696	2
新西兰	10	5	8	11	0. 1187	10

森林覆盖率、森林立木蓄积量并不具有优势。在市场竞争力评价方面,竞争力较强的是中国、印度尼西亚和马来西亚,方差倒数确权时新西兰也位居前列。中国是胶合板产量和出口量最大的国家,印度尼西亚和马来西亚的产量和出口量低于中国,但是这两国的贸易竞争力指数和显示性比较优势指数相对较高,说明这两国在胶合板国际贸易中竞争力强。在管理竞争力评价方面,竞争力较强的是中国、俄罗斯和美国,在变异系数为权的方法中,奥地利也进入了前三。中国、俄罗斯和美国林业从业人员和有管理的森林比例高,其中俄罗斯森林管理更是达到了百分之百。奥地利虽然在从业人员上相对前几个国家较少,但是其私有制较多,生产效率相对较高,半数以上的森林也在有效管理中。在创新竞争力评价方面,竞争力较强的依次是中国、俄罗斯和美国,这三个国家林业本科人员、技术人员和科研人员多,中国更是领先各国。

表 5-12 统计方法定权综合分析结果表

Tab. 5-12 Comprehensive analysis result of using statistical method to determine weight

	基础实力评价			市场评价			管理评价			创新评价			综合评价		
	①	②	③	①	②	③	①	②	③	①	②	③	①	②	③
加拿大	5	4	4	10	9	10	11	10	10	4	4	4	6	7	5
美国	8	5	5	11	12	9	3	2	3	3	3	3	8	10	6
巴西	2	3	2	12	5	8	12	12	12	8	8	8	10	3	3
中国	3	2	3	1	1	1	1	1	1	1	1	1	1	1	1
印度尼西亚	7	6	6	2	2	2	10	11	11	5	5	5	3	4	4
马来西亚	6	7	7	4	3	3	7	9	9	7	7	7	5	5	7
奥地利	9	9	9	6	8	7	6	3	4	12	12	12	9	9	10
芬兰	4	8	8	5	4	4	4	5	5	6	6	6	4	6	8
法国	12	11	11	9	10	12	9	6	6	10	10	10	12	11	12
德国	10	12	12	7	11	11	8	7	7	9	9	9	11	12	11
俄罗斯	1	1	1	8	6	6	2	4	2	2	2	2	2	2	2
新西兰	11	10	10	3	7	5	5	8	8	11	11	11	7	8	9

注:①表示方差倒数为权;②表示变异系数为权;③表示合成权。

综合上述四个一级指标,胶合板国际竞争力综合实力较强的依次是中国、俄罗斯、巴西。俄罗斯拥有丰富的自然森林资源,管理水平和创新水平较高,中国胶合板产量和出口量居世界第一,但不具有资源优势,巴西的森林资源丰富,但是在林业人才培养和技术创新上还需加强。

5.2.2.3.2 基于主成分分析的胶合板国际竞争力综合评价

此处使用 SPSS 统计软件进行数据处理。根据表 5-13 所示的方差贡献率表选取 4 个主成分,累计贡献率达到 89.352%。

根据表 5-14 可以得到特征向量矩阵,见表 5-15。

表 5-13 特征值和总方差分解

Tab. 5-13 Eigenvalue and total variance decomposition

成分	初始特征值			被提取的载荷平方和		
	特征值	方差贡献率(%)	累积方差贡献率(%)	特征值	方差贡献率(%)	累积方差贡献率(%)
1	6.914	46.096	46.096	6.914	46.096	46.096
2	3.028	20.186	66.281	3.028	20.186	66.281
3	2.093	13.954	80.235	2.093	13.954	80.235
4	1.368	9.117	89.352	1.368	9.117	89.352
5	0.674	4.493	93.845			
6	0.456	3.039	96.884			
7	0.240	1.600	98.483			
8	0.106	0.707	99.190			
9	0.099	0.661	99.851			
10	0.021	0.137	99.988			
11	0.002	0.012	100.000			
12	3.908×10^{-16}	2.606×10^{-15}	100.000			
13	2.029×10^{-16}	1.353×10^{-15}	100.000			
14	-2.304×10^{-17}	-1.536×10^{-16}	100.000			
15	-3.685×10^{-16}	-2.457×10^{-15}	100.000			

表 5-14 因子载荷阵

Tab. 5-14 Factor loading matrix

	因子			
	1	2	3	4
x_1	-0.319	0.835	0.142	-0.232
x_2	0.805	0.153	-0.399	0.095
x_3	0.684	0.225	-0.095	0.597
x_4	0.175	0.467	-0.791	0.025
x_5	0.929	-0.231	0.149	-0.222
x_6	0.876	0.165	0.327	-0.224
x_7	-0.511	-0.585	0.387	0.268

（续）

	因　子			
	1	2	3	4
x_8	0. 279	0. 787	0. 335	−0. 024
x_9	−0. 101	0. 639	0. 680	−0. 243
x_{10}	0. 986	−0. 134	0. 030	0. 005
x_{11}	−0. 353	−0. 637	0. 186	−0. 303
x_{12}	0. 113	0. 065	0. 596	0. 706
x_{13}	0. 940	−0. 260	0. 100	−0. 177
x_{14}	0. 953	−0. 070	0. 073	0. 169
x_{15}	0. 886	−0. 298	0. 139	−0. 257

表 5-15　特征向量矩阵表

Tab. 5-15　Eigenvector matrix table

z_1	z_2	z_3	z_4
−0. 1213	0. 4799	0. 0982	−0. 1984
0. 3061	0. 0879	−0. 2758	0. 0812
0. 2601	0. 1293	−0. 0657	0. 5104
0. 0666	0. 2684	−0. 5468	0. 0214
0. 3533	−0. 1327	0. 1030	−0. 1898
0. 3331	0. 0948	0. 2260	−0. 1915
−0. 1943	−0. 3362	0. 2675	0. 2291
0. 1061	0. 4523	0. 2316	−0. 0205
−0. 0384	0. 3672	0. 4700	−0. 2078
0. 3750	−0. 0770	0. 0207	0. 0043
−0. 1342	−0. 3661	0. 1286	−0. 2591
0. 0430	0. 0374	0. 4120	0. 6036
0. 3575	−0. 1494	0. 0691	−0. 1513
0. 3624	−0. 0402	0. 0505	0. 1445
0. 3370	−0. 1713	0. 0961	−0. 2197

据此就可以得到主成分的表达式，将这四个主成分分别命名为 F_1、F_2、F_3 和 F_4，则有

$$
\begin{aligned}
F_1 &= -0.1213x_1 + 0.3061x_2 + \cdots + 0.3370x_{15} \\
F_2 &= 0.4799x_1 + 0.0879x_2 + \cdots - 0.1713x_{15} \\
F_3 &= 0.0982x_1 + -0.2758x_2 + \cdots + 0.0961x_{15} \\
F_4 &= -0.1984x_1 + 0.0812x_2 + \cdots - 0.2197x_{15}
\end{aligned}
\tag{5-1}
$$

其中，x_i 为标准化后的指标。由表 5-13 可以看出上述 4 个主成分的贡献率分别为 46.096%、20.186%、13.954%和 9.117%，累计贡献率为 89.352%，据此可得 4 个主成分的权数分别为 0.5159、0.2259、0.1562 和 0.1020，因此综合评价函数：

$$F=0.5159F_1+0.2259F_2+0.1562F_3+0.1020F_4 \quad (5\text{-}2)$$

根据上式可得胶合板综合竞争力评价情况，见表 5-16。

表 5-16 主成分评价结果

Tab. 5-16 Principal component evaluation result

国 家	综合评价值	综合排名
加拿大	-0.4622	7
美国	-0.7443	8
巴西	-0.1756	5
中国	3.6589	1
印度尼西亚	0.3044	4
马来西亚	0.6703	3
奥地利	-1.0674	10
芬兰	-0.4084	6
法国	-1.4280	12
德国	-1.1783	11
俄罗斯	1.6119	2
新西兰	-0.7812	9

根据主成分分析法得到的综合评价结果中，胶合板国际竞争力较强的依次是中国、俄罗斯、马来西亚和印度尼西亚。中国的综合得分远超俄罗斯，中国胶合板产量位居世界第一，胶合板贸易量十分高，林业管理和林业人才也处于世界前列。与中国相比，马来西亚的贸易竞争力指数和显示性比较优势指数均略高于中国，中国仍有待于进一步提高胶合板档次，迈向高端市场。

5.2.2.3.3 基于灰色关联分析的胶合板国际竞争力综合评价

根据灰色关联分析理论，对于选定的数据，首先确定一个因变量因素和多个自变量因素，使因变量数据构成参考序列，即理想组数据，本文选取每个指标的最优值为该指标的理想值，见表 5-17，各自变量数据构成比较序列。一般情况下，原始数据具有不同的量纲或数量级，为了保证分析结果的可靠性，需要对变量数据进行无量纲化，这里采用比例法，将每个指标数据与理想值做比，在此基础上求得差序列，求得每个指标数据与理想指标的距离，即每个指标的理想值减去该指标值的绝对值，由此构成差序列，见表 5-18。

表 5-17 理想组值表

Tab. 5-17 Ideal group value table

指 标	X_1	X_2	X_3	X_4	X_5	X_6	X_7	X_8
理想值	73	102012	1638139	126221	45298000	7699170	1.0864	0.9887

指 标	X_9	X_{10}	X_{11}	X_{12}	X_{13}	X_{14}	X_{15}
理想值	6.6635	1322	81	100	35776	18563	5423

表 5-18 差序列表

Tab. 5-18 Difference sequence table

	X_1	X_2	X_3	X_4	X_5	X_6	X_7	X_8
加拿大	0.5342	0.0986	0.9439	0.7387	0.9557	0.9609	0.4490	1.2434
美国	0.5479	0.8536	0.9909	0.6269	0.7926	0.9549	0.4949	1.7677
巴西	0.1507	0.5709	0.9733	0.0000	0.9470	0.8121	0.7339	0.0000
中国	0.6986	0.0000	0.4246	0.8837	0.0000	0.0000	0.5853	0.2443
印度尼西亚	0.2877	0.7941	0.8894	0.9101	0.9266	0.6575	0.4292	0.0331
马来西亚	0.1507	0.7995	0.9799	0.9664	0.9054	0.5163	0.6056	0.0463
奥地利	0.3562	0.9988	0.9950	0.9910	0.9879	0.9211	0.2501	0.5682
芬兰	0.0000	0.9891	0.9814	0.9827	0.9784	0.8917	0.4058	0.1847
法国	0.6027	0.9841	0.9664	0.9795	0.9940	0.9788	0.2947	1.3791
德国	0.5616	1.0000	0.9787	0.9723	0.9949	0.9562	0.2143	1.4577
俄罗斯	0.3288	0.2822	0.0000	0.3541	0.9406	0.8036	0.5801	0.0365
新西兰	0.5753	0.9749	0.9837	0.9716	0.9943	0.9890	0.0000	0.3360

	X_9	X_{10}	X_{11}	X_{12}	X_{13}	X_{14}	X_{15}
加拿大	0.9551	0.8722	0.9012	0.7050	0.9239	0.9859	0.8702
美国	0.9856	0.8722	0.2963	0.3200	0.8567	0.9949	0.6653
巴西	0.7998	0.9175	0.7654	0.9400	0.9651	0.9864	0.9616
中国	0.7875	0.0000	0.6049	0.3800	0.0000	0.0000	0.0000
印度尼西亚	0.0000	0.9849	0.8889	0.4230	0.9914	0.9932	0.8547
马来西亚	0.2233	0.9039	0.9753	0.0700	0.9807	0.9868	0.9299
奥地利	0.6863	0.9716	0.0000	0.5000	0.9986	0.9967	0.9851
芬兰	0.2519	0.9826	0.1605	0.3500	0.9881	0.9672	0.9168
法国	0.9769	0.9716	0.0864	0.5700	0.9996	0.9790	0.9684
德国	0.9779	0.9716	0.4198	0.3200	0.9917	0.9672	0.9684
俄罗斯	0.8336	0.6611	1.0000	0.0000	0.9161	0.4882	0.9684
新西兰	0.7163	0.9932	0.5556	0.1600	0.9998	0.9996	0.9591

根据式(2-11)可求得关联系数,差序列中 $\Delta(\max)=1,\Delta(\min)=0$,此处 ρ 取0.5,因而计算可得关联系数见表5-19。比较序列 t 与参考序列的关联程度是通过15个关联系数来反映的,分别求平均值就可得到相应的关联度,并根据各关联度排序,结果见表5-20。

表5-19 关联系数表

Tab. 5-19 Correlation coefficient table

	X_1	X_2	X_3	X_4	X_5	X_6	X_7	X_8
加拿大	0.4834	0.8352	0.3463	0.4037	0.3435	0.3423	0.5269	0.2868
美国	0.4771	0.3694	0.3354	0.4437	0.3868	0.3437	0.5025	0.2205
巴西	0.7684	0.4669	0.3394	1.0000	0.3455	0.3811	0.4052	1.0000
中国	0.4171	1.0000	0.5408	0.3614	1.0000	1.0000	0.4607	0.6718
印度尼西亚	0.6348	0.3864	0.3599	0.3546	0.3505	0.4320	0.5381	0.9380
马来西亚	0.7684	0.3848	0.3379	0.3410	0.3558	0.4920	0.4523	0.9152
奥地利	0.5840	0.3336	0.3345	0.3353	0.3360	0.3518	0.6666	0.4681
芬兰	1.0000	0.3358	0.3375	0.3372	0.3382	0.3593	0.5520	0.7302
法国	0.4534	0.3369	0.3410	0.3379	0.3347	0.3381	0.6292	0.2661
德国	0.4710	0.3333	0.3381	0.3396	0.3345	0.3434	0.6999	0.2554
俄罗斯	0.6033	0.6392	1.0000	0.5854	0.3471	0.3835	0.4629	0.9320
新西兰	0.4650	0.3390	0.3370	0.3398	0.3346	0.3358	1.0000	0.5981

	X_9	X_{10}	X_{11}	X_{12}	X_{13}	X_{14}	X_{15}
加拿大	0.3436	0.3644	0.3568	0.4149	0.3511	0.3365	0.3649
美国	0.3366	0.3644	0.6279	0.6098	0.3685	0.3345	0.4291
巴西	0.3847	0.3527	0.3951	0.3472	0.3413	0.3364	0.3421
中国	0.3884	1.0000	0.4525	0.5682	1.0000	1.0000	1.0000
印度尼西亚	1.0000	0.3367	0.3600	0.5417	0.3353	0.3348	0.3691
马来西亚	0.6912	0.3561	0.3389	0.8772	0.3377	0.3363	0.3497
奥地利	0.4215	0.3398	1.0000	0.5000	0.3337	0.3341	0.3367
芬兰	0.6650	0.3372	0.7570	0.5882	0.3360	0.3408	0.3529
法国	0.3385	0.3398	0.8526	0.4673	0.3334	0.3381	0.3405
德国	0.3383	0.3398	0.5436	0.6098	0.3352	0.3408	0.3405
俄罗斯	0.3749	0.4306	0.3333	1.0000	0.3531	0.5060	0.3405
新西兰	0.4111	0.3349	0.4737	0.7576	0.3334	0.3334	0.3427

表 5-20 灰色关联分析结果表

Tab. 5-20 Analysis result of grey correlation

国 家	关联度	排 名
加拿大	0.4067	9
美国	0.4100	10
巴西	0.4804	6
中国	0.7241	1
印度尼西亚	0.4848	5
马来西亚	0.4890	4
奥地利	0.4450	8
芬兰	0.4912	3
法国	0.4032	11
德国	0.3975	12
俄罗斯	0.5528	2
新西兰	0.4491	7

根据灰色关联的基本理论,胶合板国际竞争力较强的国家依次是中国、俄罗斯、芬兰和马来西亚。除中国外,其他国家森林资源丰富,给胶合板生产提供了有力的基础保障。国际胶合板市场上,中国的产量和进出口量占据着绝对的地位。中国和俄罗斯的管理水平和创新水平较高,林业管理在世界前列,林业相关人力资源丰富,有着较强的科研开发和技术创新能力。虽然土地面积和森林面积不及前面几个国家,但芬兰的森林覆盖率很高,为其林业相关产业、胶合板的生产提供了条件。芬兰的显示性比较优势指数较高,说明芬兰胶合板在国际市场上具有比较优势,竞争力强。

从综合评价来看,上述 3 种综合评价结果尽管在排序上存在一些差异,但是评价结果均显示:目前中国胶合板综合评价竞争力最强的是中国,是世界胶合板产量第一大国,远超过处于第二的美国;贸易进出口量也位于世界第一;在林业资源的管理上,处于世界前列,森林管理情况相对较好;中国也拥有着绝对数量的林业科研和技术人员,在技术创新和科研开发上具有一定优势,但森林覆盖率在上述国家中最低,森林资源匮乏,一旦无法保证木材进口,将严重影响胶合板的国际竞争力。

尽管中国目前胶合板国际竞争力很强,也还是有很大的改进和发展空间。我国的胶合板平均出口价格处于中下游,胶合板平均出口进口价格比也相对较低,进一步说明中国目前虽然在胶合板产量上稳居世界第一,但在生产的胶合板档次上还有待提高。加拿大和新西兰虽然在量上远不敌中国,但其平均出口价格是平均进口价格的两倍以上,说明这两个国家低端胶合板少,主要靠低价进口,出口的胶合板主要走高端市场,在这一点上,值得中国胶合板行业借鉴,需要进一步提高胶合板质量和市场认可度,真正成为胶合板产业的国际强国。我国胶合板产品出口的低成本、低价格路线不仅使企业损失大部分利润,而且屡屡遭受国外"反倾销反补贴"的贸易壁垒。技术创新是提升产业竞争力的基础,中国当前应该加强胶合板技术创新,提高木材利用率和胶合板产品档次,增加胶合板科技含量,进而提升中国胶合板国际竞争力。

5.3 小　结

本章利用关键指标法和综合评价法对世界主要胶合板生产和贸易国的胶合板产业的国际竞争力进行了比较。研究显示,中国胶合板产业极具国际竞争力,无论是产量还是贸易量均居世界第一。我国的胶合板平均出口价格基本处于中下游水平,价格优势是国内胶合板产业保持竞争优势的重要因素,低价路线不仅使企业损失大部分利润,而且屡屡遭受国外"反倾销反补贴"的贸易壁垒。另外,国内胶合板档次偏低,加拿大和新西兰虽然在贸易量上远不敌中国,但其平均出口价格是平均进口价格的两倍以上,说明这两个国家的低端胶合板主要靠低价进口,胶合板出口主要面向高端市场,在这一点上,值得中国胶合板行业借鉴,提升胶合板质量和市场认可度,真正成为胶合板产业的国际强国。

6 刨花板国际竞争力分析

中国的刨花板生产经历了20世纪80年代的上升,90年代的下降,2000年的再上升的反复过程。由于质量差和其他一些原因,刨花板曾一度被市场抛弃,之后,许多刨花板企业吸取教训,引进国外的先进生产线和提高工艺水平后,近年中国的刨花板质量有了明显提高,又重新被市场所接受,许多家具生产企业又重新选用刨花板为原料,此外,定向刨花板也逐渐被消费者所接受,近几年来,中国的刨花板需求量逐年上升。随着国内外对刨花板的需求量不断增加,以及国家出台优惠政策鼓励人造板业发展,为刨花板业的发展创造了极好的条件[1]。

6.1 中国刨花板的生产与贸易现状

6.1.1 中国刨花板产量分析

从2003~2012年,总体来看,中国刨花板产量增长快速。图6-1给出了

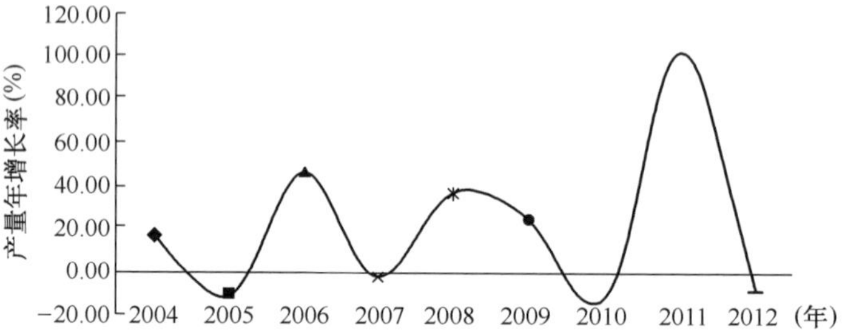

图6-1 2004~2012年中国刨花板产量环比增长率

Fig. 6-1 Sequential growth rate of China's chipboard production from 2004 to 2012

---

[1] 2010~2012年中国刨花板行业市场竞争态势及投资前景研究报告. 智鼎国研(北京)信息咨询有限公司。

2004~2012 年各年中国刨花板产量环比增长率,由图可知,2004~2012 年之间,中国刨花板产量呈增长趋势。其中,2005 年、2007 年与 2010 年增长率为负,2005 年和 2010 年小于-10%,这两年中国刨花板产量下降较多;2010 年刨花板产量下降后马上反弹,2011 年刨花板产量有较大幅增长,增长率高达 102.45%。

6.1.2 中国刨花板贸易量分析

2003~2012 年中国刨花板进出口贸易变化如图 6-2、图 6-3 所示。由图 6-2 可以看出,2003~2012 年中国刨花板贸易进出口金额变化很大,历年进口金额均大大超过出口金额,进出口差额在 2008 年、2009 年有小幅度缩小,2010 年又逐渐增加。由图 6-3 可以看出,2003~2012 年中国刨花板贸易进出口数量变化趋势与进出口金额变化趋势基本相同,进口金额均大大超过出口金额,进出口差额在 2008 年、2009 年有小幅度缩小,2010 年又逐渐增加。

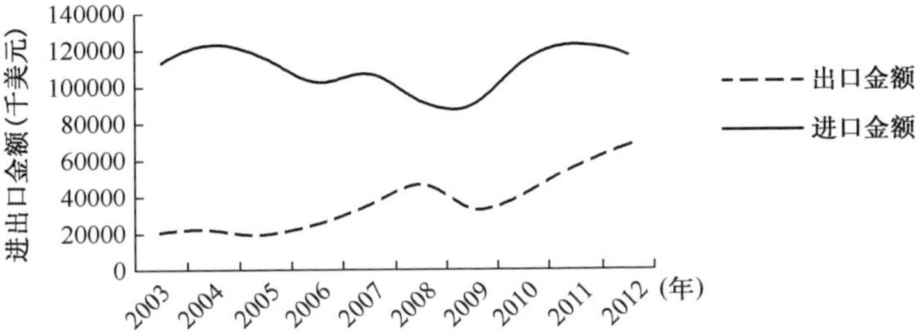

图 6-2 2003~2012 年中国刨花板进出口金额

Fig. 6-2 Import and export value of China's chipboard from 2003 to 2012

6.1.3 中国刨花板销售情况分析

2003~2012 年中国刨花板进出口贸易变化如图 6-4 至图 6-6 所示。由图 6-4、图 6-5 可以看出,2003~2012 年中国刨花板产品销售收入和销售量变化趋势一致,都是从 2003~2012 年持续大幅上升。由图 6-6 可以看出,从 2002~2011 年,中国刨花板产品销售价格总体比较平稳,均处于 880 元/平方米至 1200 元/平方米之间,十年来销售价格非常稳定,这说明中国 2003~2012 年刨花板产品销售收入的变动主要受销售量的影响。

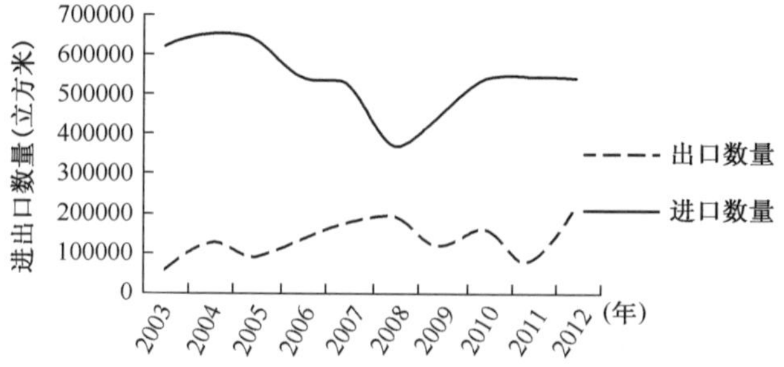

图 6-3　2003~2012 年中国刨花板进出口数量

Fig. 6-3　Import and export quantity of China's chipboard from 2003 to 2012

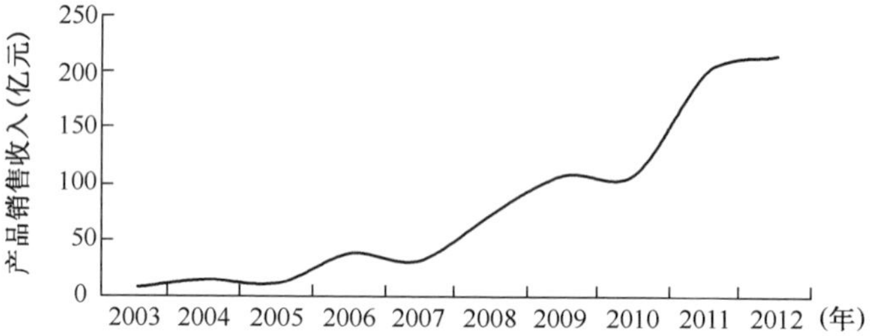

图 6-4　2003~2012 年中国刨花板产品销售收入

Fig. 6-4　Sales revenue of China's chipboard from 2003 to 2012

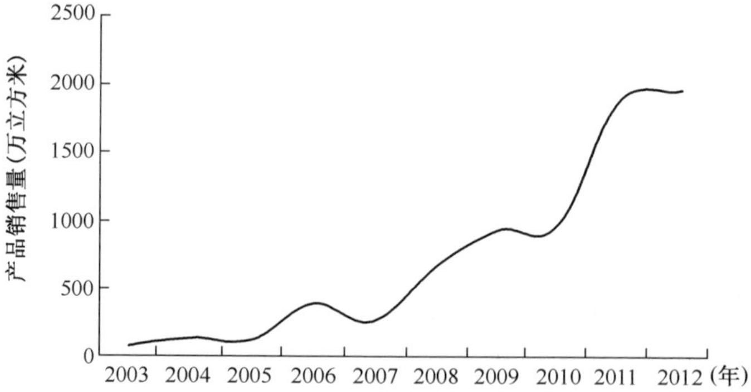

图 6-5　2003~2012 年中国刨花板产品销售量

Fig. 6-5　Sales volume of China's plywood from 2003 to 2012

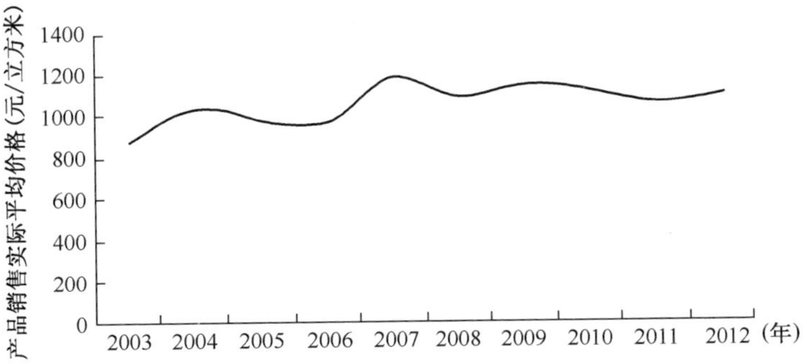

图 6-6 2003~2012 年中国刨花板产品销售实际平均价格

Fig. 6-6 Average selling real price of China's chipboard from 2003 to 2012

6.2 刨花板国际竞争力的比较分析

在反映一国或地区的产品的国际竞争力时,人们往往会通过产品的国际竞争力指标来加以论证与说明。根据各国近几年刨花板出口数据,此处选取了奥地利、比利时、加拿大、捷克、法国、德国、波兰、罗马尼亚和泰国等九个世界主要刨花板生产国家的刨花板有关数据与中国进行比较,运用贸易竞争力指数、显示性比较优势指数、显示性竞争优势指数以及国际市场占有率这四个不同的国际竞争力测算方法对中国与这九个世界刨花板生产大国进行比较分析。

6.2.1 贸易竞争力指数

根据式(2-2)计算出各国 2003~2012 年刨花板贸易竞争力指数,如图 6-7 所示。由图可以看出,奥地利、比利时、加拿大、捷克、法国、泰国这六个国家 2003~2012 年刨花板贸易竞争力指数均大于 0,是刨花板净出口国,其生产率高于世界总体水平,其中泰国刨花板贸易竞争力优势最明显;德国 2003~2011 年刨花板贸易竞争力指数大于 0,逐年递减,2012 年刨花板贸易竞争力指数小于 0,说明德国 2003~2011 年具有贸易竞争力优势,但是优势渐渐减弱,2012 年生产率低于世界总体水平成为刨花板净进口国;波兰 2003~2005 年刨花板贸易竞争力指数大于 0,2006~2012 年刨花板贸易竞争力指数小于 0,说明波兰 2006 年以后不再具有贸易竞争力优势;罗马尼亚 2003~2009 年刨花板贸易竞争力指数小于 0,呈递增趋势,2010~2012 年大于 0 且大幅增加,2012 年已经居于第三的位置,说明罗马尼亚 2003~2009 年刨花板不具有贸易竞争力优势,2010~2012

年具有贸易竞争力优势且优势大幅度增加;中国在2003~2012年刨花板贸易竞争力指数均小于0,说明中国刨花板不具有刨花板贸易竞争力优势,与刨花板生产强国有很大的差距。

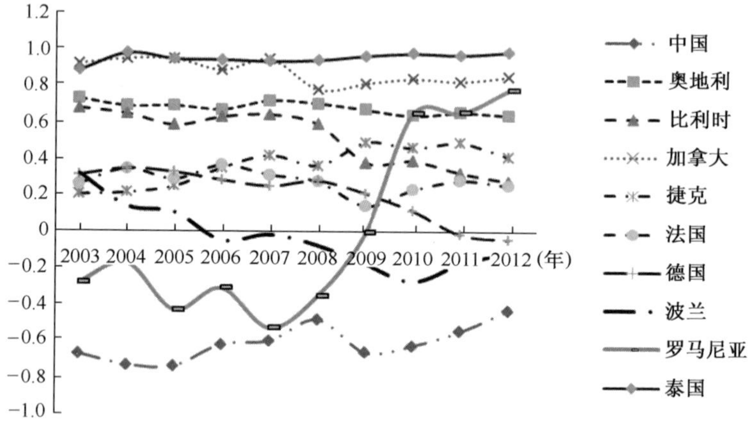

图6-7 2003~2012年刨花板贸易竞争力指数的国际比较

Fig. 6-7 International comparison of chipboard's trade competitive index from 2003 to 2012

6.2.2 显示性比较优势指数

根据式(2-4)计算出各国2003~2012年刨花板显示性比较优势指数,如图6-8所示,从2003~2012年,在各国中,奥地利和加拿大的刨花板显示性比较优势指数较大,始终处于领先水平,罗马尼亚后来居上,在2008年超过加拿大并大幅增大。这三个国家的刨花板显示性比较优势指数远远大于1,说明这三个国家刨花板出口额在本国出口总额中所占的比重超过全世界刨花板出口额占世界总出口额的比重,拥有较强的出口竞争优势。

为了观察其他七个国家的显示性比较优势指数,去除奥地利、加拿大和罗马尼亚再对余下七个国家2003~2012年刨花板显示性比较优势指数进行比较如图6-9所示,从2003~2012年,除了2003年法国和泰国的刨花板显示性比较优势指数略小于1以外,比利时、捷克、法国、德国、波兰和泰国的刨花板显示性比较优势指数均大于1,说明这六个国家具有较强的出口优势;中国2003~2012年刨花板显示性比较优势指数均小于1,刨花板出口额在本国出口总额中所占的比重小于全世界刨花板出口额占世界总出口额的比重,不具有显示比较优势,与刨花板生产强国差距较大。

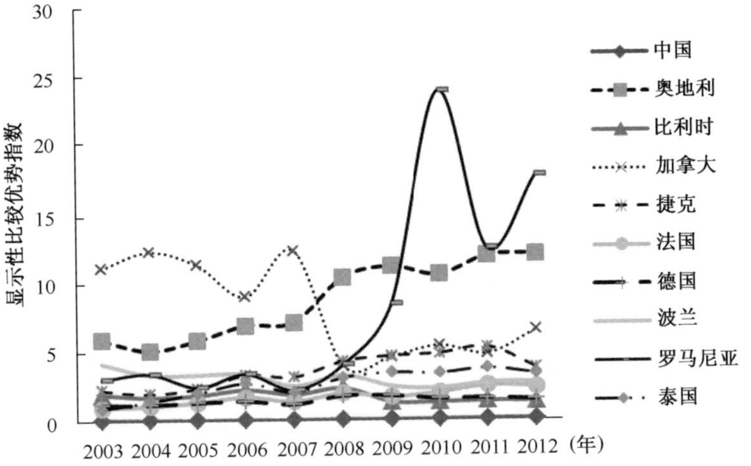

图 6-8 2003~2012 年刨花板显示性比较优势指数国际比较

Fig. 6-8 International comparison of chipboard's revealed comparative advantage index from 2003 to 2012

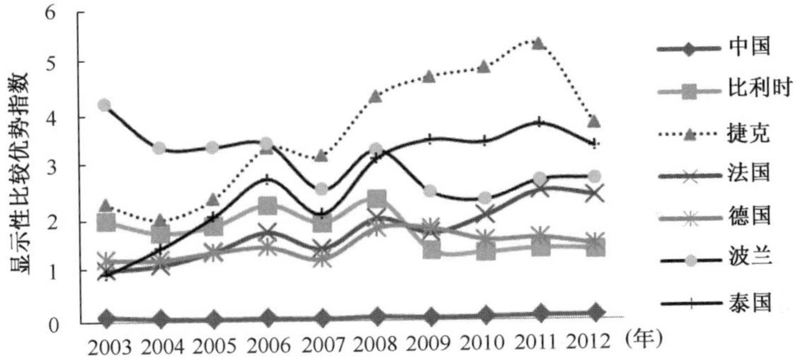

图 6-9 2003~2012 年刨花板显示性比较优势指数国际比较

Fig. 6-9 International comparison of chipboard's revealed comparative advantage index from 2003 to 2012

6.2.3 显示性竞争优势指数

根据式(2-5)可以计算出各国 2003~2012 年显示性竞争优势指数。图 6-10 为各国 2003~2012 年刨花板显示竞争优势指数折线图，由图可以看出，2003~2012 年，加拿大、奥地利、泰国、捷克、法国、德国、比利时竞争优势指数均大于 0，比较优势大于进口商品显示性比较优势，刨花板出口具有较强的竞争力；罗马尼亚 2003~2008 年竞争优势指数小于 0，2009 年开始有大幅提升，2010 年跃居各国第一的位置,说明罗马尼亚刨花板从 2009 年开始具有显示竞争优势,2009~2012 年优势提升幅度很大,竞争力迅速增强;波兰刨花板显性比较优势指数从 2003~2005 年大于 0,从 2006~2012 年小于 0,说明波兰在 2003~2005 年具有显示性比较优势,从 2006 年开始不再具有显示性比较优势;中国从 2003~2012 年刨花板显示性比较优势指数均小于 0, 说明中国刨花板在 2003~2012 年间一直不具有显示性比较优势,国际竞争力较弱。

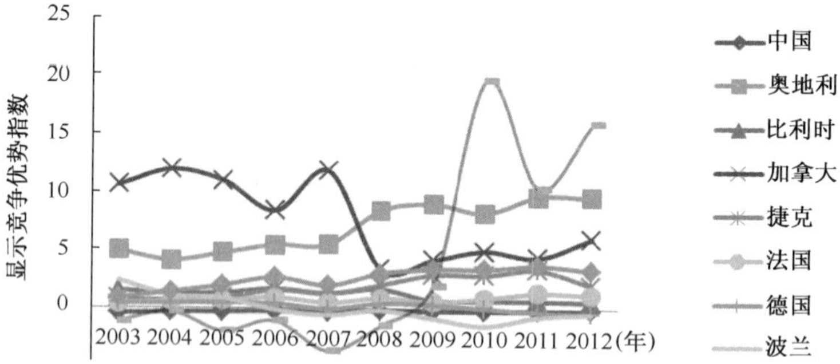

图 6-10 2003~2012 年刨花板显示竞争优势指数国际比较

Fig. 6-10 International comparison of chipboard's revealed competitive advantage index from 2003 to 2012

6.2.4 国际市场占有率

根据式(2-1)计算出各国 2003~2012 年刨花板国际市场占有率,并绘制各国 2003~2012 年刨花板国际市场占有率折线图,如图 6-11 可知,2003~2012 年,加拿大、德国和奥地利的刨花板国际市场占有率较大,其中加拿大在 2003~2007 年刨花板国际市场占有率大大领先其他国家,2008 年突然下降不再处于领先地位,2009 年开始有所回升,2012 年重新处于领先地位;中国的刨花板国际市场占有率稍有上升,但是低于其他刨花板生产大国,竞争力较弱。

用计算期的中国刨花板的国际市场占有率减去前期的中国刨花板的国际市场占有率,可以得出中国刨花板国际市场占有率差额变化,如图 6-12 所示,由图可以看出,2003~2012 年中国刨花板国际市场占有率变动幅度较小,2010~2012 年中国刨花板国际市场占有率持续上升,竞争力增强。

从中国刨花板国际竞争力的比较分析可以看出,目前中国刨花板国际市场占有率和刨花板生产强国相比有着很大的差距,显示性比较优势指数和显示竞争优势指数也很低,总体上看,中国刨花板国际竞争力较弱。无疑提高刨花板质量,加强刨花板技术创新,提高刨花板深加工工艺,打造本土名牌产品,进而提升

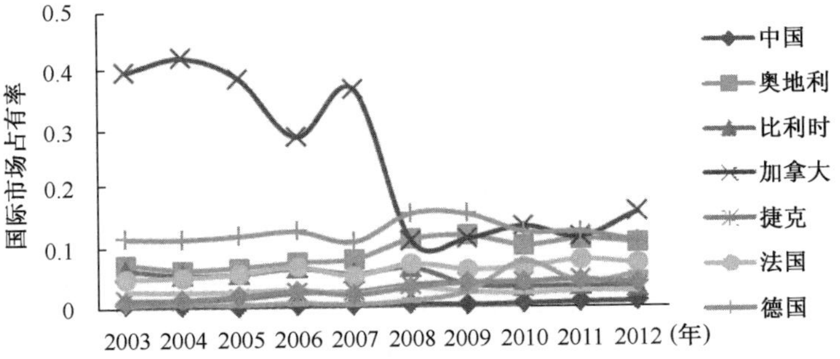

图 6-11 各国 2003~2012 年刨花板国际市场占有率比较

Fig. 6-11 Comparison of chipboard's international market share among some countries from 2003 to 2012

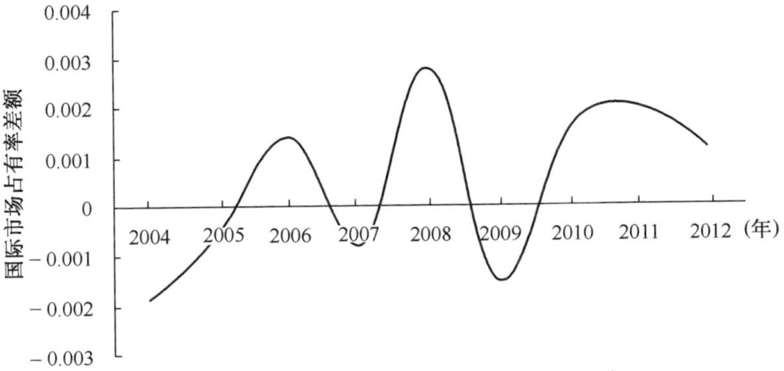

图 6-12 2003~2012 年刨花板国际市场占有率差额比较

Fig. 6-12 Annual change of chipboard's international market share from 2003 to 2012

中国刨花板产业的国际竞争力。

6.3 小 结

本章采用贸易竞争力指数、国际市场占有率、显示性比较优势指数和显示性竞争优势指数等基于进出口数据的关键指标方法对世界主要单板生产和贸易国的单板国际竞争力进行了比较。研究发现，中国在刨花板国际贸易中一直存在较大贸易逆差，目前中国刨花板国际市场占有率和刨花板生产强国相比有着很大的差距，显示性比较优势指数和显示性竞争优势指数也很低，总体上看，中国刨花板国际竞争力较弱。

7 纤维板国际竞争力分析

纤维板产业是人造板工业的重要组成部分,产品主要有硬质纤维板、中密度纤维板和软质纤维板等。纤维板具有材质细密、性能稳定、握钉力强、抗变形、表面装饰性好等优点,是目前我国比较流行的一种人造板材。近年来,随着我国经济稳定持续增长,纤维板产业快速发展,其进出口贸易也有了新突破。目前,中国已成为世界上纤维板产量、出口量最大的国家。

7.1 中国纤维板的生产与贸易现状

7.1.1 中国纤维板生产状况

中国2004~2013年纤维板产量见表7-1。由表可知,2004~2013年,中国纤维板产量增长快速,与2004年相比,十年间产量翻四番。2004~2013年之间,中国纤维板产量的年环比增长率始终为正,呈现出W形的变化趋势,如图7-1所示,其中,中国纤维板产量在2004年增长速度最快,年增长率达到38.30%。2005~2008年间,中国纤维板产量年增长率持续下滑,2008年低至6.47%;2009~2011年这三年中,中国纤维板产量增长迅速,2011年增长率攀升至27.73%;2012年,中国纤维板年增长率急剧下降,并达到十年来的最低值4.28%。

表7-1 2004~2013年中国纤维板产量

Tab. 7-1 China's fibreboard production from 2004 to 2013

年 份	2004	2005	2006	2007	2008	2009	2010	2011	2012	2013
纤维板产量(万立方米)	1560	2060	2466	2729	2906	3488	4354	5562	5800	6402

资料来源:《中国林业统计年鉴》(2004~2013年)。

纤维板主要包括木质纤维板、非木质纤维板两大类,其中木质纤维板又包括硬质纤维板、中密度纤维板、软质纤维板。2004~2013年十年间,木质纤维板的生产始终占据主导地位,产量占比一直保持在97%以上,即便2010年木质纤维

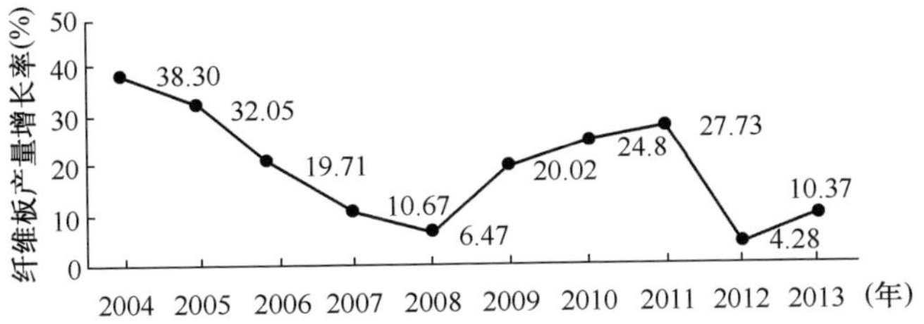

图 7-1 2004~2013 年中国纤维板产量年增长率

Fig. 7-1 China's fibreboard production annual growth rate from 2004 to 2013

板占比例为十年最低,但仍高达 97.51%,木质纤维板一直是中国最主要的纤维板产品,占有绝对优势。十年间,非木质纤维板的产量比例一直低于 3%,2010 年最高也仅为 2.49%。从长期来看,木质纤维板产量占比呈现缓慢小幅下降趋势,非木质纤维板产量占比缓慢小幅上升格局,见表 7-2。在木质纤维板的三种产品中,中密度纤维板一直是中国最主要的木质纤维板产品,产量占比约为 90%;硬质纤维板作为第二大产量的木质纤维板产品,产量占比约为 8%;软质纤维板产量比例较低,比较稳定,约为 1%。从 2008 年开始,中密度纤维板产量比例缓慢下降,硬质纤维板产量比例缓慢提高,2013 年中密度纤维板、硬质纤维板产量比例分别为 84.26%、12.60%。在我国,随着应用领域的不断扩大,中密度纤维板已成为人造板市场需求的主流。随着可利用大径级珍贵木材资源的减少,对木材径级、材质要求较低,可利用速生林、等外材、薪材、采伐加工剩余物、枝丫材以及植物纤维等为原料生产的,具有较高技术含量的纤维板的发展空间无比广阔。

表 7-2 2004~2013 年中国纤维板产量结构

Tab. 7-2 China's fibreboard production stucture from 2004 to 2013

年 份	2004	2005	2006	2007	2008	2009	2010	2011	2012	2013
木质纤维板(%)	99.85	99.43	98.72	99.13	99.82	98.33	97.51	98.64	98.09	97.68
非木质纤维板(%)	0.15	0.57	1.28	0.87	0.18	1.67	2.49	1.36	1.91	2.32
* 硬质纤维板(%)	3.60	5.44	6.74	6.79	4.81	8.27	7.68	9.08	11.28	12.60
* 中密度纤维板(%)	93.98	89.98	90.09	91.53	94.29	89.77	89.43	89.42	86.59	84.26
* 软质纤维板(%)	2.28	4.01	1.90	0.81	0.72	0.30	0.41	0.14	0.23	0.81

注:无 * 表示一级分类, * 表示二级分类。

资料来源:《中国林业统计年鉴》(2004~2013 年)。

7.1.2 中国纤维板贸易状况

中国 2004~2013 年纤维板贸易情况如图 7-3 所示,2004~2006 年三年间,出

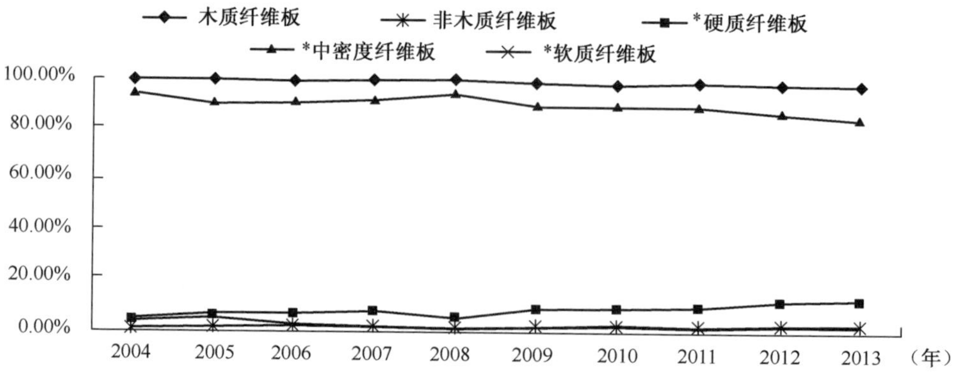

图 7-2 2004~2013 年中国纤维板产量结构

Fig. 7-2 China's fibreboard production stucture from 2004 to 2013

（注:无＊表示一级分类,＊表示二级分类）

口数量与金额均快速增加;2007 年出口金额依然高速增长,出口数量却有所下降;2008 年出口数量与金额达到新高,由于金融危机的影响,2009 年两者同时回落,2010 年出口额快速回升到 2008 年的水平,但出口数量回升缓慢,2011 年和 2012 年出口数量与金额大幅增长,于 2012 年同时达到最高点;2013 年出口数量与金额再次下降。同样,2004~2013 年中国纤维板贸易进口数量与金额变化也比较一致,与出口相比,整体上都处于相对较低的水平,波动较小。综合进出口两方面可以发现,从 2004~2013 年,中国纤维板贸易经历了由逆差转为顺差的过程, 2012 年达到近十年来的最大顺差。

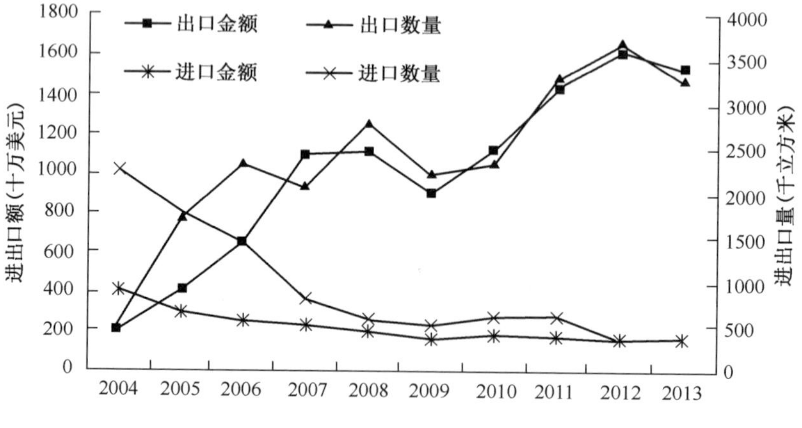

图 7-3 2004~2013 年中国纤维板进出口贸易情况

Fig. 7-3 China's import and export of fibreboard from 2004 to 2013

7.2 中国纤维板国际竞争力的比较分析

本文采用关键指数评价和综合评价两种方法对中国与巴西、加拿大、芬兰、印度尼西亚、日本、马来西亚、新西兰、韩国、俄罗斯等九个纤维板主要生产和贸易国家进行纤维板产业国际竞争力分析,其中关键指标评价采用贸易竞争力指数、显示性比较优势指数、显示性竞争优势指数及国际市场占有率等不同的国际竞争力测算指标,由于联合国粮农组织网站各国纤维板进出口金额数据截至2013年,对九个国家2004~2013年的纤维板贸易竞争力指数进行分析;联合国粮农组织网站世界纤维板进出口金额数据截至2010年,因此,显示性比较优势指数、显示性竞争优势指数及国际市场占有率的分析截至2010年。综合评价涉及的变量众多,定权方法比较复杂,并且在现有文献中使用较少,因此,本文将重点讨论基于综合评价方法的国际竞争力比较。

7.2.1 关键指标评价

7.2.1.1 贸易专业化系数

根据式(2-2)可得到各国2004~2013年纤维板贸易专业化系数,见表7-3。2004~2013年间,马来西亚、德国、新西兰的贸易专业化系数始终大于0,是纤维板净出口国,其生产率高于世界总体水平,具有贸易竞争优势。其中,马来西亚近十年的贸易专业化系数接近1,竞争优势非常明显。美国和俄罗斯2004~2013年的贸易专业化系数始终小于0,是纤维板的净进口国,其生产率低于世界总体水平,不具有贸易竞争优势。尽管巴西2011年贸易专业化系数为-0.0444,小于0,但其余年份的贸易专业化系数均为正数,2004年达到最大值0.7017,从整体上看,生产效率水平较高,贸易竞争处于优势。加拿大、印度尼西亚、法国的贸易专业化系数呈现出相同的变化趋势,2004~2013年间逐渐由正数变为负数,也就是说从纤维板净出口国逐渐转变为纤维板净进口国,竞争力逐步下降,逐渐由优势转变为劣势。中国纤维板贸易专业化系数变化幅度较大,2004年小于0,2005年迅速增大并转为正,一直到2007年都保持快速逐年增加的趋势,2008年以后增速减缓,2012年达到最大值0.8262,2013年小幅下降,但仍高达0.8096,如图7-4所示。从总体上看,经过10年,中国纤维板贸易竞争力已排在世界前列。

表 7-3　2004~2013 年纤维板贸易专业化系数国际比较

Tab. 7-3　International comparison of fibreboard trade specialization coefficient from 2004 to 2013

	2004	2005	2006	2007	2008	2009	2010	2011	2012	2013
加拿大	0. 2003	0. 1251	0. 0213	−0. 0173	−0. 0811	−0. 1877	−0. 3157	−0. 2907	−0. 3168	−0. 3040
美国	−0. 7460	−0. 7344	−0. 6930	−0. 6460	−0. 5522	−0. 3416	−0. 4563	−0. 4574	−0. 4969	−0. 5725
巴西	0. 7017	0. 6386	0. 4302	0. 6856	0. 1827	0. 3352	0. 1373	−0. 0444	0. 4446	0. 4657
中国	−0. 3420	0. 1742	0. 4469	0. 6541	0. 6987	0. 7027	0. 7240	0. 7897	0. 8262	0. 8096
印度尼西亚	0. 4868	0. 4971	0. 7330	0. 6482	0. 3756	−0. 0609	−0. 1352	−0. 2370	−0. 1939	−0. 1191
马来西亚	0. 8729	0. 8472	0. 9213	0. 9244	0. 7057	0. 8684	0. 8839	0. 8681	0. 8169	0. 8126
法国	0. 0603	0. 0438	0. 0570	0. 0255	−0. 1243	−0. 2634	−0. 3026	−0. 2926	−0. 2496	−0. 2335
德国	0. 7324	0. 7224	0. 6580	0. 6481	0. 6684	0. 6699	0. 6396	0. 6137	0. 6261	0. 6259
俄罗斯	−0. 2839	−0. 1584	−0. 1332	−0. 1234	−0. 2477	−0. 2689	−0. 5423	−0. 6599	−0. 4960	−0. 4300
新西兰	0. 9590	0. 9526	0. 9324	0. 9163	0. 9320	0. 9417	0. 9289	0. 9452	0. 9303	0. 9240

注：根据《粮农组织林产品年鉴》（2008~2013 年）计算。

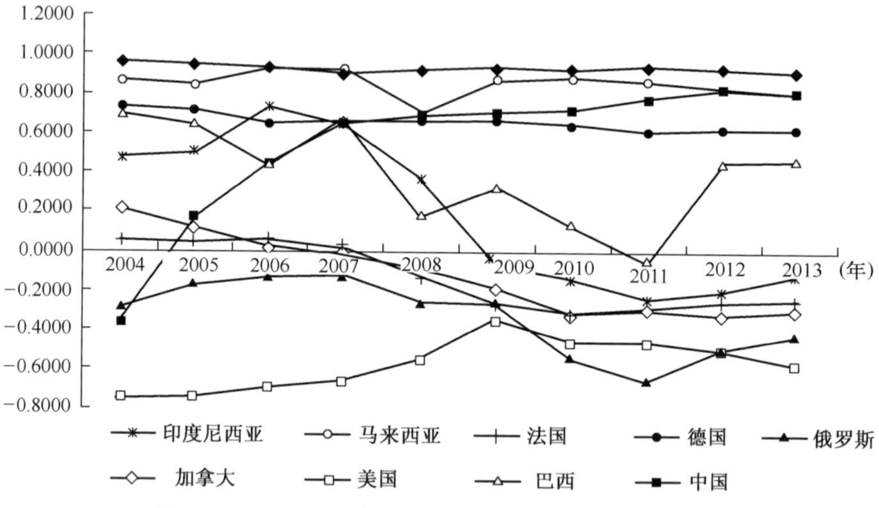

图 7-4　2004~2013 年纤维板贸易专业化系数国际比较

Fig. 7-4　International comparison of fibreboard trade specialization coefficient from 2004 to 2013

7. 2. 1. 2　显示性比较优势指数

根据式（2-4）计算出各国 2004~2013 年纤维板显示性比较优势指数，见表 7-4。2004~2013 年间，新西兰的纤维板显示性比较优势指数始终处于领先水平,竞争优势相比其他国家十分明显;其次马来西亚、德国的显示性比较优势指数始终大于1,说明这两个国家纤维板出口额在本国出口总额中所占的比重超过全世界纤维板出口额占世界总出口额的比重,拥有较强的出口竞争优势,包括中国在内的其余7个国家显示性比较优势指数差别不明显,如图7-5所示。美国和俄罗斯的显示性比较优势指数始终小于1,说明这两国纤维板出口额在本国出口总额中所占的比重低于全世界纤维板出口额占世界总出口额的比重,即低于世界的平均比重,不拥有出口竞争优势。法国2004~2013年的显示性比较优势指数一直徘徊在1左右,说明法国纤维板的出口水平与世界平均水平相当,无所谓相对优势或劣势可言。其余4个国家显示性比较优势指数变化较大,根据其变化趋势可以大致分为两类:第一类包括加拿大、巴西、印度尼西亚等国家,显示性比较优势指数由大于1逐渐变为小于1,也就是说从竞争优势逐渐转变为竞争劣势;第二类为中国,2004~2013年间显示性比较优势指数呈现出N字形上升的趋势,2004~2008年快速上升,2009年受金融危机的冲击小幅下降,2010、2011和2012年快速回升,2012年达到最大值1.5138,十年来中国纤维板国际竞争力由弱到强,已位于世界前列。

表7-4　2004~2013年纤维板显示性比较优势指数的国际比较

Tab. 7-4　International comparison of fibreboard revealed comparative advantage index from 2004 to 2013

	2004	2005	2006	2007	2008	2009	2010	2011	2012	2013
加拿大	2.163	1.994	1.731	1.280	1.339	1.347	1.048	0.953	0.972	0.987
美国	0.318	0.346	0.359	0.294	0.368	0.579	0.357	0.342	0.346	0.322
巴西	1.763	1.654	1.377	0.871	0.927	0.698	0.625	0.502	0.987	0.940
中国	0.483	0.805	1.022	1.187	1.402	1.151	1.234	1.447	1.514	1.339
印度尼西亚	1.035	1.039	0.857	1.234	1.242	0.470	0.402	0.414	0.496	0.502
马来西亚	2.776	2.967	2.941	2.456	1.796	2.884	3.256	3.069	3.122	2.802
法国	1.012	1.119	1.212	1.082	1.119	0.825	0.896	0.974	0.999	1.005
德国	2.530	2.546	2.302	2.262	2.069	2.592	2.622	2.503	2.540	2.561
俄罗斯	0.461	0.623	0.656	0.680	0.673	0.638	0.357	0.272	0.499	0.595
新西兰	10.962	10.945	11.419	7.995	9.972	8.751	8.742	9.530	10.844	9.324

注:原始数据来源于《粮农组织林产品年鉴》(2008~2013年)和世界贸易组织在线数据库(https://www.wto.org/english/res_e/statis_e/statis_bis_e.htm? solution = WTO&path =/Dashboards/MAPS&file = MMa.wcdf&bookmarkState = {"impl":"client","params":{"langParam":"en"}})。

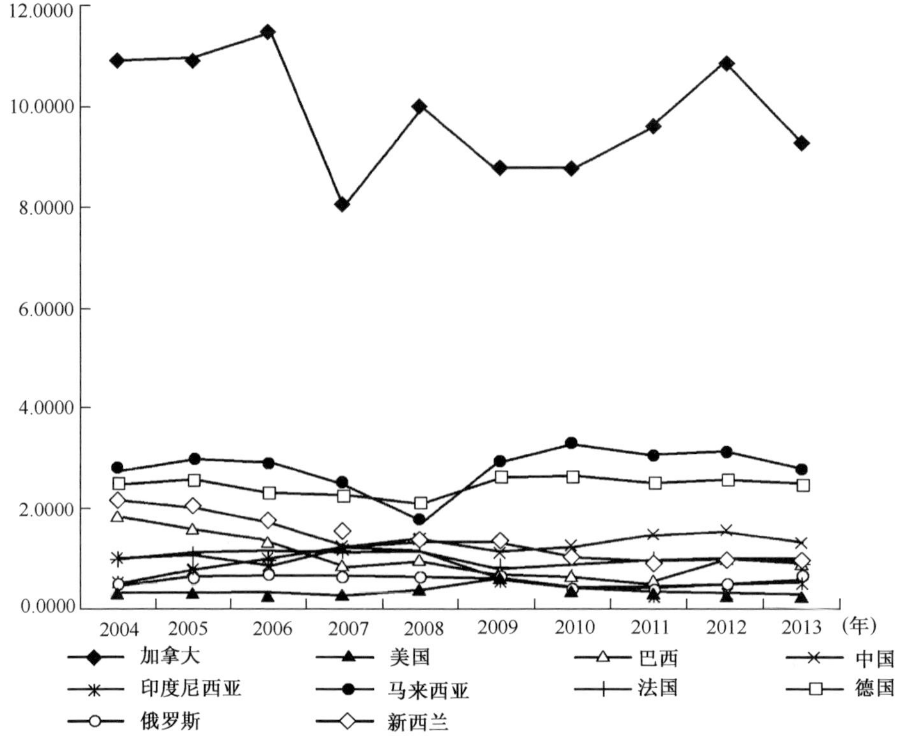

图 7-5 2004~2013 年纤维板显示性比较优势指数国际比较

Fig. 7-5 International comparison of fibreboard revealed comparative advantage index from 2004 to 2013

7.2.1.3 显示性竞争优势指数

根据式(2-5)计算出各国 2004~2013 年纤维板显示性竞争优势指数,见表 7-5。新西兰纤维板显示性竞争优势指数的领先地位明显,且数值稳定,十年间一直保持在 8 以上。巴西、中国、印度尼西亚、马来西亚、法国和德国的显示性竞争优势指数基本维持在 0 以上,与其他国家相比仍然具有一定的竞争优势。其中,中国纤维板的显示性竞争优势指数有明显的上升趋势,2012 年达到顶峰,仅次于新西兰、马来西亚和德国,近年来增长态势趋缓。俄罗斯、加拿大和美国纤维板的显示性竞争优势指数一直小于 0,与其他国家相比处于明显劣势,尤其是俄罗斯,2004~2013 年间其纤维板显示性竞争优势指数一直处于下降态势,劣势愈来愈明显,如图 7-6 所示。通过比较这 10 个国家 2004~2013 年的显示性竞争优势指数变动情况,可以看出中国的纤维板竞争力在逐年加强,2008 年开始就已经处于领先地位。

表 7-5 2004～2013 年纤维板显示性竞争优势指数的国际比较

Tab. 7-5 International comparison of fibreboard's revealed competitive advantage index from 2004 to 2013

	2004	2005	2006	2007	2008	2009	2010	2011	2012	2013
加拿大	0.542	0.224	-0.169	-0.417	-0.449	-0.666	-1.020	-0.808	-0.870	-0.819
美国	-0.842	-0.853	-0.763	-0.628	-0.421	-0.249	-0.305	-0.285	-0.352	-0.490
巴西	1.316	1.085	0.542	0.626	0.203	0.274	0.092	-0.116	0.583	0.605
中国	-0.553	0.137	0.515	0.811	1.074	0.895	0.996	1.254	1.347	1.178
印度尼西亚	0.577	0.629	0.678	0.838	0.599	-0.253	-0.253	-0.389	-0.250	-0.129
马来西亚	2.550	2.657	2.784	2.318	1.384	2.609	2.997	2.794	2.748	2.477
法国	0.156	0.157	0.164	-0.001	-0.168	-0.480	-0.634	-0.563	-0.439	-0.389
德国	2.036	2.023	1.687	1.544	1.546	1.932	1.888	1.769	1.817	1.835
俄罗斯	-1.084	-1.079	-1.022	-0.962	-1.207	-1.230	-1.713	-1.956	-1.895	-1.718
新西兰	10.762	10.720	11.061	7.633	9.646	8.478	8.390	9.246	10.452	8.954

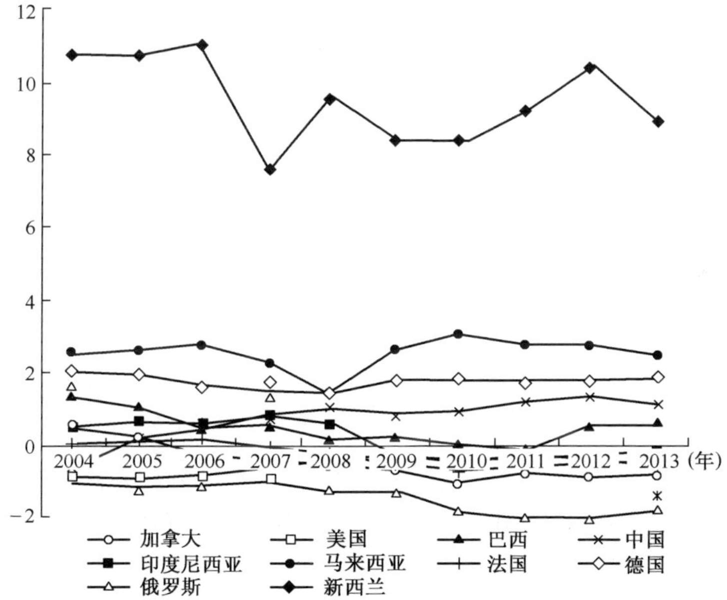

图 7-6 2004～2013 年纤维板显示性竞争优势指数的国际比较

Fig. 7-6 International comparison of fibreboard Revealed Trade dominance index of competitive advantage from 2004 to 2013

7.2.1.4 国际市场占有率

根据式(2-1)计算出各国2003~2012年纤维板国际市场占有率,见表7-6,纤维板市场占有率有明显优势的是德国,其纤维板市场占有率明显高于其他国家,10年间一直维持在20%左右,且变化幅度小,份额稳定。中国的纤维板市场占有率增加趋势十分明显,2004年还处在中等水平,2005年开始快速增加,虽然2008年可能由于受经济危机的影响,市场占有率出现些许滑落,但之后又再次启动增长,至2012年已稳定在15%左右。加拿大、美国、巴西、印度尼西亚、马来西亚、法国、俄罗斯和新西兰等国家的纤维板市场占有率都在5%以下,并且保持稳定,没有明显的增加或减少趋势,如图7-7所示。从市场占有率指标看,中国的纤维板竞争力很强。

表7-6 2004~2013年纤维板国际市场占有率的国际比较

Table. 7-6 International comparison of fibreboard International Market Share from 2004 to 2013

	2004	2005	2006	2007	2008	2009	2010	2011	2012	2013
加拿大	0.074	0.068	0.055	0.038	0.038	0.034	0.027	0.024	0.024	0.024
美国	0.028	0.030	0.030	0.024	0.029	0.049	0.030	0.028	0.029	0.027
巴西	0.019	0.019	0.016	0.010	0.011	0.009	0.008	0.007	0.013	0.012
中国	0.031	0.058	0.082	0.103	0.124	0.110	0.127	0.150	0.168	0.156
印度尼西亚	0.008	0.009	0.007	0.010	0.011	0.005	0.004	0.005	0.005	0.005
马来西亚	0.038	0.040	0.039	0.031	0.022	0.036	0.042	0.038	0.038	0.034
法国	0.050	0.049	0.050	0.043	0.043	0.032	0.031	0.032	0.031	0.031
德国	0.250	0.235	0.210	0.213	0.185	0.231	0.216	0.201	0.193	0.196
俄罗斯	0.009	0.015	0.016	0.017	0.020	0.015	0.009	0.008	0.014	0.016
新西兰	0.024	0.023	0.021	0.015	0.019	0.017	0.018	0.020	0.022	0.019

资料来源:粮农组织林产品年鉴(2007~2013年) 世界贸易组织年度报告(2004~2013)。

综合比较贸易专业化系数、显示性比较优势指数、显示性竞争优势指数和国际市场占有率,尽管中国的纤维板出口显示性比较优势指数和显示性竞争优势指数优势不明显,位于选中10个国家的中等水平;但是贸易专业化系数和国际市场占有率在国际上处于领先地位,且增加趋势明显,综合来看,中国的纤维板国际竞争力很强,在国际上处于领先地位。

7.2.2 多指标综合评价

由于影响纤维板国际竞争力的因素众多,本研究借鉴现有研究成果,以波特理论为基础,参考国内相关研究成果,构建纤维板综合评价体系,运用统计方法

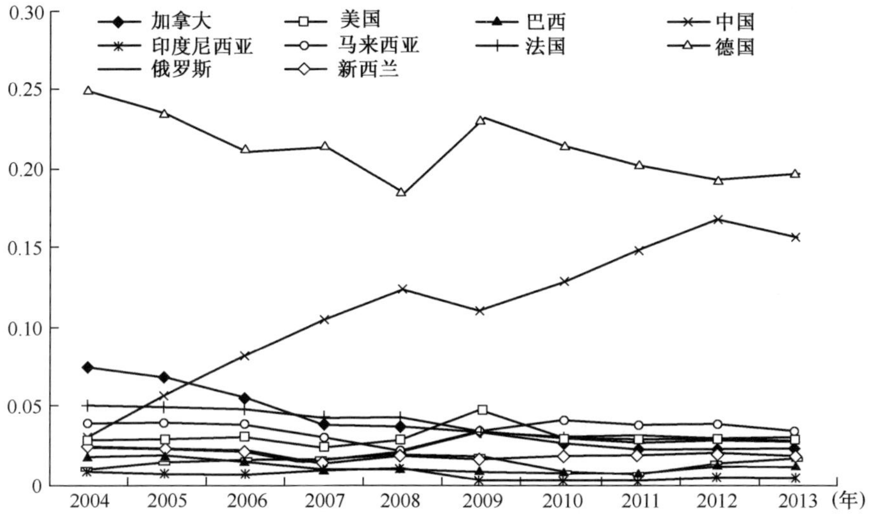

图 7-7 2004~2013 年纤维板国际市场占有率的国际比较

Fig. 7-7 International comparison of fibreboard International Market Share from 2004 to 2013

资料来源:粮农组织林产品年鉴(2007~2013 年) 世界贸易组织年度报告(2004~2013)

定权、主成分分析和灰色关联等客观赋权方法,对纤维板产量较高、进出口贸易量较大的代表性国家进行综合分析,了解各国纤维板国际竞争力及其优势和不足,为我国纤维板产业提供可借鉴的经验和方法。

7.2.2.1 样本国家选取

根据世界纤维板行业的整体发展格局和竞争现状,本文从全球范围内选取了 10 个纤维板行业较发达的国家,分别是加拿大、美国、巴西、中国、印度尼西亚、马来西亚、法国、德国、俄罗斯和新西兰。在产量方面,世界纤维板总产量 112842 千立方米,选取的 10 个国家总产量之和占世界总产量的 78.61%,中国的产量居世界第一,是纤维板生产大国的典型代表。在出口量方面,世界纤维板出口总额为 22742 千立方米,选取的 10 个国家纤维板出口总额为 11035 千立方米,占世界总出口量的 48.52%,中国出口量最高,德国仅次于中国且出口量也在 3000 千立方米以上,见表 7-7。

表 7-7 2013 年纤维板主要生产出口国

Tab. 7-7 Major fibreboard production and export country in 2013

单位：千立方米

国　家	加拿大	美国	巴西	中国	印度尼西亚
产　量	1320	8197	4365	62570	447
出口量	624	1034	272	3262	200
国　家	马来西亚	法国	德国	俄罗斯	新西兰
产　量	1657	1071	6071	2300	703
出口量	1069	623	3022	384	545

数据来源：FAO 林产品统计年鉴 2013。

7.2.2.2 构建纤维板综合评价体系

7.2.2.2.1 指标选取

由于影响纤维板国际竞争力的因素众多，采用综合性和层次性的设计方法，从产业基础实力、市场、管理、创新这四个方面着手构建纤维板综合评价指标体系，初步指标选择包含纤维板基础实力 X_1、纤维板市场竞争力 X_2、纤维板管理竞争力 X_3 和纤维板创新竞争力 X_4 等四个一级指标。纤维板基础实力竞争力包括森林面积、森林覆盖率、其他林地面积、土地面积和森林立木蓄积量等五个二级指标，森林面积、其他林地面积、土地面积描述了本国森林、土地等资源的基本情况。森林覆盖率和森林立木蓄积量反映了一个国家或地区森林资源丰富程度、实现绿化程度，也是衡量森林生态环境优劣的重要指标。综合这两方面指标就可以从数量和质量来综合衡量该国林业基础资源的情况，这是林业产业发展的基础条件，对一国的林业产业发展有着基础性作用，纤维板的生产也离不开原料、土地等基础资源，因此将这些因素列入纤维板基础实力竞争力指标中。纤维板市场竞争力指标是纤维板综合评价指标体系的核心，包括纤维板年产量、纤维板年出口量、纤维板年出口额、纤维板平均出口价格、纤维板贸易进出口平均价格比、纤维板贸易竞争力指数、纤维板显示性比较优势指数和纤维板市场占有率。其中，纤维板年产量反映了一国纤维板的生产能力；出口量和出口额则代表了一国纤维板在国际市场出口贸易规模；纤维板平均出口价格是一国纤维板质量层次的有力代表，出口价格越高相应纤维板的质量和国际市场认可度越高；纤维板进出口平均价格比是该国纤维板出口平均价格和进口平均价格的比值，反映了该国进出口纤维板档次等级的变化，比值越高说明出口的纤维板档次越高于进口的纤维板质量;纤维板贸易竞争力指数表示一国进出口贸易的差额占进出口贸易总额的比重,其值越接近于0表示竞争力越接近于平均水平,该指数为-1时表示该产业只进口不出口,越接近于-1表示竞争力越薄弱,相反,该指数为1时表示该产业只出口不进口,越接近于1则表示竞争力越大;显示性比较优势指数指一个国家某种商品出口额占其出口总值的份额与世界出口总额中该类商品出口额所占份额的比率,其值接近1表示中性的相对比较利益,无所谓相对优势或劣势可言,其值大于1,表示该商品在国家中的出口比重大于在世界的出口比重,则该国的此产品在国际市场上具有比较优势,具有一定的国际竞争力,其值小于1,则相反;纤维板市场占有率是一国纤维板出口总额占世界纤维板出口总额的比例,它反映了该国对纤维板市场的控制能力,该值越大说明竞争力越强。

管理竞争力指标包含了林业从业人员人数、所有制结构和有管理计划森林比例这三个二级指标。林业从业人数是指该国涉林人员数,这反映了一国林业人力资源的基本情况,从业人员越多,管理力度越大;所有制结构指的是森林的归属问题,在经济学上一般认为私有制效益高于公有制;有管理森林比例这一指标反映了森林资源被管理情况,该值越高说明该国森林管理程度越高。创新竞争力指标包含林业相关本科及以上学位人数,林业技术工人文凭数和在公费赞助的森林研究中心的专业人士数,这三个指标都反映了一国林业科研技术人才情况,科研能力越强,创新开发能力越强。管理竞争力指标和创新竞争力指标分别反映了一国林业产业的管理和创新能力,纤维板产业是林业产业的重要部分,一国的林业产业发展是纤维板产业发展的前提,因此,林业产业管理和创新能力越强,纤维板产业的管理和创新能力越强。

7.2.2.2.2　指标的筛选和剔除

在上述初步选取的19个二级指标中有些指标之间存在显著的相关关系,有些指标包含的信息可由其他指标来反映,为了比较全面地反映各国纤维板产业国际竞争力,避免丢失重要信息,同时,又能防止评价指标数量过多,此处采用极大不相关法进行指标的筛选和剔除。当某个指标与其他指标相互独立时,该指标就无法用其他指标来代替,因此,保留相关性较小的指标。关于纤维板国际竞争力研究中的指标数据来自FAO数据库和世界森林资源评估报告等,由于世界森林资源评估5年进行一次,数据均选用最新的2010年为统一评价年份,部分缺失值选用该地区相应指标均值进行插补。在每个一级指标体系内进一步筛选二级指标,将已经选取的指标记为 X_i, 在同一个一级指标内,将 X_i 与其他指标 X_j 之间的复相关系数记为 ρ_{ij},如 ρ_{1j} 表示 X_1 与 X_2、X_3、X_4 和 X_5 之间的复相关系数,见表 7-8。

表 7-8　二级指标复相关系数

Tab. 7-8　Multiple correlation coefficient of secondary indicators

一级指标	二级指标	ρ	P 值
基础实力竞争力	森林面积	0.970	0.003
	森林覆盖率	0.568	0.682
	其他林地面积	0.680	0.458
	土地面积	0.891	0.058
	森林立木蓄积量	0.950	0.009
市场竞争力	纤维板年产量	0.759	0.687
	纤维板年出口量	0.995	0.005
	纤维板年出口额	1	0.000
	纤维板平均出口价格	0.895	0.302
	纤维板进出口价格比	0.951	0.116
	纤维板贸易竞争力指数	0.971	0.055
	纤维板显示性比较优势指数	0.956	0.101
	纤维板市场占有率	1	0.000
管理竞争力	林业从业人员数	0.135	0.937
	所有制结构	0.179	0.892
	有管理计划森林比例	0.197	0.870
创新竞争力	本科及以上学位人数	0.992	0.000
	技术工人文凭数	0.942	0.000
	在公费赞助的森林研究中心工作的专业人士数	0.986	0.000

在基础实力竞争力中,$\rho_1 = 0.970$,森林面积与其他四个指标的复相关系数最高,考虑到森林面积能够有力的反映一国森林资源的基本情况,此处予以保留。在纤维板市场竞争力中,纤维板年出口额和纤维板市场占有率与其他 7 个指标的复相关系数分别都达到了 1,能用其他指标代替,剔除纤维板年出口额和纤维板市场占有率这两个指标。此外,纤维板年出口量的复相关系数最大,但该指标是反映纤维板年出口规模仅有的两个指标之一,纤维板年出口额已被剔除,

因此,这一指标不能再被剔除。纤维板市场竞争力的指标剔除到此为止。在管理竞争力指标中,每个指标的复相关系数都比较小,不能互相替代,不能剔除。在创新竞争力中,林业相关的本科及以上学位人数这一指标的复相关系数最高,高达 0.992,由于本科学位院校人员和技术工人及研究人员有一定差别,代表人群不同,故不能剔除。经过极大不相关法剔除后的指标见表 7-9,将剔除后的这 17 个指标确定为最终的评价指标。

表 7-9 综合评价指标体系

Tab. 7-9 Comprehensive evaluation index system

纤维板国际竞争力综合评价指标体系	基础实力竞争力	森林面积[1]
		森林覆盖率[1]
		其他林地面积[1]
		土地面积[1]
		森林立木蓄积量[1]
	市场竞争力	纤维板年产量[2]
		纤维板年出口量[2]
		纤维板平均出口价格[2]
		纤维板进出口价格比[2]
		纤维板贸易竞争力指数[2]
		纤维板显示性比较优势指数[2]
	管理竞争力	林业从业人员数[1]
		所有制结构[1]
		有管理计划森林比例[1]
	创新竞争力	本科及以上学位人数[1]
		技术工人文凭数[1]
		在公费赞助的森林研究中心工作的专业人士数[1]

注:上标 1 的指标数值来源于联合国森林资源评估(2010);上标 2 的指标数值来源于或根据 FAO 粮农组织数据库计算。

7.2.2.3 综合评价方法的选择与应用

现有的综合评价方法众多,每种方法各有长短。由于各种评价方法的机理不同,方法的属性层次、分析的角度相异,采用不同综合评价方法对同一问题进行评价时,排序的结果可能会存在差异,评价结果的非一致性可能会影响评价结果的可信性。为了提高评价结果的可靠性,此处选用基于统计方法定权的综合评价、基于主成分分析定权的综合评价和基于灰色关联分析定权的综合评价等方法进行纤维板国际竞争力比较研究。

7.2.2.3.1 基于统计确权的纤维板国际竞争力综合评价

由于选取的17个指标量纲不同,且数量级差别较大,因此,需要对数据进行标准化处理,此处采用比例化方法来实现标准化。统计方法确权可以采用方差倒数和变异系数,采用方差倒数确权时,预测值要尽量的相互独立,方差达到最小,这样效果好,但有时这个前提不适用,此时可用变异系数法。为能够综合不同权数的优点,可以采用合成权,合成新的权结果,三种确权结果见表7-10。完成统计确权后,采用简单平均数计算该国的综合评价值,得到综合评价排名,评价结果分别见表7-11至表7-13。

表7-10 统计方法定权权数综合表

Tab. 7-10 Summary of weight made by statistical method

一级指标	二级指标	方差倒数权	变异系数权	合成权
基础实力竞争力	森林面积	9.2520	1.1566	0.0513
	森林覆盖率	18.5561	0.3545	0.0316
	其他林地面积	6.9751	1.0397	0.0348
	土地面积	8.9992	1.7834	0.0770
	森林立木蓄积量	9.2296	1.2677	0.0561
市场竞争力	纤维板年产量	10.9449	1.9590	0.1028
	纤维板年出口量	10.2030	1.0626	0.0520
	纤维板平均出口价格	22.8687	0.3136	0.0344
	纤维板进出口价格比	18.5071	0.3981	0.0353
	纤维板贸易竞争力指数	2.5341	3.7365	0.0454
	纤维板显示性比较优势指数	11.4722	1.3210	0.0727
管理竞争力	林业从业人员数	11.7318	1.3519	0.0761
	所有制结构	15.7939	0.3514	0.0266
	有管理计划森林比例%	11.9601	0.4731	0.0271
创新竞争力	本科及以上学位人数	10.7933	2.1281	0.1102
	技术工人文凭数	9.1291	1.9270	0.0844
	在公费赞助的森林研究中心工作的专业人士数	11.2619	1.5213	0.0822

表 7-11 方差的倒数为权结果表

Tab. 7-11 Result of the reciprocal of variance for weight

国　家	基础实力排名	市场排名	管理排名	创新排名	综合评价值	综合排名
加拿大	3	7	6	4	69. 3603	6
美国	7	8	8	3	63. 3038	8
巴西	2	3	9	9	96. 1890	3
中国	4	1	2	1	139. 6892	1
印度尼西亚	6	10	4	6	61. 1797	9
马来西亚	5	4	3	7	87. 0628	4
法国	10	6	10	8	51. 5453	10
德国	8	2	7	5	81. 7291	5
俄罗斯	1	9	1	2	100. 8227	2
新西兰	9	5	5	10	65. 2232	7

表 7-12 变异系数为权结果表

Tab. 7-12 Result of coefficient of variation for weight

国　家	基础实力排名	市场排名	管理排名	创新排名	综合评价值	综合排名
加拿大	4	8	8	4	2. 5743	7
美国	5	9	5	3	1. 9583	8
巴西	2	5	10	9	4. 9961	6
中国	3	1	1	1	16. 4985	1
印度尼西亚	6	6	7	6	1. 7223	9
马来西亚	7	3	3	7	6. 6912	2
法国	8	7	9	8	0. 6173	10
德国	10	4	4	5	6. 2355	4
俄罗斯	1	10	2	2	5. 6473	5
新西兰	9	2	6	10	6. 5437	3

表 7-13 合成权分析结果表

Tab. 7-13 Analysis result of using synthetic method to determine weight

国 家	基础实力排名	市场排名	管理排名	创新排名	综合评价值	综合排名
加拿大	4	8	6	4	0. 1937	8
美国	5	7	8	3	0. 1938	7
巴西	2	5	10	9	0. 2670	3
中国	3	1	1	1	0. 7414	1
印度尼西亚	6	9	5	6	0. 1378	9
马来西亚	7	4	3	7	0. 2478	5
法国	9	6	9	8	0. 1110	10
德国	8	2	4	5	0. 2582	4
俄罗斯	1	10	2	2	0. 3660	2
新西兰	10	3	7	10	0. 2228	6

对比方差倒数确权、变异系数确权和合成权三种确权方法的竞争力综合评价结果,评价结果具有一定相似性。在基础实力竞争力评价方面,竞争力较强的依次是俄罗斯、巴西、中国和加拿大,这四个国家森林面积、森林覆盖率等指标相对较高,都拥有十分丰富的森林资源和土地资源,为纤维板生产提供了有力的原料保障。在市场竞争力评价方面,竞争力最强的是中国,德国在方差倒数定权、合成权时位居第二,变异系数定权时新西兰位居第二。中国是纤维板产量最大的国家,德国是纤维板出口量最大的国家,新西兰的显示比较优势指数明显高于其他国家。在管理竞争力评价方面,竞争力较强的为中国、俄罗斯和马来西亚。中国的林业从业人员最多,俄罗斯和马来西亚的有管理的森林比例高,其中俄罗斯森林管理更是达到了百分之百。在创新竞争力评价方面,竞争力较强的依次是中国、俄罗斯和美国,这三个国家林业本科人员、技术人员和科研人员多,中国领先各国,创新竞争力十分突出。

综合上述四个一级指标,纤维板国际竞争力综合实力较强的是中国、俄罗斯、巴西、德国和马来西亚。俄罗斯、巴西拥有丰富的自然森林资源,中国是产量最大的国家,德国出口量居世界第一。

7.2.2.3.2 基于主成分分析的纤维板国际竞争力综合评价

本文使用 SPSS 统计软件进行主成分分析。根据表 7-14 选取 4 个主成分,累计贡献率达到 85.203%。

表 7-14 特征值和总方差分解

Tab. 7-14 Eigenvalue and total variance decomposition

成分	初始特征值			被提取的载荷平方和		
	特征根	方差贡献率	累积方差贡献率	特征根	方差贡献率	累积方差贡献率
1	6.215	36.556	36.556	6.215	36.556	36.556
2	3.991	23.477	60.033	3.991	23.477	60.033
3	2.495	14.679	74.712	2.495	14.679	74.712
4	1.784	10.491	85.203	1.784	10.491	85.203
5	0.947	5.571	90.774			
6	0.716	4.212	94.985			
7	0.564	3.316	98.301			
8	0.234	1.376	99.677			
9	0.055	0.323	100.000			
10	7.056×10^{-16}	4.151×10^{-15}	100.000			
11	2.91×10^{-16}	1.715×10^{-15}	100.000			
12	2.232×10^{-16}	1.313×10^{-15}	100.000			
13	1.076×10^{-16}	6.332×10^{-16}	100.000			
14	-8.734×10^{-18}	-5.138×10^{-17}	100.000			
15	-7.186×10^{-17}	-4.227×10^{-16}	100.000			
16	-1.482×10^{-16}	-8.720×10^{-16}	100.000			
17	-5.322×10^{-16}	-3.131×10^{-15}	100.000			

表 7-15 因子载荷阵

Tab. 7-15 Factor loading matrix

	因 子			
	1	2	3	4
x1	0.163	0.921	−0.030	−0.002
x2	−0.450	0.515	0.217	0.602
x3	0.675	0.557	−0.074	0.033
x4	0.555	0.555	−0.463	0.109
x5	−0.018	0.811	0.414	0.082
x6	0.965	−0.148	0.045	−0.007
x7	0.513	−0.591	0.141	0.052

（续）

	因子			
	1	2	3	4
x8	0.308	−0.102	0.809	0.082
x9	0.428	−0.080	0.743	0.404
x10	0.207	−0.668	0.091	0.693
x11	−0.235	−0.605	−0.275	0.428
x12	0.987	−0.007	−0.058	−0.022
x13	−0.025	0.577	−0.223	0.651
x14	0.038	−0.188	−0.804	0.341
x15	0.974	−0.077	−0.024	−0.027
x16	0.945	0.130	−0.203	0.098
x17	0.913	−0.108	−0.057	−0.124

根据表 7-15 可以得到特征向量矩阵,见表 7-16。将因子载荷阵中的数据输入 SPSS 数据编辑窗口,分别命名为 a_1、a_2、a_3 和 a_4,再运用 SPSS 中 Transform 菜单的 Compute 功能,调出 Compute variable 对话框,在对话框中分别输入等式: $z_1=a_1/$ SQRT(6.215) ; $z_2=a_2/$ SQRT(3.991); $z_3=a_3/$ SQRT(2.495) ; $z_4=a_4/$ SQRT(1.784),得到特征向量矩阵, 见表 4-36。

表 7-16 特征向量矩阵表

Tab. 7-16 Eigenvector matrix table

z_1	z_2	z_3	z_4
0.0654	0.4610	−0.0190	−0.0015
−0.1805	0.2578	0.1374	0.4507
0.2708	0.2788	−0.0468	0.0247
0.2226	0.2778	−0.2931	0.0816
−0.0072	0.4060	0.2621	0.0614
0.3871	−0.0741	0.0285	−0.0052
0.2058	−0.2958	0.0893	0.0389
0.1235	−0.0511	0.5122	0.0614
0.1717	−0.0400	0.4704	0.3025

（续）

z_1	z_2	z_3	z_4
0.0830	-0.3344	0.0576	0.5188
-0.0943	-0.3028	-0.1741	0.3204
0.3959	-0.0035	-0.0367	-0.0165
-0.0100	0.2888	-0.1412	0.4874
0.0152	-0.0941	-0.5090	0.2553
0.3907	-0.0385	-0.0152	-0.0202
0.3791	0.0651	-0.1285	0.0734
0.3662	-0.0541	-0.0361	-0.0928

据此就可以得到主成分的表达式，将这四个主成分分别命名为 F_1、F_2、F_3 和 F_4，如式(7-1)所示。

$$
\begin{aligned}
F_1 &= 0.0654x_1 + 0.4610x_2 + \cdots + 0.3662x_{17} \\
F_2 &= 0.4610x_1 + 0.2578x_2 + \cdots - 0.0541x_{17} \\
F_3 &= -0.0190x_1 + 0.1374x_2 + \cdots - 0.0361x_{17} \\
F_4 &= -0.0015x_1 - 0.4507x_2 + \cdots - 0.0928x_{17}
\end{aligned}
\tag{7-1}
$$

其中，x_i 为标准化后的指标。这 4 个主成分的贡献率分别为 36.556%、23.477%、16.679%和 10.491%，累计贡献率为 85.203%，据此求得 4 个主成分的权重分别为 0.4290、0.2755、0.1723 和 0.1231，因此可以得到式(7-2)。

$$F = 0.4290F_1 + 0.2755F_2 + 0.1723F_3 + 0.1231F_4 \tag{7-2}$$

根据式(7-2)求得纤维板综合竞争力评价情况，见表 7-17。

表 7-17　主成分综合评价结果

Tab. 7-17　Comprehensive evaluation result of principal component

国　家	综合评价值	综合排名
加拿大	-0.1215	4
美国	-0.6556	7
巴西	1.0986	2
中国	2.2761	1
印度尼西亚	-0.8086	8
马来西亚	-0.5779	6
法国	-0.9497	9
德国	-0.5250	5
俄罗斯	0.8473	3
新西兰	-1.6484	10

根据主成分分析法得到的综合评价结果中，纤维板国际竞争力较强的依次为中国、巴西、俄罗斯、加拿大。中国的综合得分远超巴西，中国目前纤维板产量位居世界第一，纤维板贸易量也很高，林业管理和林业人才也处于世界前列。与中国相比，巴西森林资源丰富，森林覆盖率很高，出口平均价格远高于中国，中国仍有待于进一步提高纤维板档次，迈向高端市场。

7.2.2.3.3 基于灰色关联分析法的纤维板国际竞争力综合评价

根据灰色关联分析理论，对于选定的数据，首先确定一个因变量因素和多个自变量因素，使因变量数据构成参考序列，即理想组数据，此处选取每个指标的最优值为该指标的理想值，见表 7-18，各自变量数据构成比较序列。一般情况下，原始数据具有不同的量纲或数量级，为了保证分析结果的可靠性，需要对变量数据进行无量纲化，这里采用比例法，令每个指标数据与理想值做比。在此基础上求得差序列，求得每个指标数据与理想指标的距离，即每个指标的理想值减去该指标值的绝对值，由此构成差序列，见表 7-19。

表 7-18 理想组值表

Tab. 7-18 Ideal group value table

指 标	X1	X2	X3	X4	X5	X6	X7	X8	X9
理想值	809090	62	102012	1638139	126221	42499	3347	601.5124	1.8303

指 标	X10	X11	X12	X13	X14	X15	X16	X17
理想值	0.9289	4.3114	1322	100	100	35776	18563	5423

表 7-19 差序列表

Tab. 7-19 Difference sequence table

	X1	X2	X3	X4	X5	X6	X7	X8	X9
加拿大	0.383	0.548	0.901	0.056	0.261	0.031	0.172	0.676	0.321
美国	0.376	0.532	0.146	0.009	0.373	0.193	0.276	0.473	0.467
巴西	0.642	1.000	0.429	0.027	1.000	0.080	0.036	1.000	1.000
中国	0.256	0.355	1.000	0.575	0.116	1.000	0.696	0.802	0.889
印度尼西亚	0.117	0.839	0.206	0.111	0.090	0.011	0.051	0.356	0.492
马来西亚	0.025	1.000	0.201	0.020	0.034	0.040	0.308	0.601	0.731
法国	0.020	0.468	0.016	0.034	0.021	0.025	0.177	0.759	0.528
德国	0.014	0.516	0.000	0.021	0.028	0.108	1.000	0.946	0.679
俄罗斯	1.000	0.790	0.718	1.000	0.646	0.040	0.076	0.539	0.355
新西兰	0.010	0.500	0.025	0.016	0.028	0.016	0.152	0.516	0.378

（续）

	X10	X11	X12	X13	X14	X15	X16	X17
加拿大	-0.340	0.120	0.105	0.920	0.295	0.089	0.009	0.187
美国	-0.491	0.041	0.128	0.430	0.680	0.143	0.005	0.335
巴西	0.148	0.071	0.083	0.810	0.060	0.035	0.014	0.038
中国	0.779	0.141	1.000	0.680	0.620	1.000	1.000	1.000
印度尼西亚	-0.146	0.046	0.015	0.910	0.577	0.009	0.007	0.145
马来西亚	0.952	0.372	0.096	0.980	0.930	0.019	0.013	0.070
法国	-0.326	0.103	0.194	0.260	0.430	0.025	0.021	0.048
德国	0.689	0.300	0.194	0.530	0.680	0.025	0.134	0.048
俄罗斯	-0.584	0.041	0.339	1.000	1.000	0.084	0.512	0.048
新西兰	1.000	1.000	0.007	0.640	0.840	0.001	0.003	0.041

根据式(2-11)可求得关联系数，差序列中 $\Delta(\max)=1$，$\Delta(\min)=0$，此处 ρ 取 0.5，因而计算可得关联系数见表 7-20。比较序列 t 与参考序列的关联程度是通过 17 个关联系数来反映的，分别求平均值就可得到相应的关联度，并根据各关联度排序，关联度越大就说明比较序列与参考序列变化的态势越一致，则更理想，排名更前列，结果见表 7-21。

表 7-20 关联系数表

Tab. 7-20 Correlation coefficient table

	X1	X2	X3	X4	X5	X6	X7	X8	X9
加拿大	0.448	0.525	0.835	0.346	0.404	0.340	0.377	0.606	0.424
美国	0.445	0.517	0.369	0.335	0.444	0.383	0.409	0.487	0.484
巴西	0.583	1.000	0.467	0.339	1.000	0.352	0.342	1.000	1.000
中国	0.402	0.437	1.000	0.541	0.361	1.000	0.622	0.716	0.819
印度尼西亚	0.361	0.756	0.386	0.360	0.355	0.336	0.345	0.437	0.496
马来西亚	0.339	1.000	0.385	0.338	0.341	0.343	0.420	0.556	0.650
法国	0.338	0.484	0.337	0.341	0.338	0.339	0.378	0.675	0.514
德国	0.336	0.508	0.333	0.338	0.340	0.359	1.000	0.903	0.609
俄罗斯	1.000	0.705	0.639	1.000	0.585	0.343	0.351	0.520	0.437
新西兰	0.336	0.500	0.339	0.337	0.340	0.337	0.371	0.508	0.446

（续）

X10	X11	X12	X13	X14	X15	X16	X17
0. 272	0. 362	0. 358	0. 862	0. 415	0. 354	0. 335	0. 381
0. 251	0. 343	0. 364	0. 467	0. 610	0. 369	0. 334	0. 429
0. 370	0. 350	0. 353	0. 725	0. 347	0. 341	0. 336	0. 342
0. 694	0. 368	1. 000	0. 610	0. 568	1. 000	1. 000	1. 000
0. 304	0. 344	0. 337	0. 847	0. 542	0. 335	0. 335	0. 369
0. 912	0. 443	0. 356	0. 962	0. 877	0. 338	0. 336	0. 350
0. 274	0. 358	0. 383	0. 403	0. 467	0. 339	0. 338	0. 344
0. 616	0. 417	0. 383	0. 515	0. 610	0. 339	0. 366	0. 344
0. 240	0. 343	0. 431	1. 000	1. 000	0. 353	0. 506	0. 344
1. 000	1. 000	0. 335	0. 581	0. 758	0. 334	0. 334	0. 343

表 7-21　灰色关联分析结果表

Tab. 7-21　Analysis result of grey correlation

国　家	关联度	排　名
加拿大	0. 4497	7
美国	0. 4141	9
巴西	0. 5439	3
中国	0. 7140	1
印度尼西亚	0. 4262	8
马来西亚	0. 5261	4
法国	0. 3912	10
德国	0. 4892	5
俄罗斯	0. 5762	2
新西兰	0. 4822	6

根据灰色关联的基本理论，纤维板国际竞争力较强的国家依次为中国、俄罗斯、巴西和马来西亚。除中国外，其他国家森林资源丰富，给纤维板生产提供了有力的基础保障。国际纤维板市场上，中国纤维板的产量与出口量占据优势。中国和俄罗斯的管理水平和创新水平较高，林业管理在世界前列，林业相关人力资源丰富，有着较强的科研开发和技术创新能力。巴西土地面积虽不及前面几个国家，但森林覆盖率很高，为其林业相关产业、纤维板的生产提供了条件。

上述 3 种综合评价结果尽管在排序上存在一些差异，但是评价结果均显示：

目前中国纤维板产业已经具有相当的国际竞争力,我国的纤维板产业已经具有比较庞大的规模,积累了相当数量的产业工人和技术人员队伍,并具有丰富的生产经验和销售渠道,为产业发展提供了便利的条件。自 2005 年实现了纤维板贸易顺差后,贸易专业化不断提高,显示性比较优势较为明显,显示性竞争优势有明显的上升趋势,我国纤维板产业的国际市场占有率较高且呈现不断上升趋势,我国纤维板国际竞争力较强。从分析中也可以看出我国纤维板生产的一些劣势,如基础竞争实力较弱,要保证我国纤维板产业的持续健康发展,丰富的木材资源至关重要。鼓励纤维板企业对原料林基地进行同步规划和同步建设,走"林板一体化"道路。由于林木生长具有一定周期,为缓解我国原料紧缺的状况以及保证我国纤维板产业的快速发展,需要加强海外林业资源开发,利用国内较为丰裕的生产要素投资海外原料基地,实现成本节约,稳定原料供应,同时,还可以规避贸易壁垒,拓展国际市场。

7.3 小 结

本章利用关键指标法和综合评价法对世界主要纤维板生产和贸易国的纤维板产业的国际竞争力进行了比较。比较各国纤维产业发现:中国纤维板产业具有很强的国际竞争力,纤维板产业属于资源依赖性产业,不仅需要以森林资源为原料,还需要大量的能源,在我国资源贫乏的条件下,提高生产技术及生产工艺,利用有限资源生产出更多更好的纤维板,满足国民及海外市场的需求,是纤维板企业今后努力的方向。此外,积极扶持以非木质材料为原料的纤维板生产,能够有效缓解我国纤维板生产原材料紧缺的情势。我国作为一个农业大国,非木质林产品资源十分丰富,主要包括竹子、农业剩余物秸秆和沙生灌木以及其他无机或有机材料,充分利用非木质林产品,以弥补原生资源不足,将进一步推动我国纤维板国际竞争力稳步发展。

8 单板国际竞争力分析

单板是世界木制品工业的主要产品之一，又称为木皮、面板、面皮，是由旋切或锯制方法生产的木质薄片状材料，其厚度通常为 0.4～1.0 毫米，主要用作生产胶合板和其他胶合层积材。一般优质单板用于胶合板、细木工板、模板、贴面板等人造板的面板，等级较低的单板用作背板和芯板。20 世纪 80 年代起，传统的单板产品出口大国意大利、德国、加拿大、美国等的单板生产和出口逐步萎缩，单板生产逐步向其他国家转移，在欧洲，向靠近消费地、劳动力相对比较便宜的国家转移，如波兰和墨西哥；在亚洲，向生产要素较为富足的发展中国家转移，如中国、马来西亚、越南等。伴随中国单板制造业的迅速发展，我国单板产业的廉价资源、劳动力优势逐渐在丧失，这就使得原有的价格优势逐渐减弱。与此同时，主要单板进口国的反倾销战略，都会影响我国单板行业的发展。

8.1 中国单板生产与贸易现状

8.1.1 中国单板产量分析

由于《中国林业统计年鉴》提供的 2003～2005 年中国单板产量数据与 2006～2012 年中国单板产量数据量纲不同，考虑到国际上通行以万立方米为量纲，因此，仅分析 2006 年后的中国单板产量。从 2006 年开始，中国单板产量持续增长，以 2006 年作为基期，2006～2012 年平均增长速度为 21.3%，单板产量增长明显，见表 8-1。

表 8-1 中国 2003～2012 年单板产量

Tab. 8-1 China's veneer production from 2003 to 2012

单位：万立方米

年份	2003	2004	2005	2006	2007	2008	2009	2010	2011	2012
产量	294915.08*	371774.81*	291171.58*	1096.37	1265.30	2283.98	2714.37	2723.53	3173.22	3491.99

注：标*的单位为万平方米。

资料来源：《中国林业统计年鉴》（2003～2012 年）。

8.1.2 中国单板贸易量分析

根据中国林业统计年鉴提供的2003~2012年中国单板贸易数据，可以看出中国单板进口数量在2009年达到最低点之后，开始稳步上升，2012年达到近几年的新高。中国单板出口数量则呈现出的是上升过程中的断续下降，2011年达到最大值，与进口相同，在2009年达到最低点，总体来看，出口数量近几年还是稳步上升的，如图8-1所示。从贸易额来看，主要是靠出口额的增长带动总体增长，进口额则在部分年份有下降的趋势。

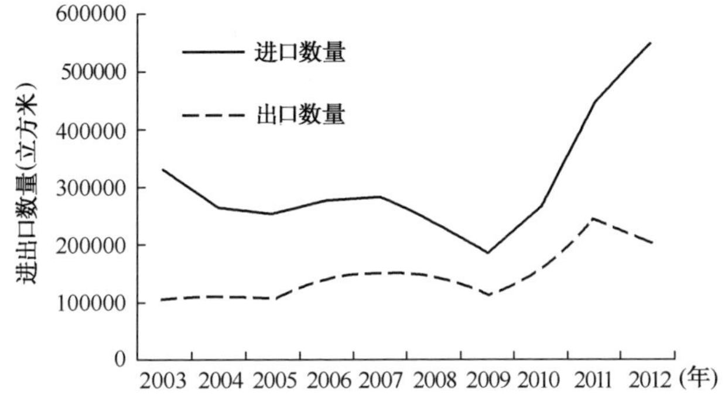

图8-1 2003~2012年中国单板贸易量

Fig. 8-1 China's veneer trade volume from 2003 to 2012

8.2 单板国际竞争力比较分析

单板是重要的林业产品，此处选取了十个世界主要的单板生产国——中国、马来西亚、西班牙、德国、法国、葡萄牙、加拿大、美国、巴西、新西兰。由于国际数据只统计到2011年，因此仅选取了2002~2011年的上述国家的统计数据进行比较分析。

8.2.1 贸易竞争力指数

根据式(2-2)计算出世界主要单板生产国2002~2012年的各国贸易专业化指数，见表8-2。2002~2012年单板贸易竞争力指数的国际比较统计图如图8-2

所示。从图中可以看出,在 2002~2012 年期间,新西兰、巴西和加拿大的贸易专业化指数一直保持在 0 以上,在初期几年有较高的指数值,表示这些国家一直是单板的净出口国,生产效率高于世界平均水平,单板行业在该国具有国际竞争力,具有贸易竞争优势;其中新西兰近几年一直维持在 0.6~1.0 的高水平区段,单板生产水平基本平稳,是该国优势产业。马来西亚的指数下降趋势明显。美国在近几年突破到 0 值以上,成为净出口国,单板行业贸易优势增大。法国、西班牙和葡萄牙始终在 0 以下,一直是单板的净进口国,其生产率低于世界总体水平,不具有贸易竞争优势。德国的趋势较平稳,一直保持在 0 值以上;中国的贸易竞争力指数趋势相对也比较平稳,2007 年后该指数开始保持在 0 值之上,逐渐成为净出口国,只是数值偏小,仍不具有明显的竞争优势。俄罗斯、印度尼西亚的单板行业贸易优势也不明显,不具有贸易竞争优势。

表 8-2　2002~2012 年单板贸易竞争力指数的国际比较

Tab. 8-2　International comparison of veneer's trade competitive index from 2002 to 2012

	2002	2003	2004	2005	2006	2007	2008	2009	2010	2011	2012
中国	-0.1255	-0.0835	-0.0550	-0.1497	-0.2136	0.0201	0.2193	0.3727	0.3127	0.1624	0.0332
马来西亚	0.5174	0.5899	0.3754	0.4292	0.3676	0.3453	0.4567	0.2534	0.0980	-0.0024	-0.0072
德国	0.0840	0.0519	0.0993	0.0927	0.0561	0.1382	0.1053	0.0881	0.0886	0.0781	0.0159
法国	-0.0533	-0.1292	-0.2140	-0.2227	-0.2490	-0.2750	-0.2447	-0.1779	-0.3124	-0.3328	-0.3406
西班牙	-0.4126	-0.4461	-0.4583	-0.4661	-0.6192	-0.4026	-0.2772	-0.1293	-0.1781	-0.1204	-0.0479
葡萄牙	-0.3304	-0.3291	-0.3505	-0.3685	-0.4446	-0.4126	-0.3727	-0.3795	-0.2269	-0.1077	-0.0599
美国	0.0032	0.0401	-0.0081	-0.0598	0.0402	0.0297	0.0473	0.1113	0.1114	0.0911	0.0079
加拿大	0.3247	0.2851	0.3716	0.3906	0.3439	0.2284	0.2064	0.1617	0.2002	0.1756	0.2388
巴西	0.5612	0.5062	0.6923	0.8221	0.7639	0.8240	0.5826	0.4601	0.5083	0.5974	0.6216
新西兰	0.8578	0.9045	0.9264	0.9207	0.8543	0.8362	0.8195	0.8383	0.8906	0.8990	0.8771
俄罗斯	-0.2485	0.0054	0.2087	0.1094	-0.0747	-0.2215	-0.1568	-0.0597	0.2098	0.2295	0.2029
印度尼西亚	-0.7853	-0.6572	0.2618	0.2164	0.0136	0.2279	0.1036	0.0449	0.0367	0.0211	-0.0241

资料来源:http://www.fao.org/forestry/statistics/80570/en/http://www.wot.org

8.2.2 国际市场占有率

根据式(2-1)计算出的世界各主要国家在 2002~2011 年的单板行业国际市场占有率,见表 8-3,图 8-3 是 2002~2011 年世界主要单板生产国市场占有率,可以看出,新西兰、法国、西班牙、葡萄牙、俄罗斯、印度尼西亚和巴西的单板国际市场占有率偏低,长期在 5%以下,且变化不明显。加拿大、美国和德国的下降趋势较明显,美国近几年的趋势有所缓和,加拿大、德国的衰减态势比较明显,尽管如此,这三个国家的单板国际市场占有率仍维持在一个较高的水平,对世界单板

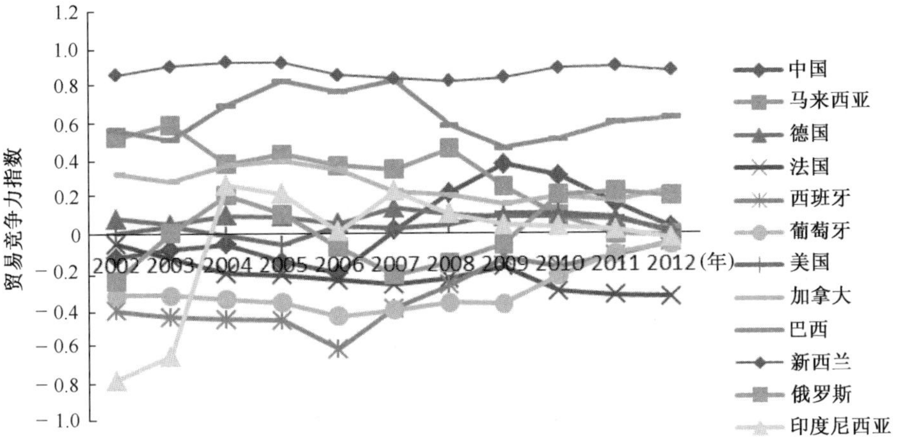

图 8-2 2002~2012 年单板贸易竞争力指数的国际比较

Fig. 8-2 International comparison of veneer's trade competitive index from 2002 to 2012

市场仍具有举足轻重的影响。从 2002~2012 年之间,马来西亚的国际市场占有率基本稳定,没有大幅变动。从各年趋势上看,中国基本保持逐年增长态势,虽然在个别年份有不同程度的小幅回落,但并不影响整体的趋势,尤其是从 2008 年开始,增长速度明显加快,势头渐猛,2009、2010、2011 年都保持在 10%以上。

表 8-3 2002~2012 年世界主要单板生产国国际市场占有率比较

Tab. 8-3 Comparison of veneer's international market share among some countries from 2002 to 2012

	2002	2003	2004	2005	2006	2007	2008	2009	2010	2011	2012
中国	7.43410	7.6109	7.2116	6.771339	5.865947	7.855609	8.532947	11.1937	12.18280	10.2870	8.67900
马来西亚	4.5542	4.0416	3.0614	3.293360	3.143230	2.995913	5.109488	4.733846	4.796175	4.195528	3.72430
德国	10.4288	10.341	10.2579	9.508624	8.88091	10.81620	9.763577	9.60165	8.376209	7.722655	6.25595
法国	3.9813	3.8206	3.1763	2.888203	2.879307	3.044978	2.961726	2.267596	2.298185	2.359493	2.01128
西班牙	2.7128	2.9299	2.6971	2.80832	3.397217	3.450945	3.593884	3.783929	2.992544	3.27356	3.07792
葡萄牙	0.7407	0.7994	0.7758	0.86773	0.828801	0.91019	0.927742	0.861911	0.946073	0.97749	0.86966
美国	18.4755	17.5162	16.7235	15.1201	15.25568	13.45937	11.826226	11.71690	11.01830	10.4005	10.9465
加拿大	13.6918	12.0981	13.3386	12.67836	12.25950	8.501225	6.948659	6.820580	6.381783	6.01702	7.41887
巴西	1.9309	1.5174	1.70004	2.776378	2.094282	2.350191	1.596667	1.008692	1.014427	1.17686	1.18846
新西兰	0.98928	1.33743	1.7885	1.784854	0.951399	0.893121	0.891375	0.995280	1.440995	1.53255	1.49108
俄罗斯	0.1455	0.2495	0.35858	0.417960	0.416116	0.547166	0.8356132	1.352392	2.642903	3.30542	3.48220
印度尼西亚	0.06665	0.10896	1.03697	0.901333	0.819196	1.175921	1.123440	0.8443577	0.880331	1.14105	1.17048

资料来源:http://www.fao.org/forestry/statistics/80570/en/http://www.wot.org

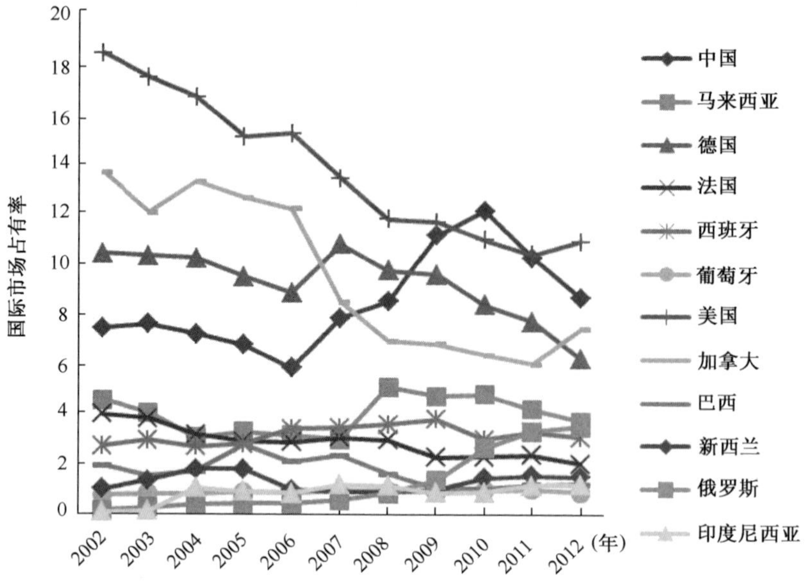

图 8-3 2002~2012 年世界主要单板生产国国际市场占有率

Fig. 8-3 Comparison of veneer's international market share among some countries from 2002 to 2012

8.2.3 显示性比较优势指数

根据式(2-4)计算可以计算出世界主要单板生产国 2002~2012 年的各国显示性比较优势指数,见表 8-4。图 8-4 是根据表 8-4 绘制的 2002~2012 年单板贸

表 8-4 2002~2012 年世界主要单板生产国显示性比较优势指数比较

Tab. 8-4 International comparison of veneer's revealed comparative advantage index from 2002 to 2012

	2002	2003	2004	2005	2006	2007	2008	2009	2010	2011	2012
中国	12.33	11.39	9.579	8.994	7.120	8.734	9.408	11.31	11.47	9.634	7.561
马来西亚	31.63	28.36	21.87	23.53	22.99	23.10	40.41	36.56	35.87	32.70	29.21
德国	10.09	10.09	10.69	9.911	9.426	11.10	10.65	10.41	9.883	9.314	7.9474
法国	7.387	7.504	6.936	6.3076	6.8297	7.383	7.581	5.681	6.518	7.032	6.312
西班牙	12.637	14.246	14.170	14.7541718	18.696	18.487	20.140	20.218	17.472	18.985	18.608
葡萄牙	—	—	—	16.45	15.51	16.38	17.58	15.70	19.48	20.26	18.76
美国	18.54	19.08	18.78	16.98	17.48	15.90	14.49	13.47	12.80	12.472	12.64
加拿大	36.51	33.91	37.45	35.59	37.14	27.42	24.01	26.21	24.46	23.70	29.08
巴西	19.21	13.93	14.51	23.707	17.874	19.85	12.72	8.008	7.463	8.171	8.7452
新西兰	43.54	58.37	83.30	83.13	49.93	44.98	45.98	48.48	68.17	72.334	71.346
俄罗斯	0.779	1.209	1.488	1.7351	1.6123	2.0950	2.7950	5.414	9.799	11.257	11.744
印度尼西亚	—	1.509	14.83	10.485	9.3071	13.521	12.694	8.5722	8.2728	10.103	0.8188

资料来源:http://www.fao.org/forestry/statistics/80570/en/http://www.wot.org

易竞争力指数的统计图，从图中可以看出，新西兰的单板显性比较优势指数最大，2002~2012 年间一直位列世界第一，并且呈现稳步上升的态势。马来西亚和加拿大紧随其后，RCA 值稳定在 30 左右，相比其他国家，单板出口竞争优势明显。西班牙的 RCA 值也呈现逐年稳步增长的趋势，2008 年后持续稳定在 20 左右。中国、德国的单板 RCA 指数比较稳定，一直在 10 左右浮动，在这 12 个国家中处于中等水平。俄罗斯的单板 RCA 指数增长明显，十一年间增长了 10 倍。

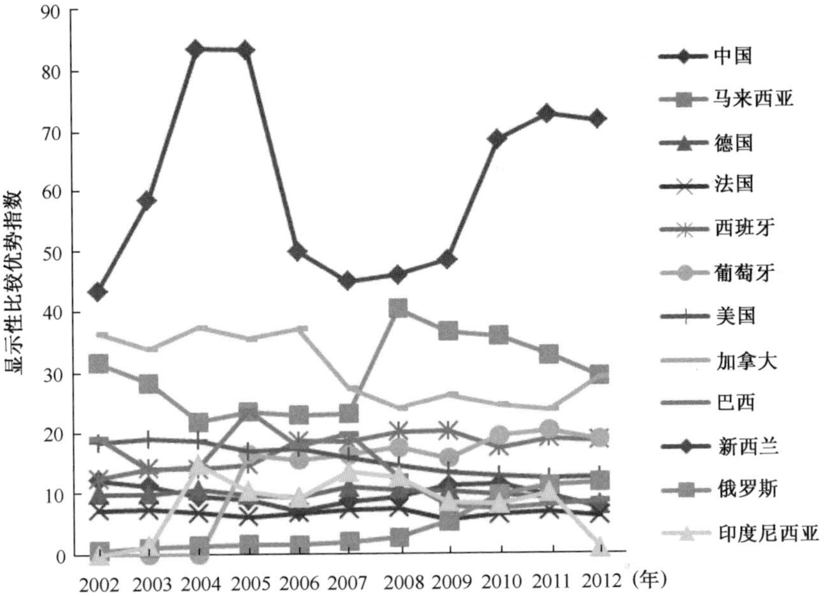

图 8-4　2002~2012 年各国单板显示性比较优势指数

Fig. 8-4　International comparison of veneer's revealed comparative advantage index from 2002 to 2012

8.2.4　显示性竞争优势指数

根据式(2-5)可以计算出世界主要单板生产国 2002~2012 年的各国显示性竞争优势指数，见表 8-5。图 8-5 是根据表 8-5 绘制的 2002~2012 年单板显示性竞争优势指数的国际比较统计图，从图中可以看出，从 2002~2012 年间，新西兰的单板显性竞争优势指数一直保持世界第一，稳定在 40 以上，优势十分明显。巴西、美国、加拿大为第二梯队，呈现逐年下降的态势。俄罗斯、德国、法国、葡萄牙的 CA 指数基本保持在 0 以下，其单板的显示性竞争优势很小。马来西亚的显示性竞争优势指数经历过 2003 的峰值后，逐年回落，2010 年后已经变为负值,竞争优势在逐渐丧失。中国 CA 指数在 2002~2012 年间呈现抛物线趋势,2009 年达到峰值,此后逐年回落。

表 8-5　2002~2012 年世界主要单板生产国显示性竞争优势指数比较

Tab. 8-5　International comparison of veneer's revealed competitive advantage index from 2002 to 2012

	2002	2003	2004	2005	2006	2007	2008	2009	2010	2011	2012
中国	-4.355	-2.395	-2.612	-5.100	-5.229	-1.522	1.643	4.833	4.325	2.213	-0.209
马来西亚	19.11	19.85	9.726	11.84	10.96	10.14	20.79	7.528	-1.562	-6.538	-4.263
德国	-0.403	-1.105	-0.116	-0.410	-0.025	1.021	-0.085	-0.659	-0.515	0.131	-1.118
法国	-0.612	-1.541	-2.788	-2.847	-2.711	-3.648	-3.380	-1.701	-4.708	-4.390	-4.237
西班牙	-9.888	-11.21	-10.95	-12.37	-28.75	-8.559	-4.153	-1.115	-3.041	-0.338	1.132
葡萄牙	—	—	—	-10.37	-13.73	-14.24	-12.88	-13.69	-6.970	-2.068	-1.796
美国	8.395	9.976	8.981	6.990	9.566	7.749	6.507	6.037	5.8047	5.799	4.612
加拿大	15.99	13.24	18.507	18.09	19.14	9.638	6.449	7.195	7.948	7.819	12.38
巴西	11.53	7.498	10.537	20.15	14.71	17.52	9.0072	4.451	4.7626	5.9876	6.677
新西兰	40.60	55.89	80.69	80.27	46.88	41.62	41.83	44.12	63.91	68.50	66.90
俄罗斯	-1.511	-0.970	-0.381	-0.982	-1.564	-2.897	-3.528	-4.713	-1.059	0.0957	-0.225
印度尼西亚	—	-9.223	3.782	2.6968	-1.366	3.199	1.175	-1.916	-1.181	-0.731	-0.143

资料来源:http://www.fao.org/forestry/statistics/80570/en/http://www.wot.org

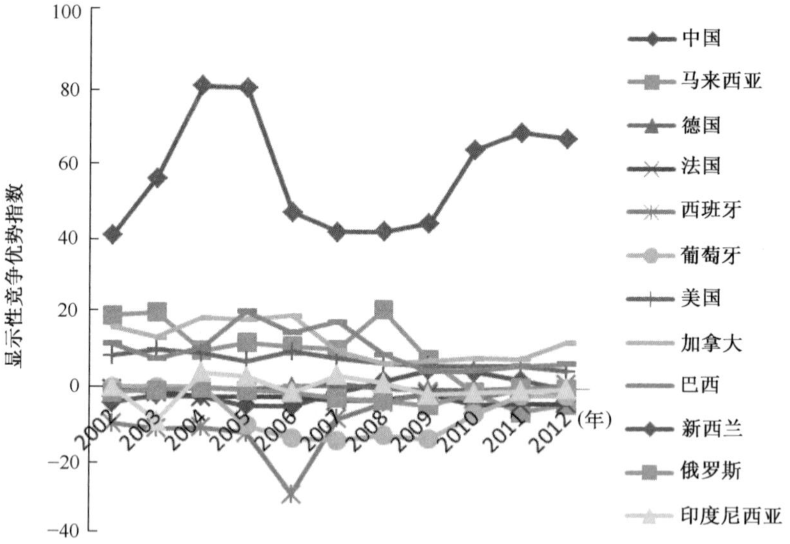

图 8-5　2002~2012 年各国单板显示性竞争优势指数

Fig. 8-5　International comparison of veneer's revealed competitive advantage index from 2002 to 2012

从各国单板产业的总体情况来看，中国单板产业并不具有国际竞争力，仍以国内消费为主。值得注意的是，近些年来中国单板竞争力提升较快，且保持连年提升的态势。加拿大和美国在近几年的单板国际市场占有率有所下降，但仍拥有明显的国际竞争优势，仍是影响单板国际贸易的主要国家。中国具有巨大的国内消费能力，有益于单板行业的长期发展，对于单板产业国际竞争力的培育与提升起着重要的作用；中国人工造林面积世界第一，但森林认证水平低；中国单板行业需求量大，单板生产比较繁荣，但工艺技术和设备仍相对落后，产业品牌理念缺乏，无法形成有效的规模效益。中国国内单板市场竞争激烈，但企业规模偏小，产业集中度较低，这导致国内单板市场良莠不齐，质量无法保证，市场恶性竞争频发。国际油价的上涨，减弱了劳动力价格便宜的优势，降低了中国单板产业的国际竞争力。加强我国单板行业的技术支撑，提升与环保有关的设计理念，引进先进的生产技术，从成本上节省开支，从根本上提升利润。同时，我国可以加大投资，直接在林业资源较为丰富的国家地区投资建厂，这样能够继续我国产品低成本的传统资源优势，又可以减轻运费等相关费用，减少产品关税，提升国际竞争力。

8.3 小　结

本章采用贸易竞争力指数、国际市场占有率、显示性比较优势指数和显示性竞争优势指数等基于进出口数据的关键指标方法对世界主要单板生产和贸易国的单板国际竞争力进行了比较。研究显示，中国单板产业目前并不具有国际竞争力，仍以国内消费为主。2007 年后中国逐渐由净进口国转为净出口国，但出口数量少，不具有竞争优势。从 2008 年开始，国际市场占有率增长速度明显加快，势头渐猛，2009 年后国际市场占有率基本维持在 10%以上。中国单板的显示性比较优势指数比较稳定，一直在 10 左右浮动，在这 12 个国家中处于中等水平。中国单板的显示竞争优势指数呈现抛物线趋势，2009 年达到峰值，此后逐年回落，总体上看，中国单板国际竞争力较弱。

9 木质家具国际竞争力分析

21 世纪以来,伴随着家具产业全球化的趋势,中国的家具产业也得到迅猛发展。1997 年中国家具出口仅 18.2 亿美元,2007 年达到了 204.5 亿美元,增长了 11 倍之多,中国家具已出口到 200 多个国家和地区,逐渐成为全球家具的生产中心。在家具产业中,木质家具的生产和贸易是主体,无论是交易金额还是交易量,木质家具都占有很大比重。21 世纪初,全球木质家具的出口额为 202 亿美元;到 2012 年已翻了一番,达到 421 亿美元。中国木质家具出口额在 2002 年和 2004 年分别超越传统家具产业强国德国和意大利,并在此后成为世界第一大木质家具出口国,出口额由 2000 年的 12.86 亿美元上涨到 2012 年的 119.11 亿。作为新兴的木质家具生产和进出口大国,随着中国木质家具国际市场占有率的进一步扩大,中国木质家具的生产和出口面临来自欧洲老牌家具业强国和亚洲美洲新兴家具产业国家的竞争。

9.1 中国木质家具贸易现状

9.1.1 中国木质家具进口状况分析

20 世纪末,在家具产业的贸易中,欧洲一直是全球最主要的家具产地和出口地,21 世纪后,全球家具产业的格局发生了很多变化,尽管主要工业化国家的家具业仍保持着一定的优势且其产品拥有较高的附加值,但是由于其成本较高,正在不断丢失中低端产品的市场,中高端市场的发展速度也不那么迅猛了,家具产业逐渐向发展中国家和地区转移。欧洲、亚洲和北美洲是世界木质家具出口的三大主要地区。在 2001 年以前,亚洲和北美洲木质家具出口额相差不大,最大差额 21 亿美元; 2001 年后, 亚洲木质家具出口额开始迅速增加,2006 年达到

文中对木质家具商品的分类遵循世界海关组织制定的《商品名称及编码协调制度》(简称 HS),对于木质家具,文中主要探讨 HS 编码下的几个子类及其加总,分别是 940330(木质办公家具)、940340(木质厨房家具)、940350(木质卧室家具)和 940360(其他木质家具)。

137 亿美元,比 2001 年 54 亿美元增加了 83 亿美元,同期北美洲木质家具出口额仅增加了 6 亿美元。另外,亚洲木质家具出口比重自 1998 年以来逐年提高,2006 年这一比重提高到 30.6%;欧洲、北美洲出口比重有不同程度的下降,世界木质家具出口有向亚洲转移的趋势,亚洲正逐渐成为国际家具业的主要产区。

中国作为发展中国家的代表,在家具国际贸易中占据了越来越重要的地位。中国家具业是一个悠久历史的传统产业,在经历明清时期的快速发展之后,长期停滞不前。直到 1979 年,国家出台改革开放政策并不断贯彻实施,推动经济体制由计划经济转向市场经济后,中国家具行业才发生了深刻而巨大的变化,进入了一个新的发展时期。21 世纪以来,中国加入了 WTO,家具关税大幅降低,大大促进了中国家具产业的发展。尽管面临着欧洲、美洲中高档和亚洲、美洲中低档家具的共同冲击,中国的家具产业仍保持着稳步的发展,进出口增长势头强劲。2004 年成为世界木质家具第一大出口国之后,截至 2012 年中国的木质家具进出口额连续保持较高的增长率,势头不减。中国 2000~2012 年各类木质家具进口额如图 9-1 所示,可以看出,各类木质家具进口额在持续、稳定地增长。除了 2008 年以外,木质厨房家具的进口额一直高于木质卧室家具和木质办公家具。木质家具总的进口额由 2000 年年初的 0.17 亿美元上升到 2012 年的 4.45 亿美元,年均增长率达到 30.99%,且 2012 年的进口额是 2000 年进口额的 25.5 倍。

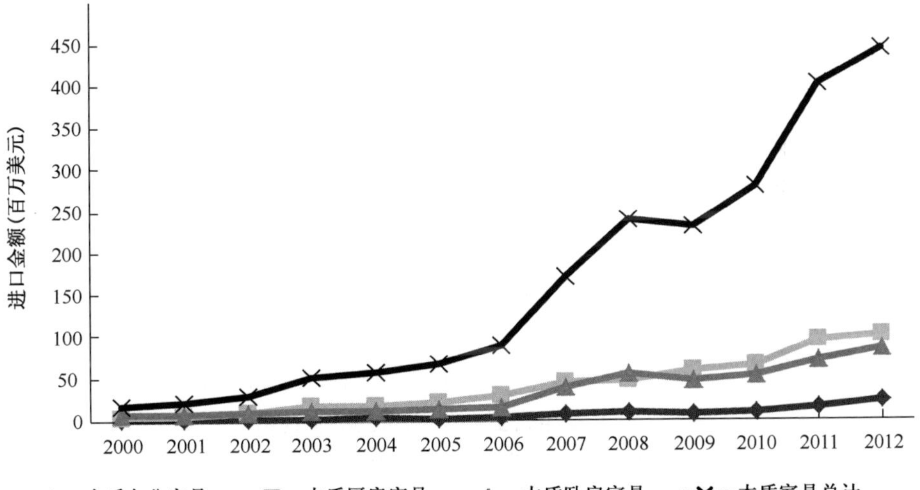

图 9-1 2000~2012 年中国各类木质家具进口金额

Fig. 9-1 Import value change of a variety of Chinese wooden furniture from 2000 to 2012

数据来源:联合国商品贸易统计数据库(UN Comtrade Database), http://comtrade.un.org/db/default.aspx

如果剔除汇率变化对进出额的影响，通过家具进出口量净重也可以揭示家具贸易变化情况。2000~2012 年中国各类木质家具进口量净重如图 9-2，可以看出，虽然木质卧室家具和木质家具总计进口净重由于金融危机的影响，在 2008~2010 年期间有一定的回落和波动，其进口净重量的总体趋势是增长的，同时还可以看出，相对于木质厨房家具和木质办公家具，木质卧室家具的需求增长更强烈一些，且更富有需求弹性。

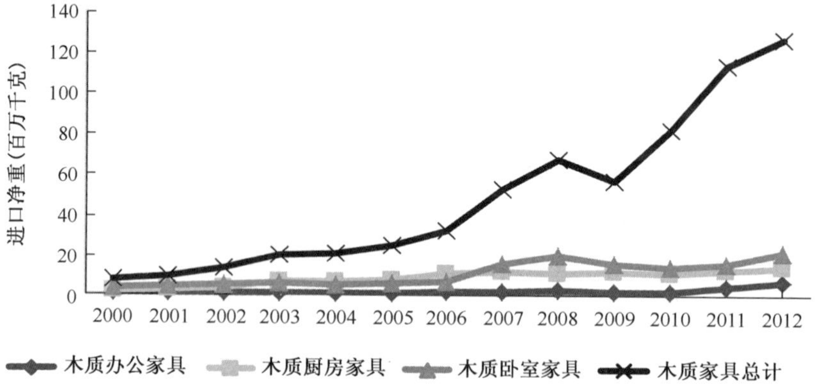

图 9-2 2000~2012 年中国各类木质家具进口净重

Fig. 9-2 Net weight of the import of Chinese wooden furniture from 2000 to 2012

数据来源：联合国商品贸易统计数据库（UN Comtrade Database），http://comtrade.un.org/db/default.aspx

9.1.2 中国木质家具出口状况分析

相比进口，十多年来中国木质家具的出口增长规模、增速和涨幅要大很多。加入 WTO 为我国商品出口到组织中其他成员的市场提供了更大的平台、制造了大量的机会。低廉的劳动力、低进入门槛以及政府的鼓励极大地推动了木质家具制造与出口，2000 年中国木质家具总出口额为 12.8 亿，到 2012 年时扩大了近十倍，达到 119.1 亿。十多年来，中国木质家具出口额始终远远超过进口额，拥有巨大的贸易顺差。2000 年以来中国各类木质家具出口额增长趋势如图 9-3。从图中可以看出，木质厨房家具和木质办公家具的出口额增长比较稳定、缓慢，相对于木质家具总出口额，它们只占了非常小的一部分比例，木质卧室家具的出口额仅在 2008 年、2009 年分别出现了停滞和小幅回落，其他时间一直有较为快速的增长，且增长率较为稳定。

由于出口额受到汇率的影响，中国各类木质家具出口净重可以更直接的反映木质家具的出口情况。自 2000~2007 年，中国各类木质家具的出口净重量在

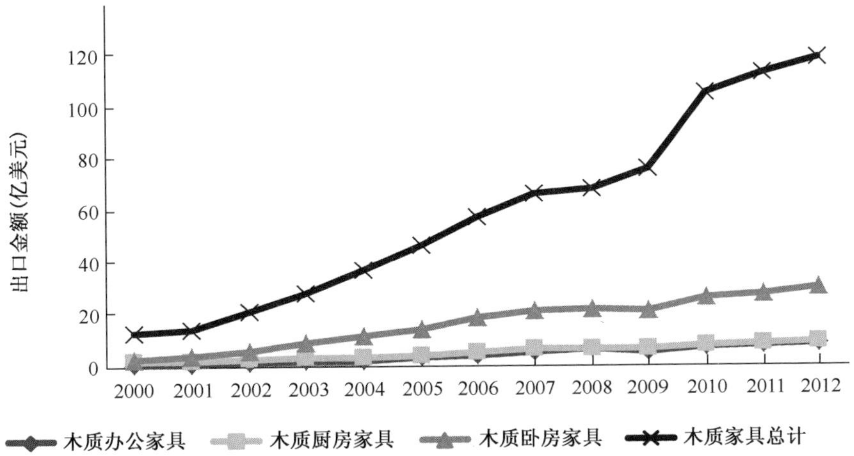

图 9-3 2000~2012 年中国各类木质家具出口金额

Fig. 9-3 Export value of a variety of Chinese wooden furniture from 2000 to 2012

数据来源:联合国商品贸易统计数据库(UN Comtrade Database), http://comtrade. un. org/db/default. aspx

逐渐增长,且增长率逐年提升,这和出口金额有较强的一致性。2007~2009 年,受到金融危机的影响,木质家具出口额率大大放缓,2007~2008 年间最慢,2008~2009 年增长率有所回升;反映在出口绝对数上则有较大差别,2007~2008 年出口净重量大幅降低,到 2009 年进一步略有降低,基本上扭转了下降颓势,从 2009~2010 年间,中国木质家具出口净重量强势反弹,2010 年往后的两年,木质家具出口净重量开始逐渐回落,如图 9-4。

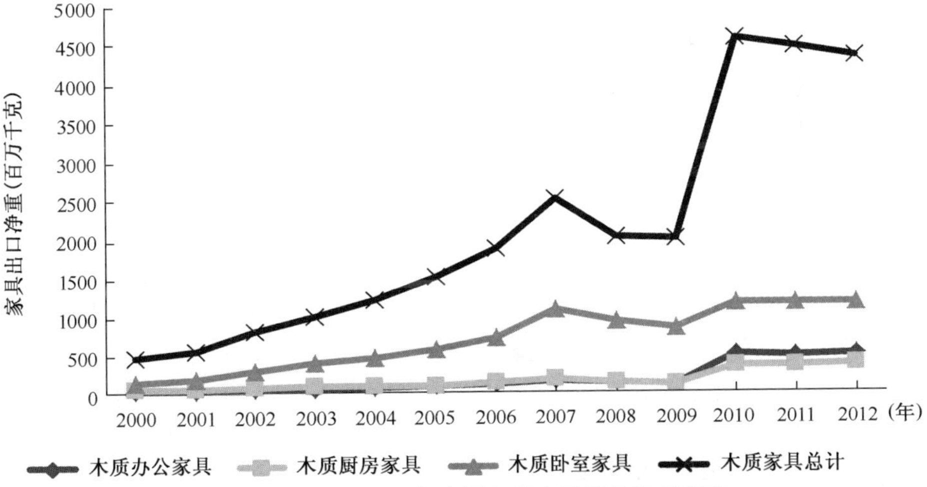

图 9-4 2000~2012 年中国各类木质家具出口净重

Fig. 9-4 Export net weight of China's various wooden furniture from 2000 to 2012

数据来源:联合国商品贸易统计数据库(UN Comtrade Database), http://comtrade. un. org/db/default. aspx

9.2 木质家具国际竞争力的比较

从20世纪80年代起，传统家具出口大国的家具生产和出口逐步萎缩，全球的家具制造业逐步向另外一些国家转移，转移大致是通过两条路径而进行：一是向靠近消费地以及劳动力相对比较便宜的地区转移，例如波兰和墨西哥，波兰依靠靠近西欧的地理优势，其家具出口中的78%输入到欧盟国家；墨西哥则依靠临近美国的地理优势，家具及配件出口量中的90%是销售给美国的。二是向其他木质家具生产成本较低的发展中国家如中国、印度尼西亚、巴西等国转移，这些国家或是森林资源丰富，或是劳动力成本非常低，或是兼有两者的优势。印度尼西亚、巴西等国的劳动力成本和森林资源的两个生产要素都要优于中国，但这些国家从业人员的文化程度、产业内各企业管理模式的科学程度和国家的经济软硬实力都远远不及中国，全世界木质家具产业资本逐渐流向中国，促使中国逐步成为家具制造中心。鉴于此，此处所选取的参与竞争力比较的国家分别选自亚洲、欧洲和美洲，既有发达国家，也有发展中国家，其中发达国家包括美国、德国、日本和意大利，也有发展中国家中国、巴西、波兰、墨西哥、印度，所选取的每个国家木质家具产业的进出口模式都有自己的特点，具有一定的代表意义。

9.2.1 关键指标评价

9.2.1.1 国际市场占有率

从表9-1可以看出，2000年以来，参与比较的各个国家的木质家具出口中，只有日本的国际市场占有率比较稳定，其占有率始终保持在0.05%左右，说明日本的家具出口规模极小且在国际市场上几乎没有市场份额。巴西、印度尼西亚、墨西哥在经历了20世纪的家具产业快速发展期之后，进入21世纪后，这些国家的木质家具国际市场占有率纷纷开始回跌，呈现了下降趋势。波兰和美国变动不大，2000~2012年间，波兰的木质家具国际市场占有率在不断小幅上升之后回落至5%~6%；美国的国际市场占有率从2000年的3.41%持续走低至2007年的2.43%，2008年开始提升基本维持在了2.8%左右。对于欧洲两大木质家具制造和出口大国——德国和意大利，十多年来两国的木质家具国际市场占有率发生了截然不同的变化。2000年时，意大利的国际市场占有率为13.99%，处于木质家具产业的龙头地位，德国为8.70%，位居第二，其后的十年，意大利的木质家具国际市场占有率不断减少，2004年被中国超越，2009年被家具产业老牌强国的德国超越，2010年跌破10%且一直持续下跌。与意大利相比，尽管德国的年增长率并不高且时而出现负增长,但从长期来看,德国木质家具的国际市场占有率具有稳定而持续的增长,该国国际市场占有率从21世纪第一个十年初期的8%~9%开始上涨,在2006年成功突破10%,之后就一直保持在10%~11%。在这十多年间,中国木质家具的规模远超其他各国,2000年时,中国木质家具的国际市场占有率只有6.36%,但是增长势头非常强,两年之后超越德国;三年之后即突破两位数,达到11.50%;四年之后超越意大利,成为世界上木质家具出口额第一大国。在经过2006~2008年国际市场占有率相对平稳的几年之后,2009年又突破20%,到2012年时,中国木质家具国际市场占有率已达到28.27%,远高于其他各个国家。

表9-1 各国木质家具国际市场占有率(2000~2012)

Tab. 9-1 International market share change of wooden furniture from selected countries (2000~2012)

	中国	巴西	德国	印度尼西亚	意大利	日本	墨西哥	波兰	美国
2000	6.36%	1.84%	8.70%	3.65%	13.99%	0.07%	2.41%	4.23%	3.41%
2001	7.12%	1.78%	9.30%	3.61%	14.23%	0.06%	2.00%	4.52%	3.22%
2002	9.57%	1.89%	8.82%	3.62%	13.36%	0.05%	1.72%	4.53%	2.78%
2003	11.50%	2.03%	8.54%	3.30%	12.85%	0.04%	1.40%	4.98%	2.54%
2004	12.84%	2.39%	8.59%	3.00%	12.43%	0.04%	1.11%	5.30%	2.40%
2005	14.96%	2.25%	9.56%	3.25%	11.24%	0.03%	1.11%	5.47%	2.41%
2006	16.71%	1.91%	10.07%	3.05%	11.35%	0.03%	0.96%	5.27%	2.39%
2007	16.72%	1.73%	10.84%	2.77%	12.12%	0.04%	0.68%	5.81%	2.43%
2008	16.43%	1.60%	11.35%	2.69%	12.58%	0.04%	0.58%	6.47%	2.80%
2009	21.95%	1.43%	11.78%	2.72%	10.71%	0.03%	0.63%	6.15%	2.72%
2010	27.41%	1.34%	10.36%	2.87%	9.62%	0.04%	0.64%	5.61%	2.73%
2011	27.18%	1.10%	11.12%	1.98%	9.55%	0.05%	0.66%	6.05%	2.77%
2012	28.27%	1.05%	10.09%	2.32%	9.12%	0.05%	0.74%	5.34%	2.84%

数据来源:联合国商品贸易统计数据库(UN Comtrade Database),http://comtrade.un.org/db/default.aspx

9.2.1.2 贸易竞争力指数

贸易竞争力指数剔除了通货膨胀、汇率涨跌和经济变动等宏观总量信息方面的影响,具有在不同时期、不同国家可比性的优点。上述各国2000~2012年木质家具贸易竞争力指数见表9-2所示,从2000年开始一直到2006年,中国贸易竞争力指数一直维持在 0.96、0.97 左右的较高水平，2007 年往后开始略有降低，2012 年低至 0.9279，但中国木质家具依然保持了较高的国际竞争力水平。巴西、德国、波兰三国的木质家具贸易竞争力指数都具有先升后降的趋势，其中，巴西自 2000 年的 0.9721 最高到达 0.9955 之后又降到了 2012 年的 0.8852；德国 2000 年时贸易竞争力指数是具有贸易逆差的负数，之后开始出现顺差，贸易竞争力指数开始增加，一直到 0.3197，到 2012 年时为 0.1959。波兰也一直保持了较高的贸易竞争力指数，且波动较小，基本维持在 0.80 以上的水平。印度尼西亚和意大利作为新兴和传统木质家具产业大国，它们的木质家具贸易竞争力指数都出现了一定的递减趋势，印度尼西亚从 0.9952 降至 0.8837。意大利则是从 0.8348 降到了 0.7518，其出口额逐年减少。日本、美国是拥有巨大木质家具贸易逆差的国家，其中，日本因为木质家具的进口比出口有绝对数量的优势，其指数波动很小；美国在 2005 年前后木质家具贸易竞争力指数达到最低，即进口额与出口额的差值达到最大，之后两者的差距又开始缩小，但到 2012 年还是在-0.7827 的水平，这意味着美国依然是木质家具进口的主要国家。

表 9-2 各国木质家具贸易竞争力指数(2000~2012)

Tab. 9-2 Trade competition index change of wooden furniture from selected countries (2000~2012)

	中国	巴西	德国	印度尼西亚	意大利	日本	墨西哥	波兰	美国
2000	0.9732	0.9721	-0.0060	0.9952	0.8348	-0.9732	0.5669	0.8373	-0.8138
2001	0.9691	0.9743	0.0164	0.9941	0.8330	-0.9768	0.5212	0.8128	-0.8278
2002	0.9707	0.9855	0.0394	0.9921	0.8191	-0.9806	0.4918	0.8382	-0.8614
2003	0.9643	0.9900	0.0209	0.9854	0.7992	-0.9838	0.4236	0.8461	-0.8736
2004	0.9689	0.9955	0.0690	0.9767	0.7590	-0.9827	0.3884	0.8557	-0.8781
2005	0.9709	0.9904	0.1267	0.9561	0.7243	-0.9852	0.3284	0.8492	-0.8806
2006	0.9690	0.9874	0.2068	0.9500	0.7324	-0.9832	0.2177	0.8388	-0.8739
2007	0.9492	0.9847	0.3004	0.9419	0.7270	-0.9766	0.1074	0.7956	-0.8496
2008	0.9320	0.9780	0.3197	0.9395	0.7448	-0.9764	0.0294	0.7691	-0.8017
2009	0.9408	0.9724	0.2541	0.9511	0.7301	-0.9839	0.2587	0.7997	-0.7917
2010	0.9483	0.9629	0.2002	0.9365	0.7007	-0.9782	0.2713	0.8141	-0.7995
2011	0.9314	0.9328	0.2107	0.8804	0.7013	-0.9767	0.2415	0.8151	-0.7792
2012	0.9279	0.8852	0.1959	0.8837	0.7518	-0.9788	0.2734	0.8229	-0.7827

数据来源：联合国商品贸易统计数据库（UN Comtrade Database），http://comtrade.un.org/db/default.aspx

9.2.1.3 显示性比较优势指数

显示性比较优势指数消除了国家出口总量与世界出口总量波动的影响，较好地反映了一国某产品或产业的相对比较优势,是衡量一国的产品或产业国际竞争力最具说服力的指标之一。从表 9-3 可以看出,中国木质家具显示性比较优势指数在近十多年不断提高,从 2000 年的 1.5867 上升到 2.5285,在产业与国家的横向比较中,木质家具的出口有较强的竞争优势,且自 2010 年往后就一直保持在 2.5 以上。与中国相比,意大利和波兰的显示性比较优势指数更高,2000 年是 3.6505,而到了 2012 年时是 3.3413,有小幅的降低;波兰的指数相对较高,2000 年时高达 9.6054,尽管十多年来持续下降,但其 2012 年时仍高达 5.3311,可以看出,波兰的家具产业在该国出口中占重要地位。同样,印度尼西亚的家具产业也是国内的出口产业之一,尽管 2012 年该国指数为 2.2595,与中国相近,但 2000 年时达到 4.6588。德国的指数从 2000 年的不足 1,2012 年提升到了 1.3137,可见该国木质家具制造业和出口相对于其他产业、其他国家是稳步提升的;巴西的指数从 2000 年的 2.0790,2012 年降到了 1 以内,木质家具产业的相对优势呈现了下降趋势。美洲的两个国家的指数水平均较低,墨西哥从 1.0994 不断下降,到 2012 年已低至 0.3645;尽管美国指数水平更低,但是近年来出现了一定的增长,证明该国木质家具的出口在不断提升。日本作为木质家具高度依赖进口的国家,其木质家具显示性比较指数一直较低,在 0.01 左右。

表 9-3 各国木质家具显示性比较优势指数(2000~2012)

Tab. 9-3 Revealed comparative advantage index of wooden furniture from selected countries (2000~2012)

	中国	巴西	德国	印度尼西亚	意大利	日本	墨西哥	波兰	美国
2000	1.5867	2.0790	0.9849	4.6588	3.6505	0.0089	1.0994	9.6054	0.2719
2001	1.6141	1.8467	0.9835	3.5071	3.6012	0.0094	0.7614	7.5520	0.2661
2002	1.8880	2.0070	0.9259	4.4715	3.4060	0.0074	0.6889	7.2005	0.2578
2003	1.9630	2.0828	0.8540	4.0744	3.3124	0.0060	0.6349	7.1286	0.2623
2004	1.9749	2.2570	0.8563	3.9281	3.2780	0.0061	0.5389	6.5286	0.2672
2005	2.0553	1.9921	1.0313	3.9440	3.1529	0.0056	0.5418	6.4080	0.2785
2006	2.0801	1.6744	1.0921	3.5436	3.3440	0.0062	0.4645	5.7892	0.2782
2007	1.9211	1.5108	1.1474	3.2875	3.4481	0.0081	0.3522	5.7870	0.2928
2008	1.8550	1.3050	1.2495	3.1122	3.7595	0.0087	0.3196	6.2137	0.3477
2009	2.2871	1.1695	1.3174	2.8420	3.2948	0.0072	0.3452	5.6378	0.3223
2010	2.6472	1.0124	1.2445	2.7659	3.2730	0.0088	0.3244	5.4889	0.3254
2011	2.6189	0.7827	1.3804	1.8048	3.3396	0.0105	0.3473	5.8613	0.3417
2012	2.5285	0.7922	1.3137	2.2595	3.3413	0.0104	0.3645	5.3311	0.3369

数据来源:联合国商品贸易统计数据库(UN Comtrade Database),http://comtrade.un.org/db/default.aspx;《中国统计年鉴》2001~2012。

9.2.2 基于主成分分析的综合评价

基于主成分分析的综合评价是客观赋权的一种综合评价形式,较层次分析法等主观赋权评价方法更具有说服力。由于综合评价中需要构建指标体系,考虑到数据的可获取性和可比性,选取国际市场占有率、贸易竞争力指数、显示性比较优势指数等反映进出口情况的指标以及出口净重量、进口净重量和进口额三个指标。此外,依据以上指标引入一新指标——"出口单位价值",是一国木质家具出口额与该国木质家具出口净重量的比例,可以度量一国出口的木质家具单位产量具有的出口价值,用以反映剔除规模因素之后一国某商品的国际竞争力。

以 2012 年为例,对选取的 9 个国家的 7 个指标(表 9-4)进行主成分分析,特征值和总方差分解见表 9-5。从表中可以看到,特征根大于 1 的主成分有三个,第一个主成分特征根为 3.570,它对总变异的解释程度为 51.003%;第二个为 1.711,解释程度为 24.443%;第三个为 1.020,解释程度为 14.571%。这三个主成分集中了原始变量信息的 90.017%,可见保留 3 个主成分效果比较好。根据初始成分载荷矩阵,经过运算,可以得到三个主成分 F_1,F_2,F_3 的用标准化后的变量表达式分别为:

$$
\begin{aligned}
F_1&=0.167X_1+0.259X_2+0.199X_3+0.181X_4-0.211X_5-0.215X_6-0.148X_7\\
F_2&=0.421X_1+0.081X_2+0.023X_3+0.408X_4-0.335X_5-0.333X_6-0.100X_7\\
F_3&=0.323X_1-0.252X_2-0.170X_3+0.249X_4-0.283X_5-0.250X_6+0.761X_7
\end{aligned}
\tag{9-1}
$$

表 9-4 2012 年影响各国木质家具国际竞争力的因素

Tab. 9-4 Factors affecting international competitiveness of various countries' wooden furniture in 2012

	国际市场占有率	贸易竞争力指数	显示性比较优势指数	出口净重量(吨)	进口额(万美元)	进口净重量(吨)	出口单位价值(美元/千克)
中国	28.2731%	0.9279	2.5285	4360968	44547.29	127452.3	2.7313
巴西	1.0488%	0.8852	0.7922	226335	2690.388	4685.715	1.9523
德国	10.0887%	0.1959	1.3137	954666	285791.2	1198668	4.4521
印度尼西亚	2.3202%	0.8837	2.2595	392924	6037.017	34627.15	2.4876
意大利	9.1223%	0.7518	3.3413	522104	54461.84	213256.9	7.3608
日本	0.0455%	-0.9788	0.0104	1718	178972.4	663940.4	11.1608
墨西哥	0.7378%	0.2734	0.3645	79321	16881.94	50457.69	3.4838
波兰	5.3369%	0.8229	5.3311	1219062	21850.14	117045.3	1.8443
美国	2.8449%	-0.7827	0.3369	296629	983349.1	2931058	4.0405

数据来源:联合国商品贸易统计数据库(UN Comtrade Database), http://comtrade.un.org/db/default.aspx;《中国统计年鉴》2001~2012。

表 9-5 特征值和总方差分解

Tab. 9-5 Eigenvalue and total variance decomposition

成 分	初始特征值			被提取的载荷平方和		
	特征根	方差贡献率	累积方差贡献率	特征根	方差贡献率	累积方差贡献率
1	3.570	51.003	51.003	3.570	51.003	51.003
2	1.711	24.443	75.446	1.711	24.443	75.446
3	1.020	14.571	90.017	1.020	14.571	90.017
4	0.580	8.284	98.301			
5	0.106	1.520	99.821			
6	0.010	0.145	99.966			
7	0.002	0.034	100.000			

将表 9-5 的数据代入式 9-1,得到 9 个国家的主成分得分,见表 9-6。

表 9-6 主成分得分

Tab. 9-6 Principal component scores

	国 家	得分 1	得分 2	得分 3
1	中国	1.43176	1.76370	0.97265
2	巴西	0.25071	-0.84943	-0.71606
3	德国	-0.24229	0.51232	-0.00829
4	印度尼西亚	0.42923	-0.72305	-0.65894
5	意大利	0.34235	-0.37937	0.67857
6	日本	-1.25436	-0.65740	1.88891
7	墨西哥	-0.13251	-0.86617	-0.14587
8	波兰	0.92842	-0.21790	-0.87271
9	美国	-1.75332	1.41730	-1.13825

综合主成分的得分和指标的变动情况可以看出,我国木质家具产业整体的竞争力较强,主要归功于经济规模和相对低廉的成本优势。尽管如此,中国的家具出口质量水平参差不齐,有待进一步提高,努力由木质家具出口大国过渡到生产强国。

从上述分析可以看出,中国的木质家具出口额远远大于进口额,具有巨大的贸易顺差,且中国的各类木质家具进出口水平的变动有较强的趋同性。我国木质家具国际市场占有率攀升的速度非常快,到 2012 年,我国的木质家具国际市场占有率远超世界上其他各国。

(1)研究发现,德国是一个非常值得学习的制造业大国,即使经历了金融危机,该国木质家具国际市场占有率一直稳步提升,并且该国木质家具产业已超越了木质家具产业结构相似的意大利。从木质家具贸易竞争力指数来看,尽管中国的值很高,却呈现逐步下降趋势的,德国是世界上为数不多的木质家具产业发达且木质家具贸易竞争力指数稳步提升的国家。通过比较可以发现,中国木质家具产业是发展最迅速的,德国木质家具是发展最稳定的,其成因在于我国的木质家具产业以资源和劳动力导向为主,德国等国的木质家具产业以资本和技术导向为主,意大利等国的木质家具产业的衰弱更多的是由于该国制造业经济实力不足以维持该产业国际竞争力,而不是其产品在走下坡路。尽管中国木质家具生产和国际贸易规模在迅速壮大,国际竞争力日益增强,但产业结构还是亟待转变和完善。

(2)通过对 2012 年的各国木质家具出口单位价值的比较发现,木质家具出口质量水平可以分为几个层级,一种是绝对的贸易逆差且出口单位价值最高的,代表国家是日本;一种是木质家具产业和出口的传统强国,单位价值也相当高,代表国家是意大利;一种是木质家具产业发达、水平较高,进出口状况使该国具体国情而定,代表国家是德国、美国;一种是新型的木质家具出口大国且有中档的产业水平的发展中国家,代表国家是印度尼西亚、中国、墨西哥;一种是依靠廉价的成本如劳动力、运输、原材料等具有低档产业水平的木质家具生产出口国家,代表国家是波兰、巴西。另外,需要注意的是,我国处于木质家具利润并不算高的一类,重视和提高出口木质家具的质量和单位价值,以更少的投入获得更高的利润,该方面的竞争力正是我国木质家具产业目前最为缺少的,应努力提升,也是中国木质家具产业今后的发展趋势。

9.3 小 结

本章运用国际市场占有率、贸易竞争力指数以及显示性比较优势指数等竞争力测算方法分析了世界主要木质家具出口国 2000~2012 年木质家具国际竞争力水平,并运用主成分分析对中国以及世界上几个特征鲜明的木质家具产业大国的进出口贸易状况进行了分析,试图展示这十多年间各国木质家具国际竞争力状况的变化情况,以及 2012 年度各国木质家具竞争力的水平,通过横向和纵向比较,对中国木质家具国际竞争力进行了分析和研究。

10 纸和纸制品国际竞争力分析

造纸业与一国经济和社会文明建设紧密相关,纸品的生产和消费水平已成为衡量一个国家(或地区)文明程度和现代化水平的重要标尺。《中国造纸工业 2014 年度报告》的数据显示, 2014 年我国生产纸及纸板的企业在 3000 家左右,主要纸和纸制品生产量达 10470 万吨,消费量达 10071 万吨,人均年消费量超出世界平均水平,达 74 千克。2009 年开始,我国造纸产量超过美国,跃居世界首位,消费量和贸易量也排在世界前列,我国可以称得上是生产、消费和贸易大国。尽管如此,我国与国外造纸强国相比仍有较大差距。我国用木浆造纸的比重依旧很低,而且木浆和其他造纸原料主要依赖进口。此外,国内企业技术装备研发能力较低、资金不充足、规模效益不显著、管理缺乏经验,这些方面很难与国外大型造纸企业相比。如何实现我国造纸业产业升级,提高纸和纸制品的国际竞争力,是当务之急,因此,深入研究我国纸和纸制品的国际竞争力具有重要的现实意义。

10.1 纸和纸制品生产与贸易现状

本研究讨论的纸和纸制品范围主要参照《商品名称及编码协调制度》(HS2007)的分类,主要可以概括为新闻纸、未涂布印刷书写纸、涂布印刷纸、包装用纸、箱纸板、白纸板、生活用纸、瓦楞原纸、特种纸及纸板、其他纸及纸制品。由于联合国粮农组织(FAO)数据库提供的统计数据仅更新至 2013 年,因此,后续关于世界纸和纸制品的生产和贸易对比数据仅局限于 2003~2013 年期间,部分与中国相关的生产贸易数据更新至 2014 年。

10.1.1 世界纸和纸制品的生产与贸易情况

2003~2013 年期间,世界纸和纸制品行业的生产量和消费量总体呈平稳增长态势,如图 10-1。由于受金融危机影响,只有 2009 年生产量和消费量略有下降。主要纸和纸制品的产量从 2003 年的 3.388 亿吨增加到 2013 年的 3.976 亿吨,增长了 18.0%,消费量从 3.391 亿吨增加到 3.952 亿吨,增长了 19.4%。十多年期间,全球人均消费量呈现先增后降的趋势,2007 年达到历史峰值 59.2 千克,2008~2013 年间,人均消费量维持在 55 千克左右。

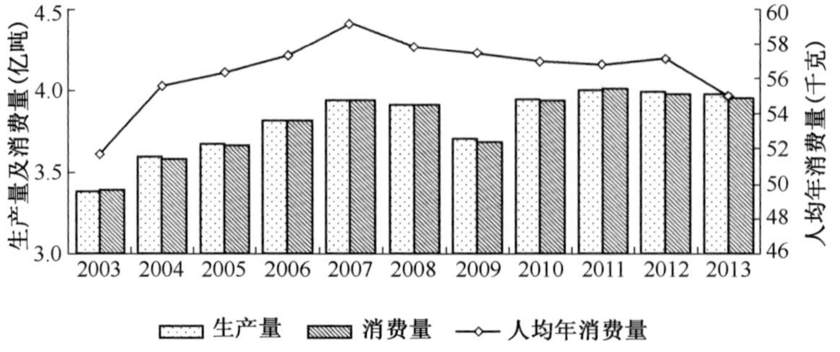

图 10-1 2003~2013 年全球主要纸和纸制品生产与消费情况

Fig. 10-1 Production andconsumption of main paper and paper products throughout the world from 2003 to 2013

资料来源:FAO 数据库 http://www. fao. org/forestry/statistics/80570/en/

2003 年全球纸和纸制品对外贸易量为 1. 03 亿吨,首次突破亿吨, 2007 年达到历史峰值 1. 18 亿吨。由于全球经济尚未完全走出金融危机的阴霾,加之造纸行业产品结构调整的影响,全球纸和纸制品对外贸易量在 2010 年后持续下降,2013 年世界纸和纸制品贸易量为 1. 09 亿吨,比峰值 2007 年下降 8. 26%,如图 10-2。世界纸和纸制品对外贸易量占生产的比重在 2004 年达到历史最高值

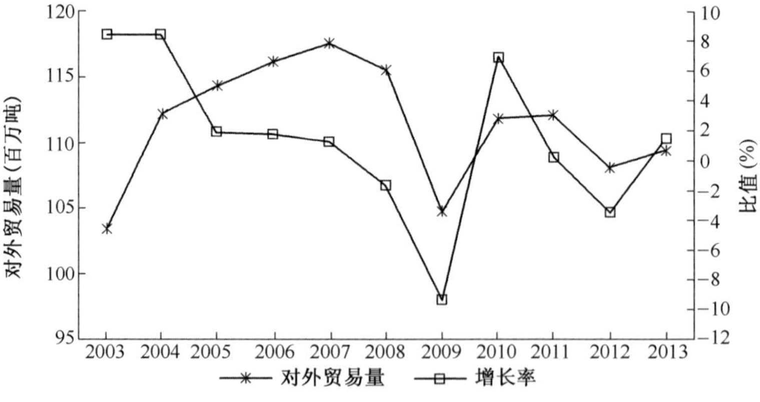

图 10-2 2003~2013 年全球主要纸和纸制品对外贸易量和增长率

Fig. 10-2 Main paper and paper products' quantum of foreign trade and its growth rate throughout the world from 2003 to 2013

资料来源:FAO 粮农组织数据库 http://www. fao. org/forestry/statistics/80570/en/

32.1%,之后略呈下降趋势。2013 年其所占生产比重为 27.5%,与 2012 年略有上升,如图 10-3。

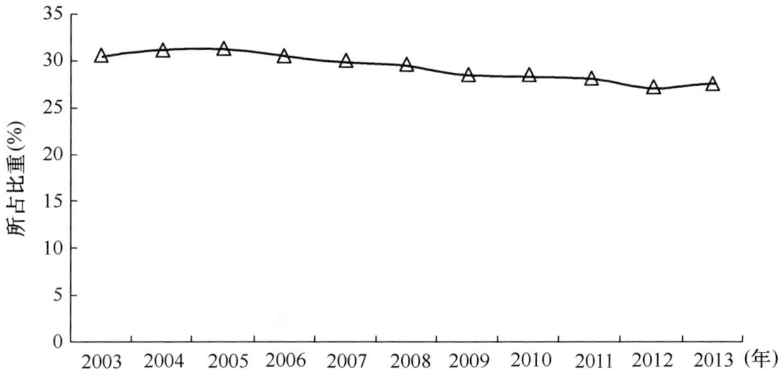

图 10-3 2003~2013 年全球主要纸和纸制品贸易量占产量比重

Fig. 10-3 The proportion of foreign trade account for production of main paper and paper products throughout the world from 2003 to 2013

资料来源:FAO 粮农组织数据库 http://www.fao.org/forestry/statistics/80570/en/

10.1.2 世界纸和纸制品市场结构

全球 90%以上的纸和纸制品是由欧洲、北美洲和亚洲三大市场提供。根据 FAO 数据统计,自 2001 年开始的十多年期间,亚洲的纸品贸易迅速发展,成为带动世界纸和纸制品贸易的新增长点。2013 年,亚洲纸和纸制品的出口量为 1829 万吨,进口量为 2589 万吨,各自所占全球进出口量比重分别为 16.71%和 24.18%。欧洲国家虽然依旧保持进出口的主导地位,但是进出口量均由增长转变为下降的趋势,出口量从 2007 年的历史最高值 7307 万吨下降为 2013 年的 6554 万吨,进口量由 6210 万吨降为 5316 万吨。北美洲的进出口量均出现下降的趋势,2004 年北美洲进口量曾达 2147 万吨,出口量达到 2515 万吨,2013 年进口量仅为 1237.2 万吨,出口量为 2031 万吨,较 2004 年峰值,进口比重下降了 42.38%,出口比重下降了 5.4%,如图 10-4、图 10-5。统计数据说明欧洲的纸和纸制品仍最富竞争力,作为新兴国家聚集地的亚洲纸和纸制品产业竞争力持续增强。

2013 年全球主要纸和纸制品生产排名前十位的国家中,中国位居首位,主要产品产量为 1.011 亿吨,占世界纸和纸制品总产量的 25.5%,美国排在第二位,产量为 0.7423 亿吨,占世界纸和纸制品总产量的 18.7%,日本排在第三,产

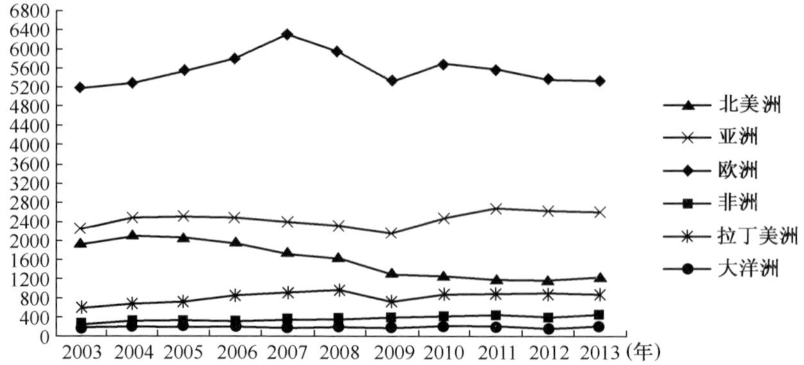

图 10-4 2003~2013 年世界各洲主要纸和纸制品进口量(万吨)

Fig. 10-4 Main paper and paper products' import quantity of the world's continents from 2003 to 2013

资料来源:FAO 粮农组织数据库 http://www.fao.org/forestry/statistics/80570/en/

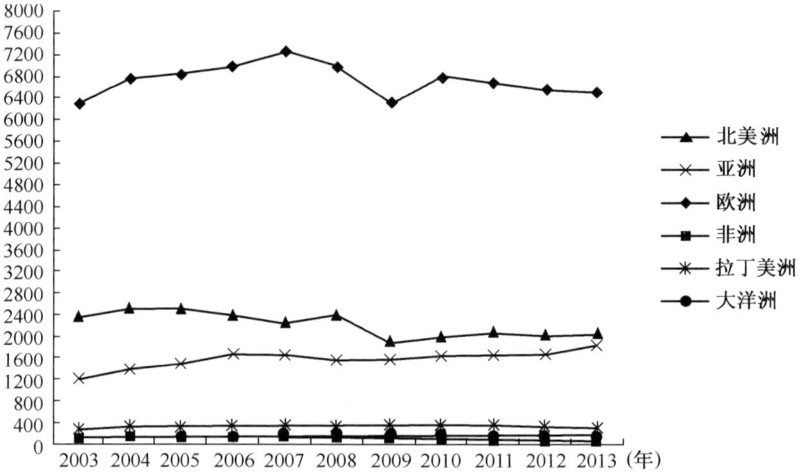

图 10-5 2003~2013 年世界各洲主要纸和纸制品出口量(万吨)

Fig. 10-5 Main paper and paper products' export quantity of the world's continents from 2003 to 2013

资料来源:FAO 粮农组织数据库 http://www.fao.org/forestry/statistics/80570/en/

量为 0.2609 亿吨,占世界纸和纸制品总产量的 6.6%,见表 10-1,中国、美国、日本三国纸和纸制品总产量占世界的比重达 51.8%。2013 年世界表观消费量前六名的是中国、美国、日本、德国、印度和英国。这六个国家表观消费量均超过 1000 万吨。2013 年纸和纸制品出口额排名前 9 位的国家分别是德国、美国、中国、法国、意大利、荷兰、日本、西班牙和加拿大,这九个国家出口额占据世界出口额的一半以上;进口额排名前 9 位的国家分别是德国、美国、加拿大、英国、法国、中国、意大利、比利时和波兰,这九个国家占世界总进口额的 60%。上述统计数据显示,中国既是纸和纸制品的生产、消费大国,也是贸易大国。

表 10-1 2013 年世界主要纸和纸制品生产量排名前 10 位的国家

Tab. 10-1 The top 10 countries of main paper and paper products' production throughout the world in 2013

排 序	国 家	产量(万吨)	比 2012 年增幅(%)
1	中国	10110	-1.37
2	美国	7423	-0.2
3	日本	2609	0.04
4	德国	2239	-0.11
5	韩国	1180	4.1
6	加拿大	1113	3.5
7	瑞典	1078	-5.6
8	芬兰	1059	-0.9
9	巴西	1044	1.8
10	印度尼西亚	1025	0-

资料来源:根据 FAO 数据库(2013)整理。

10.1.3 世界纸和纸制品产品结构

新闻纸、印刷书写纸、生活用纸、瓦楞材料(瓦楞原纸与箱纸板)和其他纸板是构成世界纸和纸制品市场的主要品种。从 2003 年开始,新闻纸在纸和纸制品产量中所占比重连续下降,2013 年,新闻纸产量为 2925 万吨,所占比重由 2003 年的 11%下降为 4%;印刷书写纸产量也呈缓慢下降趋势;生活用纸和瓦楞材料所占比重在不断上升,到 2013 年,生活用纸在纸和纸制品产量中所占比重为 5%,包裹和包装纸及纸板(含瓦楞材料)所占比重为 33%,如图 10-6。

从单个产品来看,加拿大是新闻纸的最大生产国和出口国,2013 年产量和出口量分别为 397 万吨和 366 万吨;中国新闻纸产量名列第二,363 万吨;美国新闻纸产量名列第三,247 万吨;瑞典的出口量排名第二,出口 119 万吨;俄罗斯的出口量排名第三,出口 108 万吨;美国以 212 万吨的进口量位居世界第一,该进口量占美国国内表观消费量的 55%,美国消费量从 2008 年的 681 万吨降到

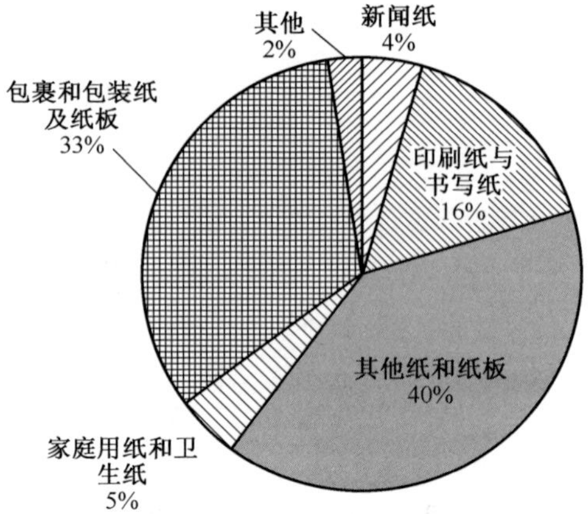

图 10-6　2013 年纸和纸制品主要品种结构

Fig. 10-6　Structure of main varieties of paper and paper products in 2013

2013 年的 379 万吨，这在一定程度上反映了全球新闻纸消费需求的下降趋势。中国和美国的瓦楞材料和生活用纸产量占全球的一半以上，美国瓦楞材料的净出口量最大。印刷和书写用纸除中国、印度尼西亚和瑞典三个国家产量略有上升，其他国家都有不同程度的下降。

10.2　中国纸和纸制品生产与贸易现状

10.2.1　中国纸和纸制品的生产与消费

从 2003~2014 年主要纸和纸制品生产与消费情况看，在此期间，中国纸和纸制品的生产量年均增长 10.13%，消费量年均增长 8.54%，整体增长趋势与同一时期国民生产总值 GDP 增长趋势基本一致，从一定程度上可以看出造纸业与我国国民经济的发展紧密相关。2014 年，中国主要纸和纸制品的产品生产量为 10470 万吨，消费量为 10071 万吨，与 2013 年相比，分别增长 3.6% 和 2.95%。人均年消费量为 74 千克，比 2013 年略有增加，与世界人均消费量相比，高 35% 左右。2003~2014 年期间，新闻纸、未涂布和涂布印刷书写纸、包装用纸、生活用纸及各种纸板等品种均呈增长态势发展(图 10-7)。从总量而言，中国主要纸和纸制品的生产量较消费量大，超出部分可用于出口贸易。由于人们需求的多样性以及造纸技术、生产工艺、产品种类调整的滞后性，纸和纸制品的供求结构尚存在差异，仍需要通过对外贸易调剂余缺，实现纸和纸制品的供需平衡。

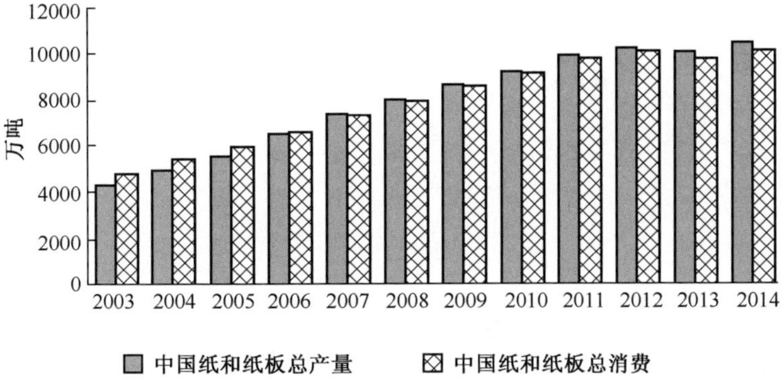

图 10-7 2003~2014 年主要纸和纸制品生产与消费情况

Fig. 10-7 Production and consumption of mainpaper and paper products from 2003 to 2014

2003~2014 年,新闻纸、未涂布和涂布印刷书写纸、包装用纸、生活用纸及各种纸板等品种均呈增长态势发展,其中新闻纸生产量年均增长率为 6.98%,未涂布印刷书写纸年均增长率为 6.9%,涂布印刷纸年均增长率为 13.99%,生活用纸年均增长率为 9.42%,包装用纸增长率为 3.25%,白纸板年均增长率为 10.85%,箱纸板年均增长率为 13.23%,瓦楞原纸年均增长率为 13.05%,特种纸及纸板年均增长率为 11.9%,尤以印刷书写纸和瓦楞材料为代表的纸品增长最为突出。

10.2.2 中国纸和纸制品对外贸易情况

10.2.2.1 中国纸和纸制品进出口结构

2014 年,我国主要纸和纸制品出口量为 957 万吨,进口量为 295 万吨。由 10-8 可以看出,在纸和纸制品进出口结构中,涂布印刷纸、未涂布印刷书写纸和白纸板在出口结构中所占比重大,共占总出口量的 47%;箱纸板、白纸板、涂布印刷纸和未涂布印刷书写纸在进口结构中所占比重最大,共占进口总量的 73%。

根据历年纸品统计资料显示,2003~2014 年,箱纸板、瓦楞原纸、生活用纸进出口量均有下降趋势,未涂布印刷书写纸、涂布印刷纸、特种纸及纸板和白纸板的进口量在下降,出口量在递增。新闻纸在 2006~2011 年期间出口一直大于进口,但从 2011 年开始进口增加,出口减少。在这十多年间,纸和纸制品进口稳中有降,出口变动中呈小幅增长趋势。

10.2.2.2 中国纸和纸制品贸易地理方向

从一国某一产业的角度来看,对外贸易地理方向可表述为该国该产业的产

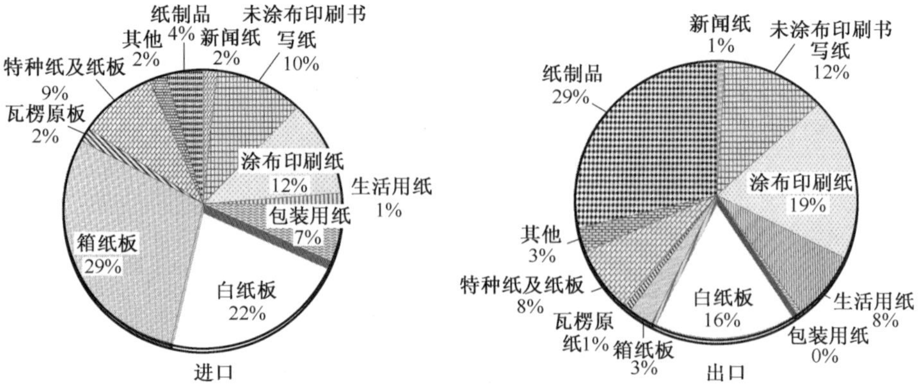

图 10-8 2014 年我国和纸制品主要品种进出口比重

Fig. 10-8 Import and export proportion of main varieties of paper and paper products in 2014

资料来源:根据中国造纸工业 2014 年度报告计算

品主要出口到哪些国家或地区,又是从哪些国家或地区进口的该产业产品,一般情况下用各国或地区在这个国家的该产业中所占据的进出口额比重来表示。进口方面,我国主要从美国、日本、韩国、瑞典、德国、印度尼西亚、芬兰、俄罗斯、法国和澳大利亚等国进口纸和纸制品,见表 10-2。2014 年,中国与上述几国纸和纸制品的进口贸易额占我国纸和纸制品总进口贸易额比重的 70%以上,且从 2007 年至今基本稳定在上述水平。

表 10-2 2003~2014 年主要纸和纸制品进口贸易地理方向

Tab. 10-2 Import trade geographic direction of main paper and paper products from 2003 to 2014

	美国	日本	韩国	瑞典	德国	印度尼西亚	芬兰	俄罗斯	法国	澳大利亚
2003	11.9%	13.0%	11.3%	3.8%	4.4%	6.8%	6.8%	2.5%	1.8%	2.1%
2004	12.5%	15.2%	11.5%	4.7%	4.1%	6.3%	6.3%	2.3%	2.0%	2.0%
2005	13.2%	16.4%	10.1%	6.0%	4.6%	5.3%	5.3%	2.4%	2.0%	2.2%
2006	13.0%	17.1%	9.4%	7.0%	5.6%	5.1%	5.1%	2.4%	2.0%	2.0%
2007	14.8%	17.8%	8.7%	7.8%	5.2%	4.9%	4.9%	2.1%	1.9%	1.5%
2008	15.8%	17.9%	9.3%	7.7%	4.6%	4.6%	4.6%	2.3%	2.0%	1.2%
2009	15.4%	17.1%	9.8%	10.1%	4.3%	4.6%	4.6%	2.5%	1.9%	1.9%
2010	15.8%	18.5%	9.9%	7.8%	4.8%	4.9%	4.9%	1.9%	1.9%	1.5%

（续）

	美国	日本	韩国	瑞典	德国	印度尼西亚	芬兰	俄罗斯	法国	澳大利亚
2011	18.4%	16.2%	8.5%	8.1%	5.1%	4.5%	4.5%	2.5%	2.2%	1.7%
2012	17.8%	16.4%	11.2%	9.3%	4.8%	3.5%	3.5%	1.9%	1.8%	1.7%
2013	21.2%	14.1%	7.9%	10.6%	5.4%	2.4%	2.4%	2.3%	2.1%	1.9%
2014	22.3%	13.1%	5.9%	10.8%	5.8%	2.9%	2.9%	2.3%	2.0%	2.1%

资料来源：根据 UN COMTRADE 数据库数据计算 http://comtrade.un.org/data/

出口方面，我国对美国的纸和纸制品出口贸易排在第一位，紧接排在第二、三位的是香港和日本，澳大利亚、韩国、印度、英国、马来西亚、德国则排在其后，见表 10-3。根据 2014 年数据计算，我国纸和纸制品对这九个国家（地区）的出口贸易额占我国纸和纸制品对外出口总额的 46.3%，比起 2003 年的 74.7%，呈下降趋势。由表中数据可以看出，这十二年期间，对美国和日本的出口比重下降明显，对澳大利亚、印度、英国和德国等国出口比重增加。这一点说明，我国纸和纸制品出口贸易地理方向逐渐多元化，一定程度上有利于规避贸易风险。

表 10-3 2003~2014 年中国主要纸和纸制品出口贸易地理方向

Tab. 10-3 Export trade geographic direction of China's main paper and paper products from 2003 to 2014

	美国	中国香港	日本	澳大利亚	韩国	印度	英国	马来西亚	德国
2003	20.8%	30.3%	11.5%	3.2%	2.9%	0.4%	2.7%	1.7%	1.2%
2004	22.4%	27.0%	13.5%	3.1%	2.5%	0.6%	3.0%	1.5%	1.2%
2005	21.0%	23.2%	12.3%	3.6%	3.3%	1.2%	3.0%	1.5%	1.3%
2006	20.0%	18.7%	9.7%	4.0%	3.6%	2.9%	2.7%	2.0%	1.3%
2007	18.2%	15.7%	7.9%	4.0%	3.7%	3.3%	3.2%	2.4%	1.7%
2008	18.9%	14.5%	8.4%	4.1%	3.5%	3.5%	2.9%	2.3%	1.6%
2009	18.4%	13.5%	11.2%	3.8%	2.8%	3.0%	3.8%	2.0%	1.8%
2010	16.6%	11.7%	9.6%	3.8%	3.0%	2.4%	3.9%	2.3%	1.9%
2011	16.8%	9.5%	9.7%	3.8%	2.7%	2.5%	3.2%	2.7%	2.1%
2012	16.4%	8.9%	9.3%	4.3%	2.5%	2.4%	3.3%	2.9%	1.9%
2013	15.2%	9.2%	7.8%	4.1%	2.5%	2.7%	3.3%	3.6%	1.8%
2014	14.1%	8.4%	6.9%	4.2%	2.4%	2.6%	3.0%	3.0%	1.7%

资料来源：根据 UN COMTRADE 数据库数据计算（http://comtrade.un.org/data/）

10.3 纸和纸制品国际竞争力的评价

对于国际竞争力的研究方法较多，从竞争结果来看，有 GDP 评价法，产业产出购买力数据评价法，显示性指标法；从影响竞争力的因素和原因来看，有 TFP 全要素生产率法、标杆测定评价法和影响因素评价法；从分析层面来看，有以进出口数据为基础的关键指标评价法和多指标综合评价法。以进出口数据为基础的关键指标评价方法是一种重要的经济分析方法，常用的指标有贸易竞争力指数、显示性比较优势指数、国际市场占有率等。多指标综合评价法主要是从竞争力实现程度及影响竞争力的因素或者原因等方面进行综合分析，通过建立较为系统科学的指标体系来实现综合评价分析。本研究在借鉴国内外相关研究的基础上，选取以进出口数据为基础的关键指标评价和基于主成分分析的多指标综合评价两种方法共同分析中国纸和纸制品国际竞争力，以达到优势互补。

10.3.1 以进出口数据为基础的关键指标国际竞争力评价

10.3.1.1 国际市场占有率

从 2003~2013 年这十多年的国际市场占有率指标数据（表 10-4）来看，总体而言，德国、美国、芬兰、瑞典和加拿大这五个国家市场占有率较高，在国际市场所占份额较大。具体来说，德国的国际市场占有率一直在 0.1 左右波动，市场份额较稳定。加拿大和芬兰的国际市场占有率 2006 年之前在 0.1 以上，之后加拿大的市场份额逐渐下降，到 2013 年仅为 0.075，与其历史峰值相比下降了 36%，芬兰市场份额虽然在下降，但是下降幅度低于加拿大。荷兰、意大利和法国市场份额较小，十几年间仅有小幅波动。中国的纸和纸制品的国际市场占有率在 2004~2006 年期间有较大增加，2007~2008 年，国际市场占有率受经济危机影响有小幅下降，从 2009 年开始呈现较强增长劲头，从 2009 年的 0.039 增长到 2013 年的 0.062，年均增长率达 10%，与世界其他纸和纸制品出口大国变化趋势相比，中国纸和纸制品的发展表现不俗，中国纸和纸制品的国际竞争力不断提高。

表 10-4　2003~2013 年各国主要纸和纸制品国际市场占有率

Tab. 10-4　International market share of various countries' main paper and paper products from 2003 to 2013

	2003	2004	2005	2006	2007	2008	2009	2010	2011	2012	2013
加拿大	0.118	0.116	0.116	0.105	0.080	0.088	0.078	0.070	0.067	0.073	0.075
美国	0.082	0.078	0.082	0.081	0.086	0.088	0.100	0.097	0.094	0.112	0.110
中国	0.038	0.035	0.038	0.041	0.038	0.035	0.039	0.042	0.051	0.054	0.062
法国	0.060	0.059	0.057	0.005	0.053	0.051	0.050	0.048	0.048	0.040	0.038

（续）

	2003	2004	2005	2006	2007	2008	2009	2010	2011	2012	2013
德国	0. 121	0. 121	0. 128	0. 127	0. 138	0. 139	0. 127	0. 133	0. 131	0. 124	0. 119
意大利	0. 031	0. 031	0. 031	0. 040	0. 043	0. 041	0. 041	0. 033	0. 034	0. 029	0. 030
日本	0. 013	0. 024	0. 021	0. 020	0. 015	0. 018	0. 017	0. 022	0. 017	0. 009	0. 010
荷兰	0. 034	0. 030	0. 030	0. 029	0. 031	0. 026	0. 026	0. 026	0. 029	0. 018	0. 019
芬兰	0. 115	0. 113	0. 095	0. 103	0. 105	0. 096	0. 091	0. 092	0. 090	0. 092	0. 090
瑞典	0. 089	0. 093	0. 091	0. 090	0. 093	0. 093	0. 095	0. 090	0. 098	0. 092	0. 093

资料来源：根据 UN COMTRADE 数据库数据计算（http://comtrade. un. org/data/）

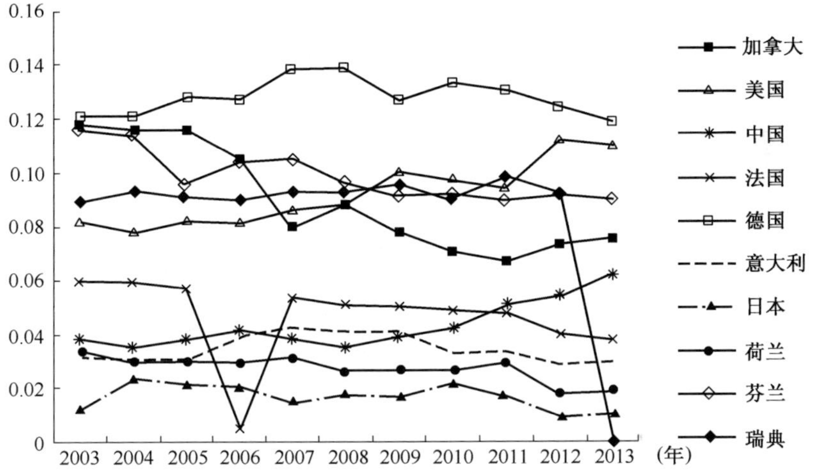

图 10-9 2003~2013 年各国主要纸和纸制品国际市场占有率

Fig. 10-9 International market share of various countries' main paper and paper products from 2002 to 2012

资料来源：根据 UN COMTRADE 数据库数据计算（http://comtrade. un. org/data/）

10. 3. 1. 2 出口增长优势指数

除中国外的其他发达国家，纸和纸制品的出口增长优势指数近十年多呈现负增长，加拿大纸和纸制品出口下降趋势最为明显，其 2010 年的出口增长率比加拿大当年所有出口商品增长率低 21. 3%（表 10-5）。美国、德国、法国及其他欧洲国家的出口增长优势指数除了 2009 年为正值，其余年份均为负值，这在一定程度上体现了当今国际纸业格局的发展趋势，国际造纸重心正在向新兴经济体国家转移，发达国家的纸和纸制品出口正在减少。

在这十个国家当中，中国纸和纸制品的出口增长优势指数发展态势是表现最好的。虽然在 2004、2008 和 2010 年呈现负增长，但整体呈正增长发展趋势，且在 2011 年，以高于当年全部商品出口总额 14.7%的增长率增长。结合国际市场占有率的数据来看，如图 10-10，除了 2010 年，中国纸和纸制品出口增长优势与同一时期的国际市场占有率的变化趋势接近，可见，我国纸和纸制品的国际竞争力是在不断增强的，发展后劲充足。

表 10-5　2003~2013 年各国主要纸和纸制品出口增长优势指数

Tab. 10-5　Export growth advantage index of various countries' main paper and paper products from 2003 to 2013

	加拿大	美国	中国	日本	德国	芬兰	法国	意大利	荷兰	瑞典
2003	9.1	1.1	-0.4	9.8	5.4	5.6	-0.9	0.5	-6.3	3.4
2004	6.5	5.4	12.0	6.2	8.6	3.4	4.7	0.7	14.5	10.4
2005	6.9	3.1	-9.6	10.1	-3.2	18.9	4.4	0.8	8.8	3.8
2006	8.4	7.5	-10.2	8.0	5.6	2.0	6.3	6.7	4.7	6.5
2007	12.7	3.6	-6.0	3.1	5.6	7.0	5.2	5.6	8.4	4.8
2008	5.2	3.3	8.5	-4.6	4.2	7.4	5.1	2.5	14.9	-1.6
2009	-7.1	-6.6	-13.7	-7.0	-7.2	-12.5	-3.9	-9.4	-5.6	-13.2
2010	21.3	5.6	4.9	-2.4	3.8	1.4	7.9	-0.2	9.5	13.9
2011	13.8	8.6	-14.7	13.9	6.7	4.9	6.3	6.2	-6.7	5.8
2012	8.7	4.7	-6.2	-1.1	5.1	2.5	7.7	2.7	13.9	0.1
2013	6.7	4.8	-0.7	14.1	6.8	0.3	-0.1	2.1	-0.2	1.9

资料来源：根据 UN COMTRADE 数据库数据计算（http://comtrade.un.org/data/）。

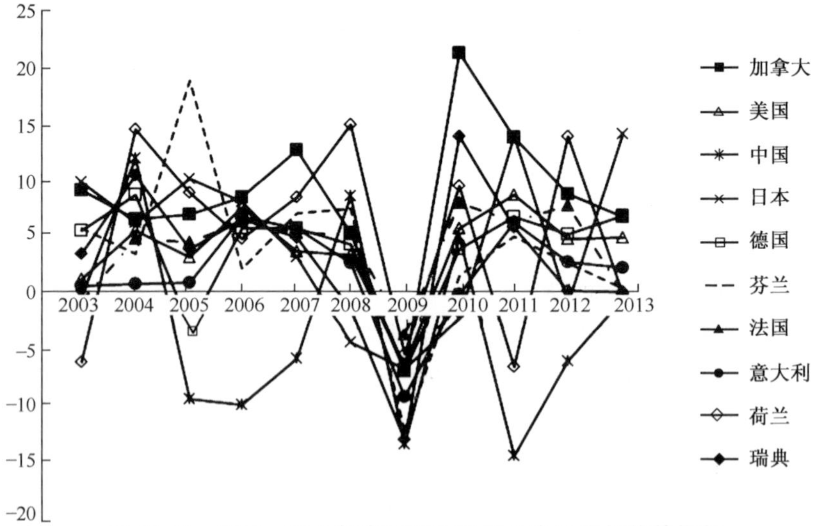

图 10-10　2003~2013 年中国纸和纸制品出口增长优势指数

Fig. 10-10　Export growth advantage index of China's paper and paper products from 2003 to 2013

10.3.1.3 市场渗透率

表10-6反映的是中国纸和纸制品在主要国家的市场渗透率情况。总体上来看,一是中国纸和纸制品的市场渗透率在各国市场上逐渐增加,意味着其国际竞争力在增强;二是目前中国纸和纸制品在亚洲市场渗透率较高,具有较强竞争优势;在北美市场渗透率和欧洲总体市场渗透率一般,北美市场的情况明显好于欧洲市场。

具体来说,中国的纸和纸制品在日本的市场渗透率很高,从2003年的11.10%扩大到2012年的31.06%,这十年间,中国在日本的市场渗透率一直呈增长趋势,且排名始终第一。这可能得益于两国之间较为便利的地理位置,另一方面也可以反映出中国纸和纸制品在日本市场较受欢迎,与其国内市场的产品相比具有较强竞争力。中国在韩国和马来西亚的市场渗透率也很高,仅次于日本。在美国市场的渗透率近十年增长很快,从2003年的2.99%增长到2012年的14.28%,十年间增加了11.29%。在荷兰、法国、德国、意大利等欧洲发达国家的市场上,中国纸和纸制品的市场渗透率很低,不具备竞争优势,原因有可能是由于这些国家有着丰富的森林资源,造纸业也较发达,在产品多样化和质量方面优于中国,另一方面可能是其进出口主要集中于欧盟市场。

表10-6 2003~2013年中国纸和纸制品在主要国家市场渗透率

Tab. 10-6 Market penetration of China's paper and paper products in main countries from 2003 to 2013

	日本	韩国	马来西亚	印度	美国	加拿大	荷兰	法国	意大利	德国
2003	11.10	7.17	4.17	1.56	2.99	0.57	0.49	0.20	0.24	0.24
2004	14.02	7.57	3.41	2.58	3.54	0.61	0.67	0.30	0.29	0.29
2005	18.70	12.25	4.29	5.62	4.36	1.06	0.84	0.44	0.56	0.41
2006	20.58	16.73	7.69	13.70	5.41	1.80	1.00	0.57	1.04	0.52
2007	22.81	19.08	10.32	18.85	6.71	1.85	1.25	0.90	2.08	0.77
2008	23.56	18.50	10.34	14.62	7.52	1.90	1.34	1.05	1.50	0.50
2009	26.18	17.38	10.38	16.51	8.95	1.81	1.82	1.44	1.77	0.63
2010	26.42	17.67	11.26	12.07	9.58	2.41	2.38	1.53	2.15	0.79
2011	29.51	20.55	17.42	13.38	12.73	3.33	3.23	1.97	2.48	1.07
2012	31.06	21.83	21.40	15.58	14.28	3.76	4.00	2.50	2.41	1.18
2013	34.78	24.42	30.32	18.00	14.88	5.00	4.06	1.97	2.92	1.88

资料来源:根据UN COMTRADE数据库数据计算(http://comtrade.un.org/data/)。

10.3.1.4 相对国际竞争力指数

世界主要纸和纸制品国家中,除中国外,美国是典型的内需大国,因此在分析中国纸和纸制品相对国际竞争力指数时,仅选取美国进行横向比较。由于数据获取的限制,中国和美国的历年国内生产和消费的价格用出口商品价格和进口商品价格代替。

2007 年以前,中国主要纸和纸制品的相对国际竞争力指数明显低于美国,2007 年,中国相对国际竞争力指数达到 0.735,以微弱优势超过美国,但随后便下降,2011 年开始恢复增长,中国纸和纸制品的对外出口增加,竞争力开始显现,但不稳定。2007~2009 年期间美国相对国际竞争力指数呈小幅增长,2009~2011 年美国连续下降,这与近些年世界造纸产业格局逐渐从发达国家向新兴经济体国家转移的趋势相符(表 10-7,图 10-11)。

表 10-7 2002~2011 年中美两国纸和纸制品的相对国际竞争力指数

Tab. 10-7 Relative international competitiveness index of paper and paper products in China and the United States from 2002 to 2011

	2002	2003	2004	2005	2006	2007	2008	2009	2010	2011
美国	0.696	0.83	0.779	0.785	0.756	0.713	0.739	0.775	0.73	0.655
中国	0.525	0.565	0.66	0.631	0.62	0.735	0.591	0.599	0.51	0.64

资料来源:FAO 数据库计算而成(http://www.fao.org/forestry/statistics)。

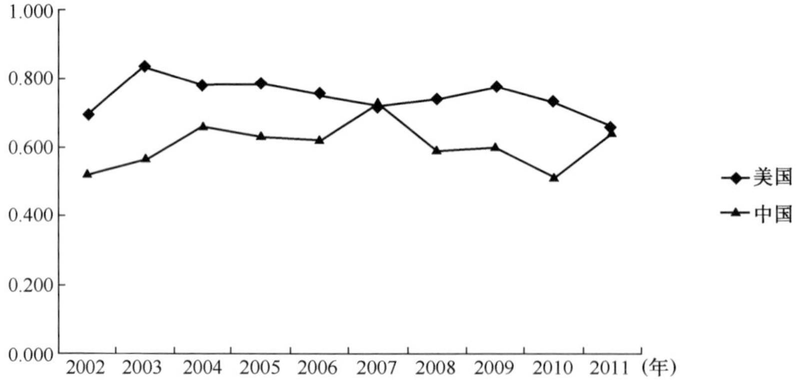

图 10-11 2002~2011 年中美两国纸和纸制品的相对国际竞争力指数

Fig. 10-11 Relative international competitiveness index of paper and paper products in China and the United States from 2002 to 2011

10.3.2 基于主成分分析的多指标综合评价

根据世界各国纸和纸制品的生产与贸易情况,以及国家相关指标数据的可得性,选取了美国、加拿大、日本、德国、法国、芬兰和瑞典七个国家进行国际竞争力比较分析,各指标数据均为 2010 年数据统计。

10.3.2.1 纸和纸制品国际竞争力评价指标体系

本研究借鉴波特“钻石模型”中对竞争优势的要素分析,从生产要素,需求要素,企业战略结构及竞争,相关与支持产业和政府五个方面选取相关指标,构建的指标体系见表 10-8。

表 10-8 纸和纸制品国际竞争力评价指标体系

Tab. 10-8 Comprehensive evaluation index system of paper and paper products' international competitiveness

编码	评价指标	指标说明
X_1	森林面积(平方公里)	是指由自然生长或人工种植且原地高度至少为 5 米的直立树木所覆盖的土地
X_2	森林覆盖率(%)	是指一定区域森林面积与土地面积的百分比,该指标反映了一国或地区森林资源丰富的程度
X_3	森林立木蓄积(百万立方米)	表示当地林地的立地生态条件下的木材生产力
X_4	纸业职工全员劳动生产率	用《国际经济统计年鉴》中制造业增加值与制造业雇员人数之比代替
X_5	纸业职工平均工资(美元)	用《国际经济统计年鉴》中制造业每小时人工成本代替,其中芬兰和瑞典由于数据缺失,采用 2008 年指标值替代。该指标值越小,企业的生产成本就越低,在国际市场竞争力就越强
X_6	国内纸品需求量(吨)	该指标数据用各国纸和纸制品消费量代替
X_7	人均 GDP(美元)	该指标值越高,说明该国社会经济发展水平越高,相应地具有较高质量的纸和纸制品需求
X_8	城市化水平	城市化程度的提高,会引起人口结构的变化,从而影响到纸品需求类型的变化,一般来说,一国城市化水平越高,相应地纸品需求类型越高
X_9	纸品人均消费量(吨/千人)	
X_{10}	企业规模	用该国前 5 名造纸企业的平均销售收入表示
X_{11}	世界造纸百强企业数量	
X_{12}	企业之间技术合作程度	
X_{13}	质量竞争力指数	
X_{14}	制造业竞争力指数	用工业制成品进出口额来计算制造业贸易竞争力指数
X_{15}	废纸回收率(%)	废纸回收率=废纸生产量/纸和纸板消费量×100%
X_{16}	知识产权保护力度	该指标反映了一国对知识经济的认知程度,知识产权的保护有利于促进企业的自主创新和技术专利的研发,增强自身竞争优势

（续）

编码	评价指标	指标说明
X_{17}	国际贸易投资和开放程度	竞争国际化程度较高的市场环境有利于造纸企业扩大对外开放，吸引对外直接投资，促进造纸业国际竞争力的提高。该指标=（外贸进出口总额+对外投资额+吸引外来直接投资额）/GDP
X_{18}	社会经济发展环境	政府提供良好的社会发展环境有利于企业经营。用人文发展指数代替
X_{19}	技术研发水平	该指标计算为研究发展经费占 GDP 的比例
X_{20}	环境法	遵守该法会不会影响到企业竞争

注：X_1、X_2、X_7、X_8、X_{17}、X_{19}的数据来源于世界银行 WDI 数据库，X_3的数据来源于联合国《2010 森林资源评估》，X_4、X_5、X_{14}的数据来源于《国际经济统计年鉴 2010》，X_6、X_9、X_{13}、X_{15}的数据来源于 FAO 粮农组织数据库，X_{12}、X_{16}、X_{20}的数据来源于 IMD 世界竞争力年鉴，X_{10}、X_{11}的数据来源于《环球纸业》，X_{18}的数据来源于联合国 2010 报告。

10.3.2.2 基于主成分分析的国际竞争力综合评价

本研究使用 SPSS 统计软件进行主成分分析。根据表 10-9 的方差贡献率表选取 4 个主成分，累计贡献率 91.86%。

表 10-9 特征值和总方差分解

Tab. 10-9 Eigenvalue and total variance decomposition

成分	初始特征值			被提取的载荷平方和		
	特征根	方差贡献率	累积方差贡献率	特征根	方差贡献率	累积方差贡献率
1	8.682	43.409	43.409	8.682	43.409	43.409
2	5.191	5.191	25.955	69.364		
3	2.388	11.941	81.306	2.388	11.941	81.306
4	2.111	10.554	91.860	2.111	10.554	91.860
5	0.846	4.229	96.089			
6	0.702	3.511	99.600			
7	0.080	0.400	100			
8	7.21×10^{-16}	3.61×10^{-15}	100			
9	3.55×10^{-16}	1.77×10^{-15}	100			
10	2.99×10^{-16}	1.50×10^{-15}	100			
11	9.86×10^{-17}	4.93×10^{-16}	100			
12	5.51×10^{-17}	2.75×10^{-16}	100			
13	3.15×10^{-17}	1.58×10^{-16}	100			
14	-1.11×10^{-17}	-5.54×10^{-17}	100			
15	-1.14×10^{-16}	-5.71×10^{-16}	100			
16	-2.14×10^{-16}	-1.07×10^{-15}	100			
17	-2.66×10^{-16}	-1.33×10^{-15}	100			
18	-3.71×10^{-16}	-1.85×10^{-15}	100			
19	-4.29×10^{-16}	-2.14×10^{-15}	100			
20	-5.13×10^{-16}	-2.56×10^{-15}	100			

表 10-10 初始成分载荷矩阵

Tab. 10-10 Loading matrix of initial component

	因子			
	1	2	3	4
X_1	-0.238	0.927	-0.166	0.016
X_2	0.628	-0.462	-0.089	0.581
X_3	0.032	0.992	-0.010	-0.020
X_4	0.856	0.477	0.128	0.103
X_5	-0.923	0.056	-0.021	0.375
X_6	-0.630	0.523	0.408	0.316
X_7	0.981	0.021	-0.012	-0.172
X_8	0.913	-0.113	0.136	-0.122
X_9	0.930	-0.102	0.021	0.138
X_{10}	0.468	0.685	0.294	0.449
X_{11}	0.113	0.879	0.242	0.321
X_{12}	0.922	0.087	-0.334	0.087
X_{13}	0.209	-0.595	0.748	0.115
X_{14}	-0.327	-0.752	0.324	0.395
X_{15}	0.374	-0.141	0.566	-0.326
X_{16}	0.834	0.234	-0.370	-0.046
X_{17}	-0.231	-0.472	-0.752	0.010
X_{18}	0.946	0.039	0.035	-0.312
X_{19}	0.739	-0.372	0.089	0.499
X_{20}	0.160	-0.032	-0.445	0.723

根据因子载荷阵表 10-10 可以求得特征向量矩阵，见表 10-11。

表 10-11 主成分系数表

Tab. 10-11 Principal component coefficient table

Z_1	Z_2	Z_3	Z_4
-0.0807	0.4067	-0.1076	0.0109
0.2130	-0.2027	-0.0577	0.3998
0.0108	0.4352	-0.0067	-0.0137
0.2904	0.2094	0.0829	0.0707
-0.3132	0.0246	-0.0137	0.2582
-0.2138	0.2294	0.2640	0.2174
0.3328	0.0092	-0.0080	-0.1181
0.3097	-0.0495	0.0883	-0.0842
0.3157	-0.0449	0.0136	0.0951
0.1587	0.3008	0.1900	0.3089
0.0385	0.3860	0.1569	0.2210
0.3131	0.0380	-0.2158	0.0599
0.0709	-0.2609	0.4838	0.0789
-0.1109	-0.3302	0.2100	0.2718
0.1271	-0.0621	0.3662	-0.2242
0.2830	0.1026	-0.2395	-0.0319
-0.0784	-0.2074	-0.4864	0.0067
0.3212	0.0169	0.0230	-0.2145
0.2509	-0.1633	0.0578	0.3438
0.0543	-0.0140	-0.2881	0.4973

由表 10-10 可以得出主成分表达式：

$$
\begin{aligned}
F_1 &= -0.0807X_1+0.2130X_2+0.0108X_3+\cdots+0.0543X_{20} \\
F_2 &= 0.4067X_1-0.2027X_2+0.4352X_3+\cdots-0.0140X_{20} \\
F_3 &= -0.1076X_1-0.0577X_2-0.0067X_3+\cdots-0.2881X_{20} \\
F_4 &= 0.0109X_1+0.3998X_2-0.0137X_3+\cdots+0.4973X_{20}
\end{aligned} \quad (10\text{-}1)
$$

其中，X_i 是标准化后的指标。在主成分 1 上系数比较大的指标有 X_7 人均 GDP 、X_9 纸品人均消费量、X_8 城市化水平、X_{18}社会经济发展环境。主成分 1 主要反映了一国纸品消费需求的情况，因此称之为纸和纸制品的需求要素条件，它的方差贡献率为 43.409%，是最为重要的因素。在主成分 2 上系数比较大的指标有 X_3 森林立木蓄积、X_1 森林面积、X_{11}世界造纸百强企业数量、X_{10}企业规模。主成分 2 反映了生产纸品的原料、企业规模要素条件，因此称之为生产与规模因素，它的方差贡献率为 25.955%，是第二重要因素。在主成分 3 上系数比较大的指标有 X_{15}废纸回收率、X_{13}质量竞争力指数。主成分 3 主要反映了废纸回收率对于造纸发展的影响以及纸品质量对纸业竞争力的影响作用，虽然质量竞争力指数被归类到企业战略结构与竞争中，但是它和废纸回收率同样可以看作是对纸业发展的支持，即体现了相关与产业支持性因素，它的方差贡献率是 11.941%，为第三重要因素。在主成分 4 上系数比较大的指标有 X_{20}环境法、X_{19}技术研发水平、X_2 森林覆盖率，主要反映了政府行为，尤其是政府在环境法的制定和技术研发方面的行为，对于造纸业发展有重大影响，因此称之为政府因素，它的方差贡献率为 10.554%。以这四个主成分的方差贡献率与累积贡献率比值为权重，可以计算得到各国竞争力综合得分 F：

$$F=0.4726F_1+0.2825F_2+0.1300F_3+0.1149F_4 \quad (10\text{-}2)$$

根据 F 表达式，计算出各国综合得分结果见表 10-12。

表 10-12　综合评价得分结果

Tab. 10-12　Result of comprehensive evaluation scores

国　家	主成分 1		主成分 2		主成分 3		主成分 4		综合得分	排　名
	得分	排名	得分	排名	得分	排名	得分	排名		
加拿大	0.0050	6	2.1438	2	-2.0352	8	-1.1393	6	0.2126	5
中国	-6.1708	8	0.2682	3	0.0149	5	0.5761	4	-2.7721	8
德国	0.0568	5	-1.6199	8	0.3177	4	-1.5244	7	-0.5647	6
芬兰	1.9515	1	-1.3499	5	-1.6591	7	1.8738	1	0.5404	3
法国	-0.7933	7	-1.0848	4	0.6889	3	-1.9865	8	-0.8201	7
日本	1.2602	4	-1.5647	7	2.5387	1	1.0906	2	0.6087	2
瑞典	1.7048	3	-1.4224	6	-1.1173	6	0.6699	3	0.3354	4
美国	1.8417	2	4.6410	1	1.2452	2	0.5586	5	2.4077	1

通过对上述8个世界主要纸和纸制品生产国家的国际竞争力指标进行主成分综合得分计算,可以看出,八国综合竞争力得分排名依次是美国、日本、芬兰、瑞典、加拿大、德国、法国和中国,中国与世界造纸发达国家之间的差距很大。在需求要素方面,中国处于明显劣势地位。与发达国家相比,我国仍是发展中国家,经济发展水平不高,居民消费水平也相对较低,对纸和纸制品消费需求和档次较低,同时在政策、技术、生产率等方面的不完善也使得造纸企业的竞争力受限。在生产与规模因素方面,中国在该因素上的得分较靠前,比芬兰和瑞典的得分略高。该因素得分可能受世界造纸百强企业数量指标的影响,由于世界造纸百强企业是按生产纸和纸制品的规模来划分的,我国生产纸和纸制品的产量居世界首位,进入世界造纸百强企业的数量较多。与森林资源丰富的芬兰和瑞典等国相比,我国竞争优势不足,林业资源短缺,生产纸的主要原料木浆匮乏,这些在很大程度上限制了我国造纸业的发展。在相关与支持性产业因素方面,中国不具优势。对于我国这样木材资源缺乏的国家来说,废纸回收率的高低对于我国纸品的生产有很大影响,废纸是一种既便宜又实惠的造纸原料,发达国家很重视对它的回收和利用,其废纸回收率高达70%左右,而我国仅为40%,且这40%都是依赖于国外进口,与发达国家相比,在这方面我国有很大差距。由于质量竞争力指数是按出口价格与进口价格比值进行计算的,我国丰富廉价的劳动力,在一定程度上使得纸和纸制品出口价格低于世界其他国家,在进口价格稳中有升的情况下,质量竞争力指数不高。在政府因素方面,中国排名第二,与造纸发达国家相比,中国造纸技术落后,降污减排能力弱,造纸生产受相关政策影响大。

10.4 小 结

以进出口数据为基础的关键指标测评结果显示,我国纸和纸制品的国际竞争力在国际市场占有率方面地位一般,对于亚洲市场的渗透率最高,与美国这样的造纸发达国家相比,相对国际竞争力差距很大,但结合出口增长优势指数来看,中国纸和纸制品的竞争潜力很大,发展势态良好。多指标综合评价法测评结果显示,中国纸和纸制品综合国际竞争力得分很低,在8个主要参与测评国家中排名最后一位,可见中国是生产大国却非强国,中国纸和纸制品竞争力需亟待提升。在需求要素、生产与企业规模因素、相关与支持性产业因素、政府行为这些因素方面,我国与发达国家之间的差距很大。

11 木质林产品国际竞争力分析

进行木质林产品国际竞争力评价往往需要用到被评价各国的统计数据，由于国内外对于木质林产品范畴缺乏统一标准，使得不同国别木质林产品统计资料之间可能面临统计口径不一致的问题，给统计数据的收集和整理带来了困难。在参考《中国林业统计年鉴》《中国林业发展报告》《FAO 林产品年鉴》及部分学者的对木质林产品的界定的基础上，重点考虑国外数据的可得性，最终将木质林产品的范畴界定为：原木、锯材、人造板、木浆、其他纤维浆、回收纸以及纸和纸板。上述各种木质林产品对应的世界海关组织协调的系统（HS）编码以及联合国《国际贸易标准分类》（SITC）编码见表 11-1。

表 11-1 木质林产品分类表

Tab. 11-1 Woody forest products classification table

产　品	HS(2007)编码	SITC 编码
原木	440110,440320/40/90	245.01,247.4,247.5
锯材	4407	248.2,248.4
人造板	4408,4410,4411,441230/90	634.1,634.22,634.23,634.3,634.4,634.5
木浆	4701,4702,4703,4704,4705	251.2,251.3,251.4,251.5,251.6,251.91
其他纤维浆	470610/30/90	251.92
回收纸	4707	251.1
纸和纸板	4801/02/03/04/05/06/08/09/10,481150,4812/13	641.1/2/3/4/5/6,641.71/72/74/75/76/77,641.ex73/ex78/ex79,641.93,642.41

基于可比性、客观性以及简明性原则，本文选择采用基于主成分分析的综合评价方法、基于熵权法的综合评价方法、基于灰色关联度分析的综合评价方法以及基于灰色定权的综合评价方法等四种方法对木质林产品的国际竞争力进行分析。

11.1 木质林产品国际竞争力评价指标体系

为了使国际竞争力的评价结果科学、合理和准确，在构建木质林产品国际竞争力指标体系时要遵循以下原则：一是科学性。指标体系的构建反映竞争力的内涵，体现出木质林产品自身的特点。二是可行性。一方面指标的定义明确，便于进行量化；另一方面，进行分析所需要的数据全部或大部分能够通过正常渠道获得。三是系统性。选取的指标要能够全面地反映影响木质林产品国际竞争力的因素。四是可比性。既能用于横向比较，又能用于纵向比较。五是国际性。所选取的指标既要有中国的数据又要有外国的数据。

11.1.1 评价指标的选取

基于上述原则，借鉴波特钻石模型理论，从生产要素、需求条件、企业战略结构和市场竞争、相关与支持产业以及政府等方面设置指标。在指标选择上参考国内外研究成果，结合木质林产品自身的特征，充分考虑到指标自身的涵义以及指标数据的可得性，最终选取的指标见表 11-2，指标体系见表 11-3。

表 11-2 评价指标说明

Tab. 11-2 Explication of evaluation index

一级指标	评价指标	指标说明
生产要素	森林面积	是指由自然生长或人工种植且原地高度至少为 5 米的直立树木所覆盖的土地
	森林覆盖率	是指一定区域森林面积与土地面积的百分比，该指标反映了一国或地区森林资源的丰富程度
	森林立木蓄积	表示当地林地的立地生态条件下的木材生产力
	劳动生产率	用《国际经济统计年鉴》中制造业增加值与制造业雇员人数之比代替
	劳动力成本	用《国际经济统计年鉴》中制造业每小时人工成本代替，其中芬兰和瑞典由于数据缺失，采用 2008 年指标值替代。该指标值越小，企业的生产成本就越低，在国际市场竞争力就越强
	劳动力数量	用劳动适龄人口比重即 15～64 岁人口占总人口的比重来表示劳动力的丰裕程度。该指标值越大，劳动力越充足
需求要素	人均 GDP	该指标值越高，说明该国社会经济发展水平越高，相应地具有较高质量的纸和纸制品需求
	GDP 增长率	GDP 增长率＝当期 GDP/上一期 GDP×100%
	城市化水平	城镇人口占总人口的比重，一般而言，城镇人口在收入水平、消费层次等方面要高于农村人口，一个国家或地区的城市化率越高，其消费的层次也会越高

(续)

一级指标	评价指标	指标说明
相关及支持产业	营林效率	用2005~2010年人工林年变化率来表示
	工业增加值	
企业战略结构和市场竞争	木质林产品国际市场占有率	
	高级产品出口占比	人造板、纸和纸板出口额占木质林产品出口总额的比重。其中木质林产品出口总额是原木、锯材、人造板、木浆、其他纤维浆、回收纸以及纸和纸板的出口额之和
政府因素	经济社会发展环境	政府提供良好的社会发展环境有利于企业经营。用人文发展指数代替
	出口周转时间	出口周转时间能反映商品出口的便利程度
	技术研发水平	该指标计算为研究发展经费占GDP的比例
	国际贸易投资和开放程度	竞争国际化程度较高的市场环境有利于造纸企业扩大对外开放，吸引对外直接投资，促进造纸业国际竞争力的提高。该指标=(外贸进出口总额+对外投资额+吸引外来直接投资额)/GDP

表11-3 评价指标体系

Tab. 11-3 Evaluation index system

波特要素	编码	指标名称	数据来源	指标正逆
生产要素	X_1	森林面积(平方公里)	WDI数据库	+
	X_2	森林覆盖率(%)	WDI数据库	+
	X_3	森林立木蓄积(百万立方米)	WDI数据库	+
	X_4	劳动生产效率(万$/人/年)	WDI数据库,ILO数据库	+
	X_5	劳动力成本[$/(人·小时)]	《国际经济统计年鉴》	-
	X_6	劳动力数量(%)	WDI数据库	+
需求要素	X_7	人均GDP($)	WDI数据库	+
	X_8	GDP增长率(%)	WDI数据库	+
	X_9	城市化率(%)	WDI数据库	+
相关与支持产业	X_{10}	营林效率(%)	联合国《2010森林资源评估》	+
	X_{11}	工业总产值($)	WDI数据库	+
产业结构和竞争	X_{12}	国际市场占有率(%)	联合国粮农组织网站	+
	X_{13}	高级产品出口占比(%)	联合国粮农组织网站	+

（续）

波特要素	编码	指标名称	数据来源	指标正逆
政府	X_{14}	人文发展指数	《国际统计年鉴》	+
	X_{15}	技术研发水平(%)	WDI 数据库	+
	X_{16}	出口周转时间(天)	WDI 数据库	-
	X_{17}	国际贸易和投资的开放度	WDI 数据库	+

注：+表示正指标，-表示逆指标。

11.1.2 指标数据分析

11.1.2.1 生产要素条件

(1)森林资源。森林面积和森林覆盖率反映的是森林资源的数量，森林立木蓄积反映的则是森林资源的质量。2012 年我国森林面积为 2123873 平方公里，森林覆盖率为 22.62%，森林立木蓄积为 146.84 亿立方米，在 15 个国家中的排名分别为第五、第十四和第五，见表 11-4。数据显示，我国森林资源相对丰富。

表 11-4 2012 年各国森林资源状况

Tab. 11-4 Forest resources of various countries in 2012

国　家	森林面积(平方公里)	森林覆盖率(%)	森林立木蓄积(百万立方米)
中国	2123873	22.62	14684
印度尼西亚	930620	51.37	11343
印度	687240	23.11	2223
日本	249966	68.57	1159
巴西	5151332	61.63	126221
加拿大	3101340	34.10	32983
美国	3047876	33.32	47088
芬兰	221570	72.91	2189
法国	160500	29.31	3492
德国	110760	31.78	81523
荷兰	3650	10.82	70
波兰	93918	30.67	2049
俄罗斯	8092100	49.41	2584
瑞典	282030	69.24	3358
新西兰	82522	31.34	3586

(2)劳动力资源。在所列的十五个国家中,我国的劳动适龄人口比重是最高的,达到73.34%,其他国家的该比重也均在60%以上。劳动力生产率较高的国家有美国、荷兰、日本、瑞典和加拿大等,这些国家的劳动力生产效率均在11万美元/(人·年)以上,远高于我国。我国劳动力成本相对较低,为3.86美元/(人·小时),是除印度、印度尼西亚以外劳动力成本最低的国家,见表11-5。

表11-5 2012年各国劳动力资源状况

Tab. 11-5 Labor resources of various countries in 2012

国　家	劳动适龄人口比重(%)	劳动力生产效率[万美元/(人·年)]	劳动力成本[美元/(人·小时)]
中国	73.34	2.56	3.86
印度尼西亚	65.60	2.09	0.98
印度	65.37	1.48	0.88
日本	62.49	11.98	35.30
巴西	68.13	2.08	11.20
加拿大	68.81	11.44	36.60
美国	66.74	17.17	35.70
芬兰	65.26	10.86	21.58
法国	64.28	8.23	39.80
德国	65.73	8.10	45.80
荷兰	66.35	12.22	39.60
波兰	71.04	2.88	8.30
俄罗斯	71.59	6.47	4.83
瑞典	64.38	11.89	52.40
新西兰	66.11	5.68	24.80

11.1.2.2 需求要素条件

(1)人均GDP。人均GDP可以用来衡量一个国家或地区的经济发展水平,一个国家或地区的人均GDP越高,居民的消费层次也就越高。2012年,在所列举的十五个国家中排名前五位的分别是:瑞典、美国、荷兰、芬兰和德国,这些国家的人均GDP均在35000美元以上。我国的人均GDP仅为3344.54美元,不到这些国家的十分之一,在十五个国家中排第十位,仅高于印度尼西亚和印度两国。木质林产品在经济建设的过程中扮演了重要的角色,GDP的变动能在一定程度上反映木质林产品需求的变动趋势,GDP增长速度越快,木质林产品需求增长的空间越大。2012 年,我国的 GDP 增长率位列第一,达到 7.65%,处于较高水平,未来我国木质林产品市场需求仍有较大的增长潜力(表 11-6)。

(2)城市化率。城市化率即城镇人口占总人口的比重,一般而言,城镇人口在收入水平、消费层次等方面要高于农村人口,因此,一个国家或地区的城市化率越高,其消费的层次也会越高。在这 15 个国家当中,城市化率在 80%以上的有 8 个,在 70%~80%之间的有 3 个,除波兰 60.69%外,其他的 4 个国家均在 55%以下,其中我国为 51.89%,排第 13 位,我国消费需求的层次相对较低。

表 11-6　2012 年各国需求要素

Tab. 11-6　Demand factors of various countries in 2012

国　家	人均 GDP(美元)	GDP 增长率(%)	城市化率(%)
中国	3344.54	7.65	51.89
印度尼西亚	1732.18	6.26	51.49
印度	1126.90	5.08	31.63
日本	36912.19	1.75	91.90
巴西	5730.25	1.03	84.90
加拿大	37210.49	1.71	81.29
美国	45038.20	2.32	81.11
芬兰	39749.34	-1.46	83.82
法国	35723.87	0.33	78.82
德国	39273.38	0.38	74.69
荷兰	43333.75	-1.59	88.58
波兰	10603.38	1.76	60.69
俄罗斯	6848.74	3.44	73.79
瑞典	45260.11	-0.29	85.36
新西兰	28840.46	2.53	86.20

11.1.2.3　相关及支持产业因素

2012 年,我国工业增加值为 22508.91 亿美元,在 15 个国家中排第二位,仅次于美国的 28010.69 亿美元。除日本为 12696.29 亿美元以外,其他国家均低于 1 万亿美元。木质林产品的国际竞争力越强。在 15 个国家中,我国的营林效率是较高的,达到了 2.80%,位列第二,远远高于美国、法国等国家(表 11-7)。

表 11-7 各国相关及支持产业因素

Tab. 11-7 Factors ofrelevant and supportive industry in various countries

国　家	营林效率(%)	工业增加值(亿美元)
中国	2. 8	22508. 91
印度尼西亚	-0. 82	1817. 01
印度	1. 48	3589. 20
日本	0	12696. 29
巴西	5. 17	2603. 49
加拿大	2. 18	3582. 01
美国	0. 76	28010. 69
芬兰	0	558. 96
法国	0. 31	4161. 32
德国	0	8613. 98
荷兰	0	1470. 98
波兰	0. 28	1315. 39
俄罗斯	0. 03	2841. 80
瑞典	0	1050. 90
新西兰	-0. 46	283. 19

11. 1. 2. 4 产业结构和市场竞争因素

2012 年，木质林产品国际市场占有率排名前五位的依次是：美国(10. 97%)、加拿大(9. 57%)、德国(8. 93%)、瑞典(6. 78%)和中国(6. 05%)。我国的国际市场占有率处于较高的水平，但是相比于美国、加拿大、德国等国家，仍存在较大的差距。我国高级产品出口占比为 92. 95%，位列世界第一，高于世界平均水平(表 11-8)。在所列的十五个国家中，高级产品出口占比前五位的国家为中国、印度、波兰、德国和法国，后五位的国家为新西兰、巴西、俄罗斯、加拿大和美国，排名后五位的国家大多本国森林资源丰富，直接出口加工程度低的原木锯材等产品便能获得较为可观的出口收入。

表 11-8 产业结构和市场竞争因素

Tab. 11-8 Factors of industrial structure and market competition

国　家	国际市场占有率(%)	高端产品出口占比(%)
中国	6. 05	92. 95
印度尼西亚	3. 28	72. 47
印度	0. 18	89. 91

（续）

国　家	国际市场占有率(%)	高端产品出口占比(%)
日本	1. 30	59. 15
巴西	3. 30	31. 30
加拿大	9. 57	38. 03
美国	10. 97	45. 08
芬兰	5. 83	73. 68
法国	3. 16	77. 42
德国	8. 93	82. 95
荷兰	1. 85	59. 84
波兰	1. 49	85. 23
俄罗斯	4. 04	32. 40
瑞典	6. 78	61. 04
新西兰	1. 42	24. 80

11. 1. 2. 5　政府因素

我国 2012 年的人文发展指数为 0. 699,略低于世界平均水平,在 15 个国家中排第 13 位,相对较低。在所列的 15 个国家中,技术研发水平排名前 5 位的国家依次为芬兰(3. 55%)、瑞典(3. 41%)、日本(3. 39%)、德国(2. 92%)和美国(2. 79%),比我国高 0. 81~1. 75 个百分点,我国技术研发水平相对不足。我国的出口周转时间为 21 天,在 15 个国家中排 14 位,仅高于俄罗斯。同期美国、荷兰、加拿大、德国、芬兰和瑞典等国的出口周转时间远低于我国,其中最短的是美国,仅为 6 天,不到我国的 1/3,说明我国在这方面处于劣势。国际贸易和投资的开放程度排前五位的国家依次为:荷兰(1. 45)、瑞典(0. 97)、德国(0. 90)、芬兰(0. 89)和波兰(0. 86)。我国为 0. 80,排第六位,与排名前五的国家相比仍有一定的差距(表 11-9)。

表 11-9　政府因素

Tab. 11-9　Government factor

国　家	人文发展指数	技术研发水平(%)	出口周转时间(天)	开放度
中国	0. 699	1. 98	21	0. 80
印度尼西亚	0. 629	0. 08	17	0. 70
印度	0. 554	0. 81	16	0. 57

（续）

国　家	人文发展指数	技术研发水平(%)	出口周转时间(天)	开放度
日本	0. 912	3. 39	11	0. 32
巴西	0. 730	1. 21	13	0. 38
加拿大	0. 911	1. 73	8	0. 73
美国	0. 937	2. 79	6	0. 33
芬兰	0. 892	3. 55	9	0. 89
法国	0. 893	2. 26	10	0. 61
德国	0. 920	2. 92	9	0. 90
荷兰	0. 921	2. 16	7	1. 45
波兰	0. 821	0. 90	17	0. 86
俄罗斯	0. 788	1. 12	24	0. 71
瑞典	0. 916	3. 41	9	0. 97
新西兰	0. 919	1. 27	10	0. 63

11. 2　基于主成分分析法的综合评价

在本文选取的 17 个指标中，指标的方向不尽相同，正逆指标同时存在，因此在进行分析之前，要对指标进行同向化处理。由于逆指标的原始数据不存在 0 值，因此采用倒数化方法将逆指标转化为正指标，公式为：

$$X_i' = 1/X_i \tag{11-1}$$

其中，X_i 表示原指标，X_i' 表示同向化后的指标。由于此处选取的 17 个指标的量纲不完全相同，有的量纲之间的数值差异还比较大，直接将它们进行综合是不合适的，因此需要对这些指标进行无量纲化处理。在对原始数据进行预处理之后，通过计算相关矩阵 R 可以看出，各个变量之间存在相关关系，可以用主成分进行分析。使用 SPSS19. 0 进行主成分分析，得到特征值、方差贡献率见表 11-10。从表 11-10 可以看出，前 5 个主成分解释了全部方差的 85. 2%，即包含原始数据的信息总量达到了 85. 2%。

设这 5 个主成分分别用 F_1、F_2、F_3、F_4、F_5 来表示，第 i 个主成分的系数等于因子载荷矩阵（表 11-11）的第 i 列元素与第 i 个特征根的平方根的比值，结果见表 11-12。

表 11-10 特征值和方差贡献率

Tab. 11-10 Eigenvalue and variance contribution

成分	初始特征值			提取平方和载入		
	特征值	方差贡献率（%）	累积方差贡献率（%）	特征值	方差贡献率（%）	累积方差贡献率（%）
1	6.800	39.998	39.998	6.800	39.998	39.998
2	3.038	17.872	57.871	3.038	17.872	57.871
3	1.962	11.538	69.409	1.962	11.538	69.409
4	1.557	9.160	78.569	1.557	9.160	78.569
5	1.127	6.631	85.200	1.127	6.631	85.200
6	0.920	5.412	90.612			
7	0.685	4.029	94.641			
8	0.360	2.120	96.761			
9	0.212	1.250	98.011			
10	0.186	1.093	99.104			
11	0.097	0.571	99.674			
12	0.039	0.228	99.902			
13	0.013	0.077	99.979			
14	0.004	0.021	100.000			
15	-2.162×10^{-17}	-1.272×10^{-16}	100.000			
16	-1.858×10^{-16}	-1.093×10^{-15}	100.000			
17	-2.607×10^{-16}	-1.534×10^{-15}	100.000			

表 11-11 因子载荷矩阵

Tab. 11-11 Component matrix

	因 子				
	1	2	3	4	5
ZX_1	−0.240	0.784	−0.205	0.169	−0.330
ZX_2	0.219	0.166	−0.517	−0.575	−0.056
ZX_3	0.043	0.720	−0.048	−0.071	0.591
ZX_4	0.902	0.041	0.217	−0.076	−0.244
ZX_5	−0.789	−0.293	0.081	−0.312	−0.015
ZX_6	−0.467	0.446	0.205	0.630	−0.167

（续）

	因　子				
	1	2	3	4	5
ZX_7	0. 972	−0. 153	0. 123	−0. 018	0. 012
ZX_8	−0. 806	0. 146	0. 355	−0. 163	−0. 318
ZX_9	0. 863	0. 224	−0. 371	0. 071	−0. 061
ZX_{10}	−0. 278	0. 716	0. 003	0. 043	0. 494
ZX_{11}	0. 093	0. 419	0. 790	−0. 247	−0. 182
ZX_{12}	0. 460	0. 474	0. 513	0. 023	0. 003
ZX_{13}	−0. 311	−0. 559	0. 530	−0. 108	0. 362
ZX_{14}	0. 942	0. 009	−0. 017	0. 184	−0. 120
ZX_{15}	0. 817	−0. 044	0. 219	−0. 248	0. 103
ZX_{16}	0. 850	0. 021	0. 240	0. 013	0. 104
ZX_{17}	0. 169	−0. 518	0. 040	0. 700	0. 171

表 11-12　主成分系数表

Tab. 11-12　Principal component coefficient table

	F_1	F_2	F_3	F_4	F_5
ZX_1	−0. 092	0. 450	−0. 146	0. 135	−0. 311
ZX_2	0. 084	0. 095	−0. 369	−0. 461	−0. 053
ZX_3	0. 016	0. 413	−0. 034	−0. 057	0. 557
ZX_4	0. 346	0. 024	0. 155	−0. 061	−0. 230
ZX_5	−0. 303	−0. 168	0. 058	−0. 250	−0. 014
ZX_6	−0. 179	0. 256	0. 146	0. 505	−0. 157
ZX_7	0. 373	−0. 088	0. 088	−0. 014	0. 011
ZX_8	−0. 309	0. 084	0. 253	−0. 131	−0. 300
ZX_9	0. 331	0. 129	−0. 265	0. 057	−0. 057
ZX_{10}	−0. 107	0. 411	0. 002	0. 034	0. 465
ZX_{11}	0. 036	0. 240	0. 564	−0. 198	−0. 171
ZX_{12}	0. 176	0. 272	0. 366	0. 018	0. 003
ZX_{13}	−0. 119	−0. 321	0. 378	−0. 087	0. 341

（续）

	F_1	F_2	F_3	F_4	F_5
ZX_{14}	0. 361	0. 005	−0. 012	0. 147	−0. 113
ZX_{15}	0. 313	−0. 025	0. 156	−0. 199	0. 097
ZX_{16}	0. 326	0. 012	0. 171	0. 010	0. 098
ZX_{17}	0. 065	−0. 297	0. 029	0. 561	0. 161

根据各指标原始数据预处理后的数值(用 ZX_i 表示)以及主成分系数矩阵，可以得到各主成分的表达式(11-2)如下：

$$
\begin{aligned}
F_1 &= -0.092ZX_1+0.084ZX_2+0.016ZX_3+\cdots+0.065ZX_{17}\\
F_2 &= 0.450ZX_1+0.095ZX_2+0.413ZX_3+\cdots-0.297ZX_{17}\\
F_3 &= -0.146ZX_1-0.369ZX_2-0.034ZX_3+\cdots+0.029ZX_{17}\\
F_4 &= 0.135ZX_1-0.461ZX_2-0.057ZX_3+\cdots+0.561ZX_{17}\\
F_5 &= -0.311ZX_1-0.053ZX_2+0.557ZX_3+\cdots+0.161ZX_{17}
\end{aligned}
\tag{11-2}
$$

通过上述表达式可以计算出各主成分的得分。以每个主成分的方差贡献率占累计方差贡献率的比重作为权数，便能够计算得到各国木质林产品国际竞争力的综合得分及排名如下：

$$F=0.469F_1+0.210F_2+0.135F_3+0.108F_4+0.074F_5 \tag{11-3}$$

根据式 11-3，具体排名情况见表 11-13。

表 11-13 主成分综合得分及排名

Tab. 11-13 Score and ranking of principal component

国　家	综合得分	排　名
美国	1. 120672316	1
瑞典	1. 008760722	2
德国	0. 90934813	3
日本	0. 846197672	4
芬兰	0. 828430855	5
加拿大	0. 727933609	6
荷兰	0. 672407979	7
法国	0. 647543925	8
新西兰	0. 341238884	9
巴西	0. 138667186	10

（续）

国　家	综合得分	排　名
俄罗斯	0. 126889231	11
中国	0. 054724264	12
波兰	0. 039083436	13
印度尼西亚	−0. 113548593	14
印度	−0. 222442976	15

11. 3　基于熵权法的综合评价

对于熵权法，阈值法是一种较好的数据预处理方法。阈值法是进行无量纲化处理一种有效方式，该方法通过对正、逆指标分别采取两种相互对应的无量纲化公式，在无量纲化的同时也实现了指标的同趋势化。采用熵权法分析，得到木质林产品国际竞争力的综合得分和排名，见表 11-14。

表 11-14　熵权法综合得分及排名

Tab. 11-14　Score and ranking of entropy weight method

国　家	熵权法综合得分	熵权法排名
美国	0. 624727477	1
加拿大	0. 552291379	2
德国	0. 506952964	3
瑞典	0. 50421093	4
中国	0. 502363168	5
巴西	0. 501231528	6
芬兰	0. 473446369	7
日本	0. 444519773	8
俄罗斯	0. 439540619	9
法国	0. 388957581	10
荷兰	0. 38678909	11
波兰	0. 368192708	12
新西兰	0. 335300869	13
印度尼西亚	0. 26958871	14
印度	0. 260679463	15

11.4 基于灰色系统理论的综合评价

使用基于灰色系统理论的方法进行综合评价时,同样需要对原始数据进行同趋势化处理和无量纲化处理。同趋势化处理的方法与前面一样,依旧采用倒数化方法将逆指标转化为正指标,然后可以选择各指标的最大值作为理想值,构建参考序列,并根据灰色关联系数计算公式,得到各国不同指标对应的灰色关联系数。

11.4.1 基于灰色关联度分析的综合评价方法

根据灰色关联系数可计算灰色绝对关联度或灰色加权关联度,计算灰色加权关联度需要事先给定各指标的权重,其分析的结果除了受到方法本身的影响外,还会受到赋权方法的影响。为了便于比较方法本身对评价结果的影响,此处选用灰色绝对关联度来进行分析,得到的评价结果见表 11-15。

表 11-15 灰色关联度分析综合得分及排名

Tab. 11-15 Score and ranking of grey relational analysis

国 家	绝对关联度	排 名
美国	11. 15559597	1
瑞典	9. 758427022	2
芬兰	9. 590797706	3
德国	9. 350146879	4
荷兰	9. 32950456	5
日本	9. 275298351	6
中国	9. 238805857	7
加拿大	9. 113640427	8
巴西	8. 878068766	9
俄罗斯	8. 242410538	10
法国	8. 168591155	11
新西兰	7. 776542549	12
印度	7. 670773376	13
印度尼西亚	7. 646777814	14
波兰	7. 601664033	15

11.4.2 基于灰色关联系数赋权的灰色综合评价法

根据灰色关联系数，计算每一指标的平均灰色关联系数，然后将它们加总，并将每一指标的平均灰色系数的值与该加总值的比重作为每一指标对应的权重，将评价对象各指标的值乘以它们各自对应的权重，并进行加总得到评价对象的综合得分值，评价结果见表 11-16。

表 11-16 灰色关联系数赋权法综合得分及排名

Tab. 11-16 Score and ranking of using grey incidence coefficient for weight

国 家	灰色赋权法得分	排 名
美国	1. 458893	1
巴西	1. 342567	2
中国	1. 286916	3
加拿大	1. 197843	4
德国	1. 128926	5
瑞典	0. 976156	6
日本	0. 966691	7
俄罗斯	0. 963914	8
印度	0. 943387	9
芬兰	0. 922232	10
印度尼西亚	0. 895872	11
法国	0. 811225	12
荷兰	0. 793026	13
新西兰	0. 661018	14
波兰	0. 651333	15

11.5 木质林产品国际竞争力评价结果比较

上述实证分析中讨论的指标，只有正指标和逆指标两种，不存在适度指标，并且逆指标并不存在 0 值，因此，除熵权法外，均可采用倒数正向化方法进行同趋势化处理，指标无量纲化均采用标准化方式。上述方法的评价效果可采用第二章讨论的兼容度和差异度来比较，考虑到中国的经济发展状况和资源禀赋，根据经验判断，在所列举的十五个国家中，中国的国际竞争力大致处于中游，因此，计算差异度建立的规则应保证能够较好地区分中等以下水平之外的国家，区分点选为 10 较为合适。根据公式(2-13)至公式(2-16)进行计算，得到上述四种方法的兼容度和差异度见表 11-17 所示。从兼容度来看，熵权法和绝对关联度法的评价效果较好，主成分法和灰色定权法的评价效果较差。从差异度来看，主成分法和灰色定权法的差异度远远大于另外两种方法，对不同评价对象的区分度较差。通过比较可以看出，熵权法和绝对关联度分析法的效果较好，这两种方法的评价结果比较一致。为了检验这两种方法的评价结果是否具有一致性，可进行 kendall 协调系数检验，结果见表 11-18。协调系数 $W=0.939$，$P=0.024<0.05$，拒绝原假设，认为这两种方法的评价结果是一致的。当上述两种评价方法的结果具有一致性时，可以采用组合评价，这样能够扬长避短，评价结果更佳，组合评价结果见表 11-19，排名前 5 位的国家依次为美国、芬兰、瑞典、德国和加拿大，排名倒数 5 位的国家依次为印度、印度尼西亚、波兰、新西兰和俄罗斯。我国排名第六，属于中等偏上水平。

表 11-17 上述四种方法的兼容度和差异度

Tab. 11-17 Compatibility degree and difference degree of the four methods above

方　法	兼容度	差异度
主成分分析法	0. 68	16
熵权法	0. 79	6
绝对关联度法	0. 75	6
灰色定权法	0. 55	16

表 11-18 两种方法的 kendall 协调系数检验

Tab. 11-18 Kendall harmonious coefficient test of the two methods

N	2
Kendall W[a]	0. 929
卡方	43. 100
df	14
渐近显著性	0. 024

表 11-19 两种方法的标准得分、标准综合得分及排名

Tab. 11-19 Standard score, standard composite scores and ranking of the two methods

国　家	熵权标准得分	绝对关联度标准得分	标准综合得分	排　名
中国	0. 52	0. 39	0. 91	6
印度尼西亚	-1. 44	-1. 21	-2. 65	14

（续）

国　家	熵权标准得分	绝对关联度标准得分	标准综合得分	排　名
印度	-1.92	-1.18	-3.11	15
日本	0.27	0.42	0.70	7
巴西	0.19	0.02	0.21	9
加拿大	0.85	0.26	1.11	5
美国	1.79	2.31	4.09	1
芬兰	0.89	0.74	1.63	2
法国	-0.42	-0.69	-1.10	11
德国	0.82	0.50	1.32	4
荷兰	0.03	0.48	0.50	8
波兰	-0.88	-1.25	-2.13	13
俄罗斯	-0.37	-0.61	-0.99	10
瑞典	0.65	0.91	1.56	3
新西兰	-0.97	-1.08	-2.05	12

11.6　小　结

由于评价方法众多，难以利用各种方法进行木质林产品国际竞争力分析。考虑到数据的可得性，结合木质林产品国际竞争力评价方法的特点，采用与客观赋权相结合的基于主成分分析法、熵权法、灰色系统理论的综合评价方法对主要木质林产品生产和贸易国家进行了国际竞争力分析与评价，并用兼容度和差异度比较了四种方法的评价效果。比较发现，在四种评价方法中，熵权法评价效果最好，其次是绝对关联度法，再次是主成分分析法，最差的是灰色定权法，且后两种方法的评价效果与前两种相差较远。另外发现，熵权法和绝对关联度法的评价效果具有统计学意义上的一致性，可以考虑对这两种评价方法进行组合评价，结果显示中国木质林产品国际竞争力处于中上水平。

12　松香国际竞争力分析

松香是重要林化产品，在生产和生活中广泛使用。松香是中国林产化工产业最重要的非木质林产品之一，也是中国具有鲜明特色的出口型林产品。本章在讨论中国松香的生产与贸易现状基础上，考虑到数据的可获得性，采用贸易竞争力指数、显示性比较优势指数、显示性竞争优势指数以及国际市场占有率等竞争力测算方法分析了世界主要松香出口国 2003～2011 年松香国际竞争力水平，以期客观分析中国松香产业的发展现状以及国际竞争力水平，对促进我国松香产业可持续发展具有现实意义。

12.1　中国松香的生产与贸易现状

根据中国海关统计年鉴的数据显示，从 2003～2012 年十年间，中国松香产量快速增长。用报告期的产量减去报告期上一年的产量再比上报告期上一年的产量得出 2004～2012 年各年中国松香产量环比增长率，从图 12-1 可以看出，2004～2012 年之间，中国松香产量在 2006 年增长速度最快，增长速度达到 39.46%；2008 年与 2012 年增长率为负，负值均大于 10%，说明这两年中国松香产量下降较多；2008 年松香产量下降后马上反弹，其中 2010 年的松香产量有较大幅增长，增长率达 20.41%。

中国一直是世界主要松香出口国，出口额始终占据世界第一位。2003～2012 年期间中国松香贸易出口金额变化很大，2003～2006 年略有增加，2006～2009 年略有回落，2010 年开始大幅增加，持续到 2011 年，2012 年大幅下降。与松香贸易出口金额相比，2003～2012 年松香贸易进口金额变化不大，总体有所上升，2012 年上升明显，达到 17549 千美元，较 2011 年 8577 千美元翻了一番，如图 12-2 所示。2003～2012 年中国松香贸易出口数量整体呈下降趋势，2003 年为 301173 吨，2012 年为 167784 吨，较 2003 年下降了一倍。与之相反，2003～2012 年中国松香贸易进口数量增长迅速，由 2003 年的 1924 吨攀升至 2012 年的 9918 吨，如图 12-2。值得注意的是，图 12-2 中 2003～2008 年的出口金额与数量与 2009～2012 年的金额与数量变化幅度相反，主要原因是受出口价格变化影响显

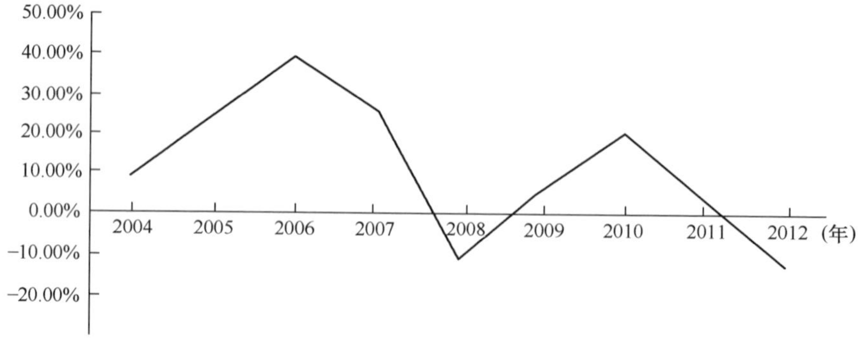

图 12-1 2004~2012 年中国松香产量环比增长率

Fig. 12-1 Sequential growth rate of China's rosin production from 2004 to 2012

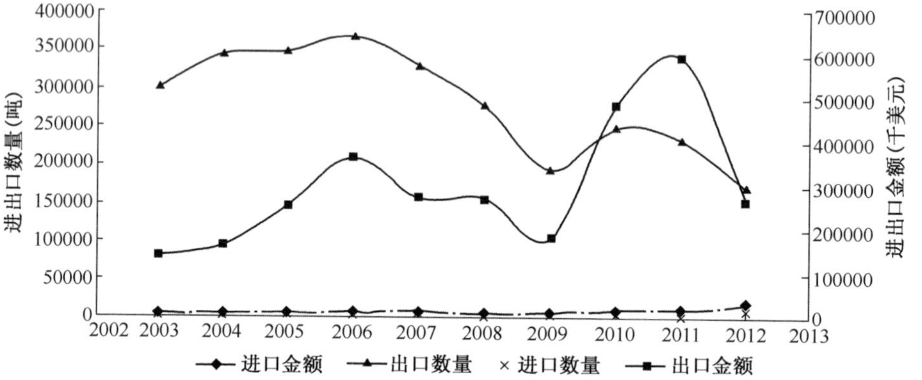

图 12-2 2003~2012 年中国松香进出口金额及进出口数量

Fig. 12-2 Import value and quantity of China's rosin from 2003 to 2012

数据来源:中华人民共和国海关统计年鉴(2003~2012)

著,出口价格环比变动速度越超出口数量的环比变动速度,如图 12-3 所示。

由图 12-4 可以看出,中国 2003~2012 年松香产品销售收入和销售量变化趋势一致,都是从 2003~2008 年持续平缓上升,在 2009 年突然井喷,达到历年最高值,2010 年大幅下降,2011 年又有回升,2012 年又下降到 2010 年的水平。统计数据显示,从 2002~2011 年,中国松香产品销售价格总体上升,其中,2009~2011 年上升较快,2012 年有所下降。需要注意的是,2009 年中国松香销售量达到 6202612 吨,大大超过当年产量 1117030 吨,表现十分异常。这种情况可能是当年销售出大量库存造成的,也可能是统计时产生了较大误差而造成的。

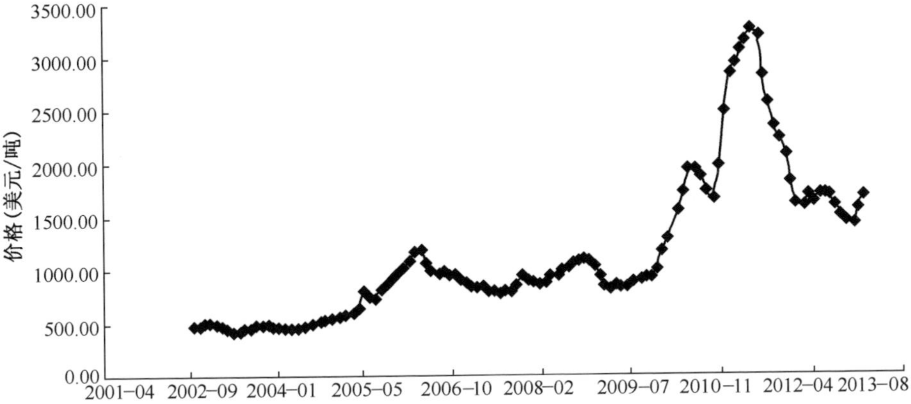

图 12-3 2003~2012 年中国松香及树脂酸出口平均价格

Fig. 12-3 Export average price of China's rosin and resin acid from 2003 to 2012

数据来源:Wind 资讯

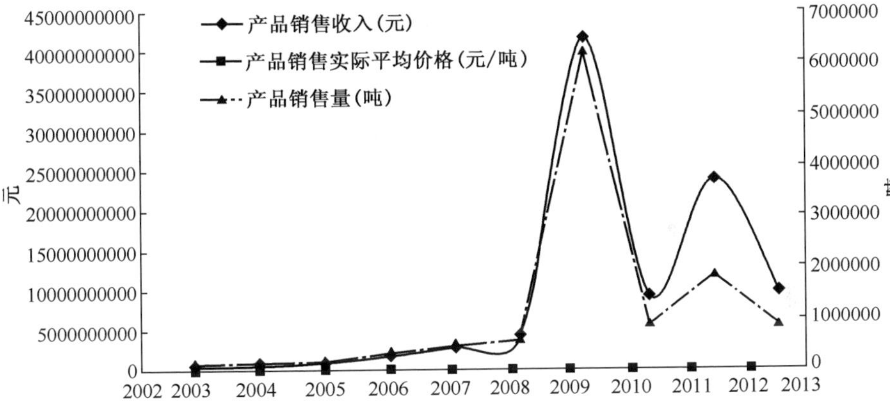

图 12-4 2003~2011 年中国松香产品销售收入、销售量和销售实际平均价格

Fig. 12-4 Sales revenue, sales volume and average selling real price of China's rosin from 2003 to 2011

12.2 松香国际竞争力的比较分析

在反映一国或地区的产品的国际竞争力时,人们往往会通过国际竞争力指标来加以论证与说明。此处选取了中国、印度、日本、韩国、比利时、德国、法国、荷兰、葡萄牙、西班牙和美国等世界主要松香生产国家的2003~2011年松香有关数据进行比较,由于印度、比利时和西班牙的数据缺失较多,因此,仅运用贸易竞争力指数、显示性比较优势指数、显示性竞争优势指数以及国际市场占有率这四个不同的国际竞争力测算方法对中国、日本、韩国、德国、法国、荷兰、葡萄牙、美国等松香生产大国进行比较分析。需要指出的是,由于在计算显示性比较优势指数、显示性竞争优势指数以及国际市场占有率过程中,需要使用2003~2011年各年度世界松香进出口总额,该数据在国内海关及有关国际组织所提供的统计数据中均未提供,因此,采用联合国贸易数据中各年度各国松香和树脂酸的汇总数据进行替代。

12.2.1 贸易竞争力指数

根据式(2-2)计算出各国2003~2011年松香贸易竞争力指数,其中葡萄牙2003年的数据和法国2011年的数据缺失,根据计算结果可以绘制各国2003~2011年松香贸易竞争力指数折线图,如图12-5所示。由图12-5可以看出,八个国家2003~2011年松香贸易竞争力指数均大于0,是松香净出口国,其生产率高

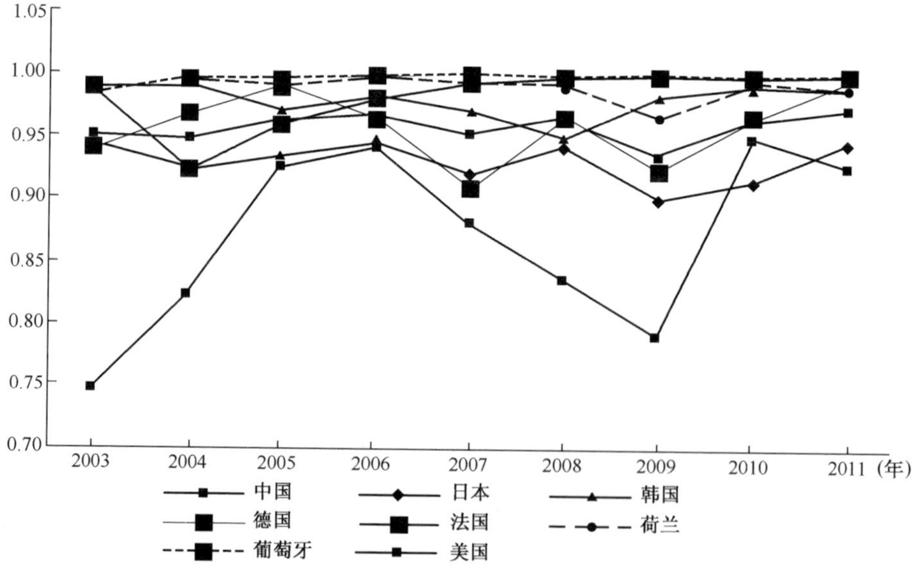

图12-5 2003~2011年松香贸易竞争力指数国际比较

Fig. 12-5 International comparison of rosin's trade competitive index from 2003 to 2011

于世界总体水平。除美国外的七个国家2003~2011年的贸易竞争力指数波动幅度较小,具有明显的贸易竞争优势;美国相对于其他七个国家,2003~2011年的贸易竞争力指数较小且波动幅度较大,2003~2006年逐年增加,2006~2009年逐年减少,2010年增加并且首次超过日本,2011年又有所下降;总体上看,中国2003~2011年松香贸易竞争力指数仅次于葡萄牙、荷兰和韩国,在世界上有较强的国际竞争力。

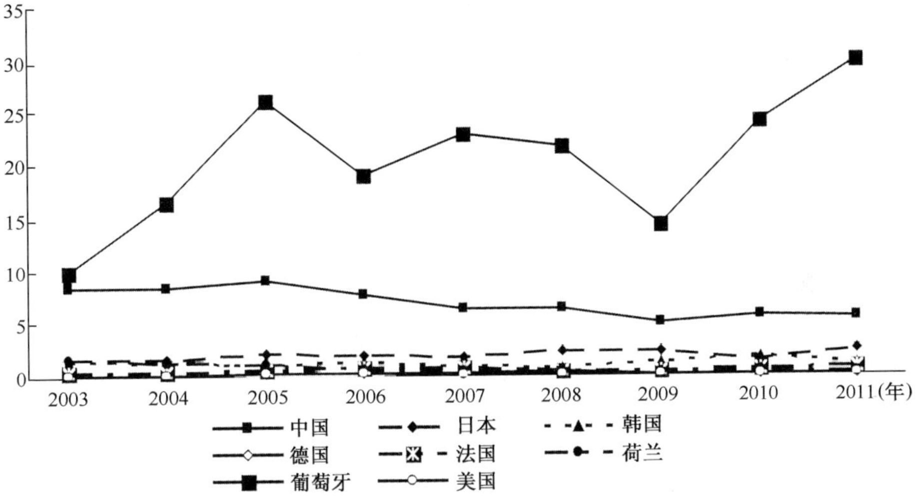

图 12-6　2003~2011年松香显示性比较优势指数国际比较

Fig. 12-6　Internationalcomparison of rosin's revealed comparative advantage index from 2003 to 2011

12.2.2　显示性比较优势指数

根据式(2-4)计算出各国2003~2011年松香显示性比较优势指数,图12-6显示了2003~2011年松香显示性比较优势指数的国际比较。由图12-6可以看出,从2003~2011年,在各国中,葡萄牙的松香显示性比较优势指数波动较大,但始终处于领先水平,中国的2003~2011年松香显示性比较优势指数仅次于葡萄牙,变动比较平缓,呈逐年下降趋势,这两个国家的松香显示性比较优势指数远远大于1,说明具有非常强的出口优势;日本和韩国2003~2011年松香显示性比较优势指数较小,但它们始终保持在大于1的水平,说明这两个国家松香出口额在本国出口总额中所占的比重超过全世界松香出口额占世界总出口额的比重,拥有较强的出口竞争优势;荷兰在2003~2011年中松香显示性比较优势指数逐年下降,从大于 1 下降为小于 1 的水平,这说明荷兰松香竞争优势逐年减弱，最近几年转变为显示比较劣势;美国、德国和法国从 2003～2011 年显示性比较优势指数小于 1,说明这三个国家在松香出口上具有显示比较劣势。

12.2.3 显示性竞争优势指数

根据式(2-5)可以计算出各国 2003～2011 年显示竞争优势指数,其中葡萄牙 2003 年的数据和法国 2011 年的数据缺失。图 12-7 为各国 2003～2011 年松香显示竞争优势指数折线图,由图 12-7 可以看出,从 2003～2011 年,中国和其他七个国家显示竞争优势指数均大于 0,比较优势大于进口商品显性比较优势,八个国家松香出口均具有较强的竞争力。其中,葡萄牙的显示竞争优势指数均远远大于其他国家,拥有较大的显示性竞争优势;中国显示竞争优势指数仅次于葡萄牙,显示性竞争优势也比较明显;剩下的六个国家显示竞争优势指数比较接近于 0,具有显示性竞争优势,但是优势相对不明显。

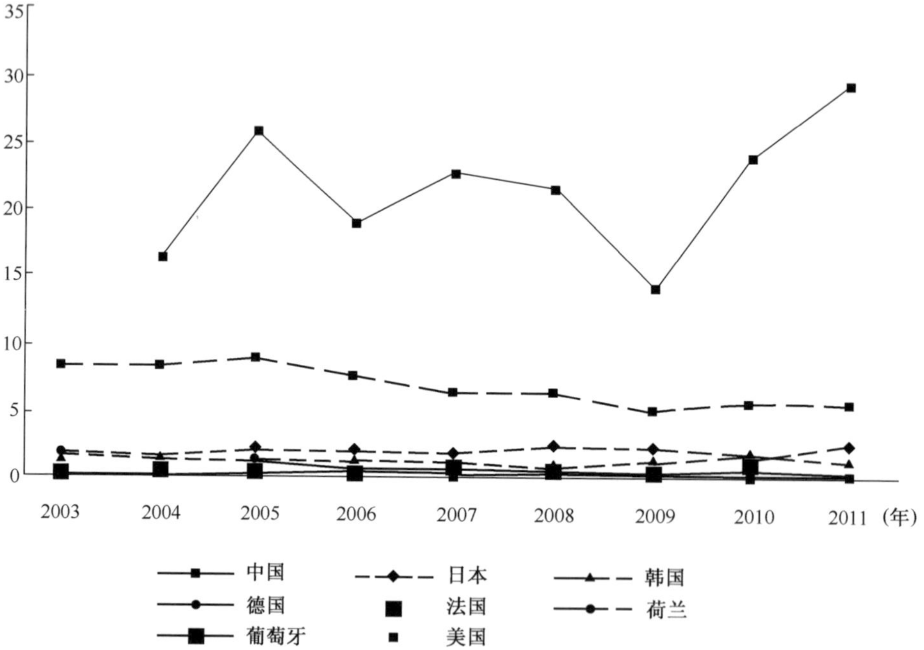

图 12-7 2003～2011 年松香显示竞争优势指数国际比较

Fig. 12-7 Internationalcomparison of rosin's revealed competitive advantage index from 2003 to 2011

12.2.4 国际市场占有率

根据式(2-1)计算出各国2003~2011年松香国际市场占有率,并绘制各国2003~2011年松香国际市场占有率折线图,如图12-8所示。由图12-8可以看出,2003~2011年中国的松香国际市场占有率遥遥领先其他国家,基本保持在0.5以上,波动性较大但整体上比较稳定,竞争力非常强;其他国家松香国际市场占有率较小,其中日本和韩国松香国际市场占有率相对较大。

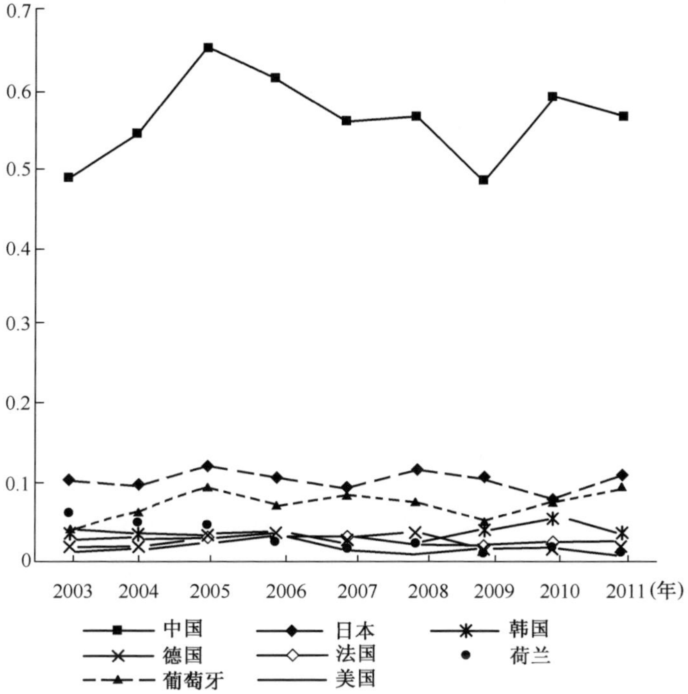

图12-8 各国2003~2011年松香国际市场占有率比较
Fig. 12-8 Comparison of rosin's international market share among some countries from 2003 to 2011

用计算期的中国松香的国际市场占有率减去前期的中国松香的国际市场占有率,可以得出中国松香国际市场占有率差额变化,如图12-9所示。由图12-9可以看出,2004~2006年中国松香国际市场占有率持续增长,竞争力上升;2006年和2007年呈现负增长,竞争力下降;2008年有少量增长,2009年又呈负增长,2010年大幅增长,2011年又呈负增长。虽然中国松香国际市场占有率变动幅度较大,近几年常有下降情况,但是中国松香国际市场占有率还是远远超过其他国家,只要采用的措施得当,中国松香产业在国际市场还是有非常大的发展潜力。

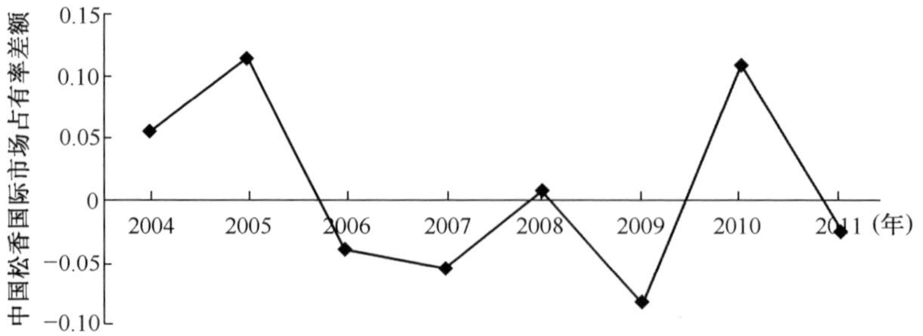

图 12-9　2003~2011 年松香国际市场占有率差额比较

Fig. 12-9　Annual change of rosin's international market share from 2003 to 2011

12.3 小　结

从上述分析可以看出,中国松香国际市场占有率位列世界第一,远超其他国家,显示性比较优势指数和显示竞争优势指数也较高,中国松香国际竞争力较强。究其原因,松香出口价格低是维持国际竞争力的主要原由, 2003 年进口 1 吨松香需要 1858 美元,出口 1 吨只需要 464 美元,进口单价是出口的四倍。经过近 10 年发展,松香进口价格没有显著变化,2012 年进口 1 吨松香仍需要 1769 美元,而出口价格出现大幅上涨,2012 年出口 1 吨达到 1599 美元,即便如此,进口单价仍高出出口价格 10%以上,中国松香行业的优势仍未摆脱低层次的竞争优势。从中国松香的生产与贸易现状分析可以看出,2003~2011 年,中国松香销售量除了在 2009 年异常井喷以外,增长幅度并不大,但是中国松香产品销售实际平均价格却持续大幅走高,从而推升出口价格不断走高,从短期来看,这对林农可能是一件好事,但是从长远来看,这对走低成本路线的中国松香产业是不利的。为提升国内松香产业国际竞争力,推动林化产业的可持续发展,中国松香产业需要不断加强技术创新。技术创新是提升产业竞争力的基础,只有通过技术创新,提高松香深加工工艺,打造本土名牌产品。此外,我国松香产品出口的低成本、低价格是保证国际竞争力的重要保障,松香产业是劳动密集型产业,随着人力成本的不断攀升、通货膨胀以及人民币不断升值,中国松香出口价格将会持续走高,不断提高生产效率,降低松香生产成本是保证中国松香国际竞争力的重要保障。

结　论

本项研究是国内系统研究林产品国际竞争力指标体系和评价技术的探索和尝试,通过此项研究试图构建能够比较全面反映主要林产品国际竞争力的指标体系,探索一些能够满足林产品国际竞争力研究的方法,并利用这些方法或技术可以对世界主要林产品生产和贸易国林产品产业的国际竞争力进行比较分析。

由于关键指标法主要涉及进出口指标,这些指标的年度数据均可在FAO网站获得,计算简单,易于比较,便于进行林产品国际竞争力评价研究,但难以全面反映林产品国际竞争力的状况。多指标综合评价方法能够较好地克服这方面的不足,比较全面地反映林产品的生产和贸易情况,与关键指标评价方法相比,多指标综合评价更有效。尽管如此,综合评价方法工作量较大,需要构建复杂的指标体系,在运用综合评价过程需要进行方法的筛选和权数确定。需要注意的是,由于各种评价方法的机理不同,方法的属性层次、分析的角度相异,公认的绝对完美的权威综合评价方法是不存在的。考虑到数据的可得性,结合林产品国际竞争力评价方法的特点,采用基于统计确权基础上的综合指数模型,以及与客观赋权相结合的基于主成分分析法、熵权法、灰色系统理论的综合评价方法对主要木质林产品生产和贸易国家进行了国际竞争力分析与评价。研究发现中国木质林产品国际竞争力总体处于中上水平,就具体林产品而言,研究结果显示:

(1)我国原木的国际竞争力非常薄弱,我国原木对进口依赖程度相当高,原木进口环节一旦出现问题,木质林产品加工业就受到严重影响,进而影响到我国木质林产品整体的国际竞争力。原木自我供给的不足虽然在一定时期内能够通过进口来解决,但这并不是长久之策,也不应该成为长久之策。从长远来看,大力发展工业人工林有助于增加原木供给,从近期来看,拓宽原木进口渠道,增加原木储备,在不影响正常的建设与生活的基础上尽可能地减少原木的消耗,提高林产品利用率,发展木材代用品,有助于缓解原木供需矛盾。

(2)中国胶合板产业极具国际竞争力,无论是产量还是贸易量均居世界第一。我国的胶合板平均出口价格基本处于中下游水平,价格优势是国内胶合板产业保持竞争优势的重要因素,低价路线不仅使企业损失大部分利润,而且屡屡遭受国外“反倾销反补贴”的贸易壁垒。另外,国内胶合板档次偏低,加拿大和新西兰虽然在贸易量上远不敌中国,但其平均出口价格是平均进口价格的两倍以上,说明这两个国家的低端胶合板主要靠低价进口,胶合板出口主要面向高端市场,在这一点上,值得中国胶合板行业借鉴,提升胶合板质量和市场认可度,真正成为胶合板产业的国际强国。研究发现,中国在刨花板国际贸易中一直存在较大贸易逆差,目前中国刨花板国际市场占有率和刨花板生产强国相比有着很大的差距,显示性比较优势指数和显示竞争优势指数也很低,中国刨花板国际竞争力不强。比较各国纤维产业发现, 中国纤维板产业具有很强的国际竞争力,自 2005 年实现了纤维板贸易顺差后,贸易专业化不断提高,显示性比较优势较为明显,显示性竞争优势有明显的上升趋势,我国纤维板产业的国际市场占有率较高且呈现不断上升趋势,我国纤维板国际竞争力较强。总体上看,目前中国人造板产业已经具有相当的国际竞争力,人造板出口量不断增加,贸易顺差持续扩大,产品的国际市场占有率日益增加。值得注意的是,在人造板出口量构成中胶合板占比近 5 成,纤维板、刨花板以及其他人造板占比较低,中国人造板产业的国际竞争力主要得益于胶合板产业的竞争优势,只有合理调整人造板产业生产结构和贸易结构,推动人造板产品升级,才能减缓资源匮乏、原材料供给不足带来的负面影响,保持和提升整个人造板产业国际竞争力。

(3)中国的木质家具出口额远远大于进口额,具有巨大的贸易顺差,且中国的各类木质家具进出口水平的变动有较强的趋同性。研究发现,中国木质家具产业以资源和劳动力导向为主,尽管中国木质家具生产和国际贸易规模在迅速壮大,国际竞争力日益增强,但产业结构还是亟待转变和完善。另外,需要注意的是,我国处于木质家具利润并不算高的一类,重视和提高出口木质家具的质量和单位价值,以更少的投入获得更高的利润,该方面的竞争力正是我国木质家具产业目前最为缺少的,也是中国木质家具产业今后的发展趋势。

(4)我国纸和纸制品的国际竞争力在国际市场占有率方面地位一般,与美国等造纸发达国家相比,相对国际竞争力差距很大,但结合出口增长优势指数来看,中国纸和纸制品的竞争潜力很大,发展势态良好。多指标综合评价法测评结果显示,中国纸和纸制品综合国际竞争力得分很低,在 8 个主要参与测评国家中排名最后一位,可见中国是生产大国却非强国,中国纸和纸制品竞争力需亟待提升。在需求要素、生产与企业规模因素、相关与支持性产业因素、政府行为这些因素方面,我国与发达国家之间的差距很大。

(5)考虑到数据的可得性,结合林产品国际竞争力评价方法的特点,采用无需预先给定权重,且原理较为客观的主成分分析法、熵权法、绝对关联度法和灰色定权法等方法对主要木质林产品生产和贸易国家进行了国际竞争力分析与评价,并用兼容度和差异度比较了四种方法的评价效果。比较发现,在四种评价方法中,熵权法评价效果最好,其次是绝对关联度法,再次是主成分分析法,最差的是灰色定权法,且后两种方法的评价效果与前两种相差较远。另外发现,熵权法和绝对关联度法的评价效果具有统计学意义上的一致性,此处可以考虑对这两种评价方法进行组合评价,评价结果显示中国木质林产品国际竞争力处于中上水平。

由于非木质林产品中仅有松香的国际数据,考虑到研究的完整性,仅从进出口角度进行了分析,研究显示中国松香产业极具国际竞争力,中国松香在国际市场占有率位列世界第一,远超其他国家,显示性比较优势指数和显示竞争优势指数也较高,中国松香国际竞争力较强,即便如此,进口单价仍高出出口价格 10%以上,中国松香行业的优势仍未摆脱低层次的竞争优势。我国松香产品出口的低成本、低价格是保证国际竞争力的重要保障,而松香产业是劳动密集型产业,随着人力成本的不断攀升、通货膨胀以及人民币不断升值,中国松香出口价格将会持续走高,不断提高生产效率,降低松香生产成本是保证中国松香国际竞争力的重要保障。

参 考 文 献

[1] 陈水合．我国胶合板产业发展与思考[J]．中国人造板，2012(8)：31-32.
[2] 陈蕾．加入 WTO 后中国造纸产业发展和竞争力变化[D]．福州：福建农林大学，2006.
[3] 陈绍志，李剑泉．入世后中国林产品市场与贸易发展变化及对策研究[J]．林业经济，2012(9)：28-60.
[4] 程宝栋．我国木材安全分析与评价[J]．西北农林科技大学学报(社会科学版)，2011(5)：43-44.
[5] 戴永务，刘燕娜，余建辉．中国人造板产业国际竞争力的评价[J]．中国林业经济，2007(7)：13-16.
[6] 董文海．全球造纸工业发展趋势分析[J]．造纸信息，2010(1)：45-49.
[7] 邓刚．山东省人造板产业集群竞争力分析及战略研究[D]．南京：南京林业大学，2011.
[8] 杜栋，庞庆华，吴炎．现代综合评价方法与案例精选[M]．北京：清华大学出版社，2008.
[9] 范悦，程宝栋．中国主要木质林产品出口竞争力分析[J]．中国林业经济，2011(1)：5-8.
[10] 范悦．中国纸和纸制品出口影响因素分析[D]．北京：北京林业大学，2012.
[11] 冯祥锦，陈蕾，黄和亮．我国纸产品国际竞争力比较分析[N]．福建农林大学学报，2006，9(2)：51-54.
[12] 顾晓燕，聂影．中国木质林产品国际竞争力的实证分析[J]．林业经济问题，2009，29(4)：56-64.
[13] 胡永宏，贺思辉．综合评价分析[M]．北京：科学出版社，2000：39-139.
[14] 国家林业局．搭建平台提高我国林产品国际竞争力[N]．中国绿色时报，2012，3(29)：B02.
[15] 国家林业局．中国林业统计年鉴[M]．北京：中国林业出版社，2011：136-148.
[16] 国家计委宏观经济研究院产业发展研究所课题组．我国产业国际竞争力评价理论与方法研究[J]．宏观经济研究，2001(7)：35-39.
[17] 国家体改委经济体制改革研究院，中国人民大学综合开发研究院联合研究组．中国国际竞争力发展报告(1999)．科技竞争力主题研究．北京：中国人民大学出版社，1999：10-27.
[18] 国家林业局．搭建平台提高我国林产品国际竞争力[N]．中国绿色时报，2012.
[19] 国家林业局．中国林业统计年鉴 2010[M]．北京：中国林业出版社，2011.
[20] 国家林业局．中国林业统计年鉴 2011[M]．北京：中国林业出版社，2012.
[21] 国家林业局森林资源管理司．第七次全国森林资源清查及森林资源状况[J]．林业资

源管理,2010(1):1-8.
[22] 国家统计局. 中国统计年鉴 2012[M]. 北京:中国统计出版社,2013.
[23] 郭清俊. 中国人造板产业发展分析及对策研究[D]. 北京:北京林业大学,2011.
[24] 郭永新. 影响纸业竞争力的关键因素分析[J]. 中华纸业,2003,24(7):6-9.
[25] 韩笑. 中国木制家具产业国际竞争力实证分析[D]. 北京:北京林业大学,2009.
[26] 胡永红,贺思辉. 综合评价方法[M]. 北京:科学出版社,2000.
[27] 洪流浩. 后危机时代中国人造板产业国际竞争力影响因素研究[D]. 福州:福建农林大学,2013.
[28] 蒋海铭. 我国木质家具产业国际竞争力研究[D]. 南昌:江西师范大学,2013.
[29] 金波,郭清俊,冯达. 中国人造板产业国际竞争力分析[J]. 未来与发展,2012(1):68-72.
[30] 金碚. 论工业品国际竞争力[J]. 中国工业经济,1996,4:5-23.
[31] 林迎星. 国外工业人工林发展研究概述[J]. 世界林业研究. 2000,13(4):25-31.
[32] 林云华,张德进. 我国造纸业国际竞争力的实证分析与发展对策[J]. 国际贸易问题,2005(4): 17-24.
[33] 柳露. 中国纸品国际竞争力的机理研究[D]. 南京:南京林业大学,2009.
[34] 刘琳琳. 中国松香国际竞争力研究[D]. 北京:北京林业大学,2007:6-15.
[35] 刘艺卓,许世伟. 我国人造板国际竞争力分析[J]. 绿色中国,2005(9):55-56.
[36] 龙超. 单板行业仍然面临主要的生产能力利用率问题[J]. 国际木业,2010(5).
[37] 刘圆圆. 世界木材市场的国际竞争与中国木材贸易[D]. 杭州:浙江大学,2005.
[38] 马建堂. 国际经济统计年鉴 2010[M]. 北京:中国统计出版社,2010:68-120.
[39] 迈克尔·波特. 竞争战略[M]. 北京: 中国财政经济出版社, 1989. 3.
[40] 毛力. 中国林产品国际贸易及其竞争力分析[D]. 北京:中国林业科学研究院,2007.
[41] 裴长洪, 王镭. 试论国际竞争力理论概念与分析方法[J]. 中国工业经济,2002(4): 41-44.
[42] 齐雁. 我国木材产品国际竞争力分析[D]. 长春:吉林大学,2009.
[43] 乔永平. 发展人工林:解决我国木材供需矛盾的长远战略选择[J]. 林业经济问题(双月刊),2006,26(3):269-272.
[44] 钱小瑜. 我国人造板行业发展现状、前景与挑战[J]. 木材工业,2010(1):15-18.
[45] 钱小瑜. 世界人造板工业发展现状与趋势[J]. 中国人造板,2011(9):1-7.
[46] 秦少华. 中国制造业的国际竞争力研究[D]. 北京:首都经济贸易大学,2008.
[47] 史清其, 张于喆. 国外产业国际竞争力评价理论与方法[J]. 宏观经济研究, 2001(2): 27-31.
[48] 田园, 宋维明, 程宝栋. 我国胶合板国际竞争力的比较分析[J]. 国际贸易问题, 2005, 9: 22-27.
[49] 王丽萍. 中国纺织品进出口贸易引力模型研究[J]. 中国经济问题,2012(6):56-64.

[50] 杨守坤．新西兰林业——世界人工林经营的成功典范[J]．湖北林业科技．2004(129)：54-57.
[51] 王波．中国木质家具产业国际竞争力研究[D]．福州:福建农林大学,2009.
[52] 王国超．国内外人造板的市场现状及前景．林业科技开发[J]．2000(2):6-8.
[53] 王瑾．提高中国松香产业国际竞争优势战略研究[D]．南京:南京林业大学,2006:1-5.
[54] 王小顺．对产品国际竞争力指标正确运用的思考[J]．科技经济市场，2010(1):58-60.
[55] 王昭．中国造纸产业国际竞争力研究[D]．北京:北京林业大学,2006.
[56] 汪俊．中国紧固件国际竞争力分析与提升国际竞争力策略[D]．上海:上海交通大学,2007.
[57] 吴盛富．我国杨木资源与胶合板工业的发展[J]．中国人造板,2008,3:24-27.
[58] 辛文．我国造纸业及主要出口产品的国际竞争力分析[N]．西安财经学院学报,2010,23(4)：41-46.
[59] 许世伟，宋维明．我国人造板产业国际竞争力分析[J]．绿色中国(理论版)，2004(2)：41-44.
[60] 许世伟．中国人造板产业国际竞争力研究[D]．北京:北京林业大学,2004
[61] 徐声星．武汉大森林纸业有限公司企业战略研究[J]．华中科技大学,2004.
[62] 徐声星．中国造纸产业国际竞争力研究[D]．武汉:华中科技大学,2008.
[63] 顾晓燕,聂影．中国木质林产品国际竞争力的实证分析[J]．林业经济问题,2009(8)：350-353.
[64] 严谨．中国刨花板产业国际竞争力影响因素分析[D]．福州:福建农林大学,2010.
[65] 杨红强．中国木制林产品国际贸易比较优势研究[D]．南京:南京林业大学,2005.
[66] 叶克林,熊满珍．我国胶合板生产和贸易的现状和展望[J]．木材工业,2006,20(2)：26-29.
[67] 余少谦．国际贸易显性竞争优势指数实证研究[J]．商业时代．2007(31):32-33.
[68] 张金昌．国际竞争力评价的理论和方法[M]．经济科学出版社,2002.
[69] 周星，付英．产业国际竞争力评价指标体系探究[J]．科学管理,2000,5.
[70] 周燕，齐中英．产业竞争力及其来源分析[J]．商业研究,2004(8):26.
[71] 朱春奎．产业竞争力的理论研究[J]．生产力研究,2003(6).
[72] 张鉴,束龙仓,张琛,等．基于熵权的综合指数法在地下水水质评价中的应用[J]．水电能源科学,2010,28(8):30-33.
[73] 张金昌．国际竞争力评价的理论和方法研究[D]．北京:中国社会科学研究院,2001.
[74] 张吉国．我国木质林产品对外贸易的特征与国际竞争力之实证分析[J]．对外经济贸易大学学报,2010(4):19-25.
[75] 张建国,张三．工业人工林发展研究——解决我国木材供需矛盾途径分析之一[J]．福建林学院学报．2000,20(3):193-198.
[76] 张铁男,罗晓梅．对产业国际竞争力分析框架的理论研究[J]．工业技术经济,2005(7).

[77] 赵俊卉,张慧东,亢新刚．世界林产品生产消费状况及对中国可持续林业发展的启示[J]. 2008(6):10-14.
[78] 赵彦云．中国制造业产业竞争力评价和分析[M]. 北京:中国标准出版社,2005:29-31.
[79] 曾婷．中国人造板产业的国际竞争力评价[D]. 南京:南京林业大学．2008.
[80] 郑义,刘燕娜,戴永务,等．中国与木质家具主要出口国的贸易竞争关系分析[J]. 林业经济问题,2013(5).
[81] 智鼎国研(北京)信息咨询有限公司．2010~2012 年中国刨花板行业市场竞争态势及投资前景研究报告．
[82] 中国海关统计年鉴(2003~2011)[M]. 北京:中华人民共和国海关总署．
[83] 中国林业统计年鉴(2003~2012)[M]. 北京:中国林业出版社．
[84] 竺杏月,张智光．林纸一体化视角的我国纸产品出口贸易国际竞争力研究[J]. 中国造纸,2010, 29(3):71-75.
[85] FAO 年鉴[EB/OL]. http://data. un. org/Data. aspx? q=rosin&d=ComTrade&f=_l1Code%3a39%3bcmdCode%3a380610
[86] Alan M. Rugman. The Regional and Global Competitiveness of multinational firms [J]. J. of the Acad. Mark. Sci,2012,40(8):218-235.
[87] Arthur G, Raymond, Jr, 许美琪．专论篇 为什么中国会成为家具生产大国[A]. //陈宝光[C]. 2007: 180-186.
[88] Eva Henriksson & Robert Lundmark. Structural Changes in Industrial Electricity Use: the Case of the Pulp and Paper Industry in Sweden[J]. Energy Efficiency,2013,6(3):305-314.
[89] FAO. 联合国林产品年鉴(2002-2011)[M]. 罗马．
[90] G. Tomas M. Hult. A focus on international competitiveness [J]. Academy of Marketing Science, 2011, 40:195-201.
[91] G. Tomas M. Hult. A focus on international competitiveness [J]. J. of the Acad. Mark. Sci. 2012, 40:195-201
[92] Matthias Dieter×Hermann Englert. Competitiveness in the global forest industry sector:an empirical study with special emphasis on Germany[J]. Eur J Forest Res,2007,126:401-412
[93] Vladimir Stojanovski. Analyses of the Competitiveness of Forest Industry in the Republic of Macedonia[J]. South-East European Forestry, 2010,(6):13-21.
[94] 杨守坤．新西兰林业——世界人工林经营的成功典范[J]. 湖北林业科技．2004(129):54–57.

图表索引